Bryan Litfin

WAS AUS IHNEN WURDE

Persönlichkeiten des Neuen Testaments in nachbiblischer Zeit

Bryan Litfin

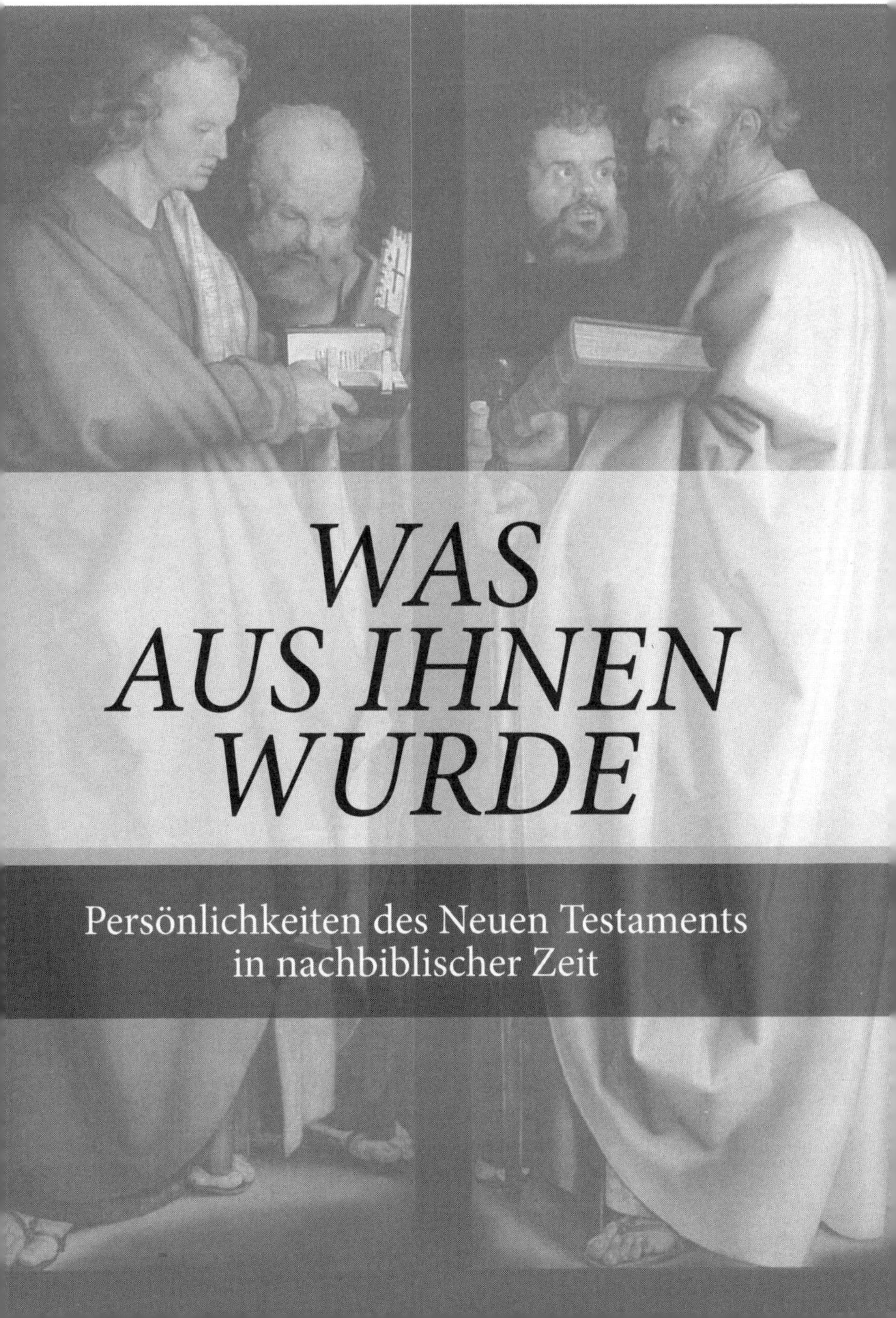

WAS AUS IHNEN WURDE

Persönlichkeiten des Neuen Testaments in nachbiblischer Zeit

Ich widme dieses Buch meiner Tochter
Anna Elizabeth Litfin.
Weil deine Seele den Herrn preist
und dein Geist sich an Gott,
deinem Retter, erfreut,
möge er, der die Macht hat,
große Dinge für dich tun.

Bryan Litfin
Was aus ihnen wurde
Persönlichkeiten des Neuen Testaments
in nachbiblischer Zeit

ISBN 978-3-86353-149-2
Bestell-Nr. 271.149

Titel des amerikanischen Originals:
After Acts – Exploring the Lives and Legends of the Apostles

Soweit nicht anders vermerkt,
wurde folgende Bibelübersetzung verwendet:
Revidierte Elberfelder Bibel
SCM R.Brockhaus Witten 1992 (Scofield)

1. Auflage

www.cv-dillenburg.de
Übersetzung: Nicole Kruska, Vagen
Satz und Umschlaggestaltung:
Christliche Verlagsgesellschaft Dillenburg
Umschlagmotiv: „Die Vier Apostel“, Abrecht Dürer
Druck: GGP Media GmbH, Pößneck
Printed in Germany

INHALT

VORWORT DES DEUTSCHEN HERAUSGEBERS

Brauchen wir Informationen darüber, wie es mit den zentralen Persönlichkeiten im Anschluss an das Zeugnis des Neuen Testamentes weiterging? Muss nicht fast alles, was man darüber sagen kann, weitgehend hypothetisch bleiben?

Diese Fragen könnte man an dieses Buch stellen, das ja für eine Vielzahl von anderen ähnlichen Werken steht, die mit dem Anliegen verfasst wurden, die nachneutestamentliche Zeit für uns heute zu erhellen.

Man könnte es dabei belassen, sich ausschließlich mit den Büchern des NT und ihrem Inhalt zu beschäftigen. Schließlich würde man aus dem inspirierten Wort Gottes ja wohl den größten und entscheidenden Nutzen ziehen. Leider aber ist es so, dass dieses inspirierte Wort Gottes von Beginn an bis heute Angriffen ausgesetzt gewesen ist, die es in Verruf brachten, ob gezielt oder unfreiwillig. Die neutestamentliche Forschung seit den Anfängen der Bibelkritik hat diesbezüglich eine Menge Zündstoff für die Gemeinde der Gläubigen geboten, die sich deshalb immer wieder der Notwendigkeit verpflichtet sah, sich durch gründliche Prüfung und Abwehr dieser Angriffe neu der Zuverlässigkeit des biblischen

Zeugnisses zu vergewissern. Immerhin gibt es schon im NT selbst Hinweise darauf, dass sich Gläubige von Falschaussagen vom Glauben haben abbringen lassen (s. z.B. 2Tim 2,16-18), sodass auch schon die Schreiber des NT sich genötigt sahen, die Zuverlässigkeit ihrer Aussagen durch kräftige Argumente unter Beweis zu stellen (vgl. 1Kor 15).

Wer dieses Buch liest und die Ausführungen des Autors zur Kenntnis nimmt, muss sich über Folgendes im Klaren sein:

- Vieles, was die hier vorgestellten Personen betrifft, wird weiterhin im Dunkeln bleiben.
- Ebenso trägt vieles, was hier vorgestellt wird, hypothetischen Charakter: Es könnte so gewesen sein ... Die Schlussfolgerungen aus den oft spärlichen Zeugnissen der den Aposteln nachfolgenden kirchlichen Schreiber sind eben unterschiedlich deutbar.
- Trotzdem kann es von Nutzen sein, auf der Basis vorliegender, wenn auch nur spärlicher Aussagen Vorstellungen zu entwickeln, wie die Dinge sich möglicherweise ereignet haben, denn dadurch wird deutlich, dass a) die frühe Geschichte des Christentums eine hohe Dramatik entwickelte und kaum weniger vielseitig verlief, als wir es heute erleben; und b) dass diese Überlegungen nicht zwangsläufig zur Verunsicherung über die Zuverlässigkeit der neutestamentlichen Bücher führen müssen, so wie das die bibelkritische Quellenkritik über viele Jahrzehnte hinweg oft skruppellos in Szene gesetzt hat.
- Auch in textkritischer Hinsicht braucht man Überlegungen über die Beziehungen der Synoptiker untereinander nicht zu scheuen. Sie beeinträchtigen jedenfalls nicht die Tatsache – auf welche Weise

auch immer die Texte verbunden mit menschlichen Bemühungen zustandekamen –, dass sie durch Gottes Geist inspiriert und für alle Zeiten als Gottes Wort autorisiert sind.

Die vom Autor teilweise entwickelte Sicht einer Verfasserschaft „auf mehreren Schultern" und über einen längeren Zeitraum hinweg (Matthäusevangelium, Johannesevangelium) ist für uns zwar ungewohnt, aber vielleicht nicht ganz abwegig. Wie sehr das Verfassen eines Werkes in der Antike einen Entwicklungsprozess durchmachen und in Verbindung mit immer neuen Ereignissen und sich daraus ergebenden Erkenntnissen stehen konnte, darf man sich beispielsweise einmal an Eusebius' Kirchengeschichte vergegenwärtigen, die zwar mehr als 200 Jahre später entstanden ist (ab ca. 300 n. Chr.), deren Analyse (verfasst von Philipp Häuser) aber exemplarisch deutlich macht, wie im Altertum Geschichtswerke wohl verfasst wurden (s. dazu http://www.unifr.ch/bkv/kapitel2348.htm).

Bei allem Studium der Geschichte des frühen Christentum und der Entstehung des NT muss man im Auge behalten, dass viele Mutmaßungen hypothetisch sind und bleiben, auch wenn manche Autoren mit dem Gesagten wortstark ihre persönliche Überzeugung verbinden. Keinesfalls ist dadurch die Inspiration der neutestamentlichen Bücher in Frage gestellt, vielmehr achten wir sie weiterhin – wie auch der Autor dieses Buches – dankbar und von Herzen als inspiriert und als Quelle göttlicher Offenbarung über alles, was wir von seinem großartigen Plan für die Gemeinde unserer Zeit und unseren Glaubens wissen und praktisch umsetzen dürfen.

Der Verlag, im August 2015

Ein wichtiger Hinweis

Der Autor fügt vielen Zitaten jeweils eine Quellenangabe im Internet hinzu (siehe dazu seine Erläuterungen auf Seite 36). Diese wurden, wenn in deutscher Sprache vorhanden, entsprechend aktualisiert. Zum Zeitpunkt der Bearbeitung des Manuskripts waren sie sämtlich verfügbar. Durch diese Links hat man leichten Zugriff auf zahlreiche frühe Manuskripte und Quellen und kann diese, wenn man will, auf weitere Einzelheiten hin untersuchen.

CHRONIK WICHTIGER EREIGNISSE

Daten und Angaben zur Lebensdauer in fett sind bestmögliche Schätzwerte. Der restliche Text und (?) zeigen Zweifel seitens des Autors an, dass das Ereignis zu dieser Zeit stattfand.

Erstes Jahrhundert

33 **Jesus Christus ersteht von den Toten auf.**

34 **Paulus wird auf dem Weg nach Damaskus bekehrt.**

40 Erster Rombesuch des Petrus (?)

44 **Jakobus der Ältere stirbt als Märtyrer in Jerusalem; Petrus entkommt aus dem Gefängnis.**

46 **Markus kehrt während Paulus‘ erster Missionsreise um.**

49 **Apostelkonzil in Jerusalem**

50er Jahre

Jakobus der Gerechte steht der Gemeinde in Jerusalem vor; Markus besucht Alexandria (?); **Thomas evangelisiert in Edessa** (und Indien?); Bartholomäus (?) und Judas Thaddäus (?) evangelisieren in Syrisch-sprachigen Gebieten.

57 Im Brief an die Römer kündigt Paulus seine Missionsabsichten in Spanien an; Paulus kommt nach Jerusalem und wird verhaftet.

59 Paulus reist nach Rom ab, erleidet aber Schiffbruch und bleibt drei Monate auf Malta.

60 Paulus kommt in Rom an, wird unter Hausarrest gestellt und schreibt bald seine vier Gefängnisbriefe; Markus schreibt, von Petrus unterwiesen, sein Evangelium.

61 Lukas schreibt sein Evangelium, wobei er Q, Markus und andere Texte als Quellen gebraucht.

62 Paulus wird aus dem Hausarrest entlassen; Jakobus der Gerechte wird in Jerusalem getötet; Lukas schließt die Apostelgeschichte ab.

63 Paulus evangelisiert in Spanien, dient in Gemeinden in der Ägäis-Region und schreibt den ersten Timotheus- und den Titusbrief.

64 Großer Brand von Rom; Paulus kehrt nach Rom zurück.

65 Der Kern des Matthäusevangeliums entsteht in Antiochia unter Einbeziehung von Markus, Q sowie anderen Textquellen in Antiochia; Paulus schreibt den zweiten Timotheusbrief aus dem Gefängnis heraus und wird vor Kaiser Nero geführt; Petrus wird unter Nero hingerichtet und auf dem Vatikanischen Hügel beigesetzt; Maria stirbt und Johannes kommt in Ephesus an (?).

66 Paulus wird hingerichtet und an der Straße nach Ostia beigesetzt. Jüdische Patrioten in Judäa lehnen sich gegen Rom auf. Kaiser Nero stirbt; Johannes verfasst die erste Version der Offenbarung basierend auf seiner Vision auf Patmos.

70 Zerstörung des jüdischen Tempels in Jerusalem durch die Römer; die Arbeit am Johannesevangelium beginnt (?).

70er und 80er Jahre

Lukas dient der Gemeinde in Theben (Griechenland) (?); Andreas dient in Patras (?).

95 Das Buch der Offenbarung wird in seiner endgültigen Fassung abgeschlossen.

98 Der Evangelist Philippus (nicht der Apostel) stirbt als Märtyrer und wird in Hierapolis beigesetzt (?); **Erster Clemensbrief**

Zweites Jahrhundert

100 Das Johannesevangelium nimmt seine endgültige Form an.

115 Ignatius von Antiochien stirbt als Märtyrer in Rom.

130 Papias schreibt seine *Auslegung der Worte des Herrn*.

160 Ein „Tropaion“[1] wird über Petrus‘ Grab auf dem Vatikanischen Hügel errichtet.

165 Justin der Märtyrer stirbt als Märtyrer in Rom.

180 Irenäus verfasst seine Schrift *Gegen die Häresien*.

Drittes Jahrhundert

196-212 Tertullian verfasst Ende des zweiten Jhdts. zahlreiche Werke; Clemens von Alexandria verfasst zahlreiche Werke; Polykrates ist Bischof von Ephesus; Dionysius ist Bischof von Korinth; ein Tropaion wird über Paulus‘ Grab an der Straße nach Ostia errichtet; Pantaenus besucht Südindien mit der christlichen Botschaft (?);

Das *Muratorische Fragment* setzt sich mit dem Stand des biblischen Kanons auseinander; *Petrusakten; Paulusakten; Andreasakten; Protoevangelium des Jakobus; Thomasevangelium*

1 Ein Siegeszeichen, das z. B. am Ort einer Schlacht zur Proklamtion des dort errungenen Sieges aufgestellt wurde. (Anm. d. dt. Hrsg.)

Frühes drittes Jahrhundert

Hippolyt und Origenes verfassen zahlreiche Werke; die immerwährende Jungfräulichkeit Marias wird erstmals betont; ein Grabmal für Thomas wird in Edessa errichtet; *Johannesakten; Thomasakten; Buch des Athleten Thomas*

250 Papyrus 45 bezeugt die Zusammenfassung aller vier Evangelien in einem einzigen Manuskript.

258 Die sterblichen Überreste von Petrus und Paulus werden in eine Katakombe an der Via Appia überführt.

265-339

Lebenszeit des Eusebius (Kirchengeschichte in den späten 290er/ frühen 300er Jahren verfasst)

Spätes drittes Jahrhundert

Ein Sarg in Theben wird erstmals als der des Lukas verehrt

Viertes Jahrhundert

306-373

Lebenszeit von Ephräm dem Syrer

312 Konstantins Aufstieg zur Macht nach seinem Sieg in der Schlacht an der Milvischen Brücke

325 Konzil von Nicäa

330er Jahre

Eine kleine Kapelle wird über Paulus' Grabmal an der Straße nach Ostia errichtet (?); **Anfänge des Märtyrerkults und der Reliquienverehrung**

347-419 Lebenszeit des Hieronymus

350 Fertigstellung der Basilika Alt St. Peter (?)

349-407 Lebenszeit des Johannes Chrysostomus

354-430 Lebenszeit des Augustinus

377 Epiphanius schreibt sein antihäretisches Werk *Panarion*.

381-384 Pilgerreise der Egeria nach Edessa

384 Kaiser Theodosius gibt seine Absicht bekannt, über dem Grab des Paulus an der Straße nach Ostia eine neue Kirche zu errichten.

Fünftes Jahrhundert und später

431 Das Konzil von Ephesus forciert die Verehrung der Jungfrau Maria.

500 n. Chr.

550 Kaiser Justinian baut eine gewaltige Kirche über dem angeb lichen Grab des Apostels Johannes.

600 Die Überlieferung der armenischen Kirche berichtet erstmals von der Häutung des Bartholomäus; das *Breviarium Apostolorum* fasst die Lebensgeschichten der Apostel zu sammen.

800er Jahre

Die Überlieferung von Ephesus als dem Wohnort der Maria verbreitet sich; das *Martyrologium des Usuard* berichtet, die angeblichen Gebeine von Jakobus dem Älteren befänden sich in Spanien.

828 Die angeblichen Gebeine des Markus werden aus Alexandria gestohlen und nach Venedig überführt.

846 Alt St. Peter wird von Piraten geplündert.

1000 n. Chr.

1258 Die angeblichen Gebeine des Thomas werden nach Ortona in Italien überführt.

1260 Jacobus de Voragine veröffentlicht die *legenda aurea (Goldene Legende)*[2].

---

2 Das populärste und am weitesten verbreitete religiöse Volksbuch des Mittelalters, weit mehr gelesen als die Bibel, eine Sammlung der Lebensgeschichten von Heiligen mit zahlreichen weiteren erbaulichen Elementen. (Anm. d. dt. Hrsg.)

1500 n. Chr.

1626 Die neue Petersbasilika wird geweiht.

1854 Die unbefleckte Empfängnis der Maria wird zur offiziellen katholischen Lehrmeinung erklärt.

1854 Die Basilika St. Paul vor den Mauern wird nach dem Feuer von 1823 neu geweiht.

1950 Die Himmelfahrt der Maria wird zur offiziellen katholischen Lehrmeinung erklärt.

1968 Papst Paul VI gibt die Bergung der sterblichen Überreste des Petrus bekannt.

2002 Sarkophag des Paulus entdeckt.

2009 Papst Benedikt gibt die Bergung der sterblichen Überreste des Paulus bekannt.

EINFÜHRUNG

Wie entstand die Tradition?

„*Gemäß der Tradition*", haben Sie vielleicht schon einmal in einer Predigt gehört, „wurde Petrus kopfüber gekreuzigt". „*Der Überlieferung zufolge*", sagte der Prediger vielleicht an einem anderen Tag, „reiste Paulus bis nach Spanien".

Thomas gründete die indische Kirche, Maria lebte in Ephesus, die ersten Apostel starben als Märtyrer – dies alles sind Aussagen gemäß einer vagen und dennoch als maßgeblich anerkannten Quelle, die als „frühkirchliche Tradition" bezeichnet wird. Aber was ist mit diesem Begriff eigentlich gemeint? Woher kommen diese uralten Überlieferungen und wie verlässlich sind sie aus historischer Sicht? Falls Sie sich jemals mit solchen Fragen beschäftigt haben, lesen Sie weiter. Wir unternehmen gemeinsam eine Reise in die Frühe Kirche.

WER WAREN DIE LEUTE, DIE WIR „DIE APOSTEL“ NENNEN?

In diesem Buch werden wir der Reihe nach erkunden, wie es mit den Aposteln nach dem Ende des biblischen Berichts über ihr Leben weiterging, insbesondere dem der Apostelgeschichte. Damit wir dies tun können, müssen wir allerdings erst einmal definieren, was ein Apostel ist. Das Wort *apostolos* stammt von einem griechischen Verb, das „aussenden“ bedeutet. In der ursprünglichen Kultur des antiken Griechenland war ein Apostel lediglich ein Seefahrer, der ohne eine besondere Vollmacht über das Meer geschickt wurde. Irgendwann nahm das Wort die Bedeutung „Bote“ oder „Abgesandter“ an.

Im Judentum des ersten Jahrhunderts gab es ein eigenes hebräisches Wort für einen offiziellen Gesandten, der den Auftrag hatte, eine bestimmte Botschaft zu verkünden und der deshalb eine besondere Vollmacht innehatte – der *schaliach*. Dies scheint die Bedeutung des griechischen Wortes *apostolos* zu sein, wie es im Neuen Testament gebraucht wird. Die zwölf Jünger (oder elf, nach dem Verrat des Judas Iskariot) wurden von Jesus mit himmlischer Vollmacht ausgesandt (Mt 10,1-3; 28,16-20). Mit der Zeit wurden einige weitere Personen hinzugefügt, die als Träger der autorisierten Botschaft Gottes schließlich ebenfalls als Apostel bezeichnet wurden. Als wichtigstes Beispiel ist hier der Apostel Paulus zu nennen, der vom auferstandenen Herrn beauftragt wurde (Apg 9,15; 22,21; 26,15-18; siehe auch 1Kor 9,1; 15,8-9).

Doch die Bibel bezeichnet noch mindestens zwei weitere Personen als Apostel: Barnabas (Apg 14,14) und Jakobus, den Bruder des Herrn (Gal 1,19).[3]

---

3 Es besteht eine wissenschaftliche Diskussion über die Frage, ob Römer 16,7 auch Andronikus und Junia als Apostel bezeichnet. Diesem Buch liegt allerdings die *English Standard Version* zugrunde, in der sie nicht so genannt werden.

Von Jakobus ist bekannt, dass ihm Christus nach der Auferstehung erschien (1Kor 15,7). Obwohl uns von Barnabas nichts dergleichen berichtet wird, gehörte er womöglich zu den 500 Menschen, denen der auferstandene Herr erschien (1Kor 15,6). Normalerweise galt als Apostel jemand, der von Jesus Christus direkt beauftragt worden war, seinen heilbringenden Tod und seine Auferstehung zu verkündigen.

Ein kurzer Blick auf das Inhaltsverzeichnis dieses Buches zeigt, dass nicht jeder, der dort aufgeführt ist, im eigentlichen Sinn als Apostel gilt. Von welchen Faktoren habe ich mich leiten lassen bei der Entscheidung, welche Figuren in diesem Buch vorkommen sollen und welche nicht? Obwohl ich vorhatte, die Apostel zum Kern meiner Untersuchung zu machen, wollte ich die Liste gemäß zwei Kriterien erweitern: Wie bedeutend die Person in der Bibel erscheint und ob die Überlieferung ausreichend historische Informationen über sie hergibt. Daher habe ich drei Personen mit aufgenommen, die nicht als biblische Apostel gelten: Markus, Lukas und Maria. Sie erschienen mir zu wichtig, um sie in einem Buch wie diesem nicht zu berücksichtigen. Außerdem liegt uns über sie umfangreiches Material aus der frühkirchlichen Überlieferung vor. Mit eben diesen Kriterien im Hinterkopf habe ich ebenso wie Barnabas auch den Nachfolgeapostel Matthias ausgelassen (Apg 1,21-26), obwohl sie beide den Titel Apostel trugen. Und wie steht es mit anderen neutestamentlichen Figuren wie Timotheus, Titus, Philemon oder Judas? Da sie weder zu den Aposteln gehörten noch zu den bekannten biblischen Persönlichkeiten zählen, habe ich beschlossen, sie in diesem Buch nicht vorzustellen. Es erschien mir sinnvoller, die Hauptfiguren detailliert zu betrachten als viele Namen zu erwähnen und sie alle nur oberflächlich zu streifen.

ZUR KLÄRUNG EINIGER BEGRIFFE

Kirchenväter

Bevor wir mit unserer Untersuchung über das nachbiblische Leben der Apostel beginnen können, müssen wir aus dem Forschungsfeld der urchristlichen Geschichte einige Schlüsselbegriffe klären und Grundannahmen darlegen.[4] Wer sich in die Überlieferungen der frühen Kirche vertieft, wird sofort auf einen Kreis von Autoren treffen, die allgemein als „die Kirchenväter" bekannt sind. Von was für Männern ist hier die Rede und wie sollten wir sie sehen? Während viele andere Bücher (einschließlich einem, das ich selbst geschrieben habe) es sich zum Ziel gesetzt haben, eine umfassende Einführung zu diesen christlichen Gründerfiguren zu bieten, ist das vorliegende Werk nicht der richtige Rahmen für dieses Ansinnen. Dennoch dürfen ein paar allgemeine Bemerkungen nicht fehlen, damit wir das Urchristentum als Gegenstand akademischer Studien verstehen können, wie sie von zeitgenössischen Fachleuten betrieben werden.

Der Begriff „Kirchenväter" bezieht sich auf die Theologen, Märtyrer, Bischöfe und andere kirchliche Führungspersönlichkeiten, die im Hinblick auf ihre Lehre als orthodox gelten – im Gegensatz zu den Anhängern von Lehren, die als Häresien (Irrlehren) eingestuft werden. Einige der bekanntesten Kirchenväter waren Clemens von Rom, Ignatius von Antiochien, Polykarp, Justin der Märtyrer, Irenäus, Tertullian, Clemens von Alexandria, Origenes, Cyprian, Eusebius von Cäsarea,

---

4 Dieses Forschungsgebiet hieß früher *Patristik* oder *Lehre von den Kirchenvätern* (von Lat. *pater* für Vater). Da inzwischen jedoch viele Gelehrte diesen Begriff als zu maskulin und religiös betrachten, wird er nicht mehr gerne gebraucht. Heute wird dieser Lehrbereich meistens *Geschichte der Alten* oder *frühen Kirche* genannt.

Athanasius, Johannes Chrysostomus, Gregor von Nazianz, Augustinus von Hippo, Ambrosius von Mailand, Hieronymus und Kyrill von Alexandria.

Wenn die Rede von den „Kirchenvätern“ ist, meinen wir Männer (und einige Frauen) aus der *Antike*, genau gesagt von der Zeit des Römischen Reichs bis zu seinem Niedergang nach dem Einfall der Barbaren. Somit lebten die Kirchenväter im zeitlichen Rahmen zwischen der Lebenszeit der biblischen Apostel bis zum Ende der Antike. Da die Antike etwa um das Jahr 500 n. Chr. zu Ende ging, nehmen wir dieses Jahr als grobes Grenzdatum für die Ära der Alten Kirche an.

Natürlich vollzog sich der Übergang von der Antike zum Mittelalter nicht über Nacht. Abhängig davon, wo diese Grenze angesetzt wird, könnten einige Historiker auch Personen aus späterer Zeit noch als Kirchenväter bezeichnen. Dennoch kann dieser Begriff normalerweise nicht Theologen aus dem Hochmittelalter bezeichnen, wie Thomas von Aquin, noch irgendjemanden aus den nachfolgenden Epochen, wie etwa Martin Luther, Johannes Calvin oder Jonathan Edwards[5].

Orthodox und irrgläubig

Bei der Eingrenzung der Kirchenväter als Gruppe haben wir festgestellt, dass die Kirchengeschichte sie mit dem Stempel *orthodox* versehen hat. Der Begriff bedeutet wörtlich „festhaltend am rechten Glauben“ oder „an der rechten Lehre“. Ein Großteil der evangelikalen Christen würde wohl beanspruchen, in diesem Sinne orthodox zu sein. Und wer den Wunsch verspürt, mit einer weit verbreiteten Tradition verbunden zu sein, die alle Zeiten überdauert hat, sieht sich

5 Jonathan Edwards (1703-1758) war ein amerikanischer kongregationalistischer Prediger, Missionar und eine wichtige Persönlichkeit in der Erweckungsbewegung des *First Great Awakening*. (Anm. d. dt. Hrsg.)

vermutlich gerne als jemand, der seine geistlichen Wurzeln ausfindig macht und in Beziehung zu unseren geistlichen Vorfahren steht. Diejenigen, die wir als „Kirchenväter" bezeichnen, sind also die Christen, die in der Antike vom Grundsatz her denselben Glauben hatten wie wir.

Dennoch ist die Definition des Begriffs Orthodoxie ein sehr strittiges Thema im heutigen akademischen Forschungsbereich ‚Alte Kirche'. Hier stellt sich die Frage, von wessen Rechtgläubigkeit eigentlich die Rede ist. Heute ist das, was wir als „christlichen Glauben" bezeichnen – auch wenn er weltweit in zahlreichen Formen zum Ausdruck kommt – vereint in dem Bekenntnis, dass Jesus Christus der menschgewordene Gott ist, der zu unserer Rettung am Kreuz starb und wieder auferstand. Es ist jedoch eine Sache, vom Standpunkt der fest begründeten christlichen Kirche aus zurückzublicken und festzulegen, wer und was nach heutigem Maßstab damals orthodox war, und eine ganz andere, tatsächlich in jener Zeit gelebt zu haben, in der sich noch kein einziger Standpunkt durchgesetzt hatte. Unter solchen Umständen gilt die Rechtgläubigkeit des Einen dem Anderen als Irrlehre. Wer darf bestimmen, was als Wahrheit zu gelten hat?

Im Hinblick auf dieses Definitionsproblem lehnen viele moderne Wissenschaftler die Unterteilung antiker Personen und Texte in die Kategorien „orthodoxe Kirchenväter" und „häretische Sekten" ab. Diese Theologen vertreten die Ansicht, dass es so etwas wie eine Urform des christlichen Glaubens, die etwa von Jesus gelehrt worden wäre, nicht gab, oder genauso wenig ein Heiliges Buch, das die göttliche Norm der Wahrheit festgelegt hätte. Stattdessen, so sagen sie, gab es zahlreiche Ausrichtungen des christlichen Glaubens (eigentlich: „Christentümer"), unter denen sich jeweils Menschen zusammenschlossen, die ihre eigenen geistlichen

Texte gerade so interpretierten, wie es ihnen gefiel, und die sich dabei die größte Mühe gaben, Ansichten über Jesus aus anderen Lagern zu übertrumpfen. Die meisten dieser Glaubensrichtungen sind mit der Zeit verloren gegangen, weil eine Hauptform der christlichen Religion als Siegerin hervorging.

In der Antike jedoch – so sagen diese modernen Wissenschaftler – existierten viele andere „christliche" Botschaften. Zum Beispiel behaupteten einige „Christen", Jesus sei ein gewöhnlicher Mensch gewesen, der das jüdische Gesetz besser befolgte als irgendjemand sonst und Werkgerechtigkeit lehrte. Andere „Christen" deuteten Jesus als mystischen Offenbarer aus dem Himmelreich, der keinen echten Körper hatte und der in Wirklichkeit nicht am Kreuz starb. Und eine dritte Art von „Christentum" ist die Form, die wir heute kennen – in der Antike aber war sie nur eine von vielen verschiedenen Formen des Glaubens. Der einzige Grund, warum diese Form sich durchgesetzt hat, war der, dass sie hinterhältige und machtpolitische Strategien zum Einsatz brachte. Anders ausgedrückt existiert der christliche Glaube, wie wir ihn kennen, nicht deshalb, weil er wahr ist, sondern weil seine Anhänger so clever und manipulativ vorgingen.[6]

Liberal und konservativ

Die Themen, die ich hier anspreche, greifen alle auf die Frage zurück, was man in der Bibel sieht. Ist sie die heilige Offenbarung Gottes an die Menschheit? Oder ist sie nur das

6 Dieser Standpunkt wurde zuerst von einem deutschen Theologen namens Walter Bauer vertreten, der das Buch *Rechtgläubigkeit und Ketzerei im ältesten Christentum* (1934) schrieb. Obwohl Bauer inzwischen verstorben ist, halten auch heute noch einige herausragende Wissenschaftler an der sogenannten Bauer-These fest. Als einer der angesehensten Verfechter dieser Ansicht in der heutigen Zeit gilt Bart Ehrman. Siehe sein Buch *Lost Christianities* (2005).

Produkt menschlicher religiöser Instinkte, eine Sammlung von Schriften, zusammengeschustert von Leuten, die in der Antike dafür kämpften, ihre Ansichten durchzusetzen?

Wie man diese Frage beantwortet, sorgt gewissermaßen für Spaltung unter den Forschern auf dem Gebiet der frühen Kirche. Obwohl die Ausdrücke unzureichend sind, können wir wohl, allgemein gesprochen, zwischen „liberalen" und „konservativen" Wissenschaftlern unterscheiden. Diese Begriffe beschreiben keine politische Anschauung. Vielmehr bezeichnen sie zwei verschiedene Ansätze in der Bibelforschung, die mit anderen Ausdrücken kaum besser zu beschreiben sind.

Wer die Bibel konservativ betrachtet, geht davon aus, dass das Alte und Neue Testament von Leuten verfasst wurden, die Gott selbst dazu inspiriert hat. Das bedeutet, dass alles, was in der Heiligen Schrift berichtet wird, zweifelsfrei wahr sein muss. Ein liberaler Bibelforscher dagegen betrachtet die biblischen Schriften als wichtige, aber historische Dokumente, allerdings allein menschlichen Ursprungs und daher anfällig für Fehler oder gar Verfälschung.

Ich zähle mich eindeutig zu den Konservativen. Dieser Ansatz beeinflusst meinen Umgang mit biblischen Texten als historischen Quellen. Ich gehe davon aus, dass die Bibel immer wahr ist und ich werde niemals an Gottes Wort zweifeln. Dennoch ist innerhalb dieses allgemeinen Glaubenssystems Raum für ein breites Spektrum an möglichen Ansichten. Zu behaupten, eine biblische Aussage sei „wahr", bedeutet, dass sie gemäß der Weltsicht eines antiken Menschen zutreffend ist. Es ist immer schwierig, sich von seinem eigenen Standpunkt zu distanzieren, aber wenn es gelingt, wird man erkennen, dass die Menschen in unserer Zeit über geschriebene Texte und ihren angemessenen Gebrauch anders denken als in der Antike. Zum Beispiel haben wir ein viel stärkeres Bedürfnis, objektive

Fakten in streng chronologischer Reihenfolge zu berichten. In der antiken Welt stellte man weniger strenge Ansprüche an die Funktion historischer Dokumente. Obwohl ich also die Bibel immer als irrtumslos betrachten werde, habe ich die Absicht, in ihr auch den antiken Text zu sehen, der sie nun einmal ist. Mein Ansatz wird berücksichtigen, dass die Bibel ihre ursprüngliche kulturelle Umgebung und deren Annahmen reflektiert. Gleichzeitig wird meine Arbeit von der umfassenden Überzeugung begleitet, dass Irrtümer über zeitlose Wahrheit oder absichtliche Fehlinterpretationen eines Autors in der Heiligen Schrift nicht vorkommen.

Gnostizismus

Diese Auslegungsprinzipien auf die Definition von Orthodoxie anzuwenden heißt, dass die Bibel den endgültigen Maßstab für den rechten Glauben darstellt. Sie allein erfasst die wahre Theologie des christlichen Glaubens, und was immer von der biblischen Lehre abweicht, muss falsch sein. Der Glaube an eine biblische Rechtgläubigkeit beinhaltet daher, dass es auch so etwas wie einen Irrglauben gibt.

Nehmen wir zum Beispiel solche Leute wie ich sie bereits erwähnte, die Jesus als Offenbarer aus dem Jenseits verstanden, dessen Körper nicht real war. Ich bezog mich dabei auf eine irrgläubige Bewegung namens Gnostizismus.

Weil wir so wenig über die antiken gnostischen Sekten wissen, ist es nicht einfach, allgemeine Glaubensgrundsätze für die Gnostiker zu definieren. Aus diesem Grund möchten einige Gelehrte nicht einmal mehr diesen Begriff verwenden. Aber ich glaube nicht, dass wir das so kritisch sehen müssen. Wenn ich auch nicht leugnen will, dass die Definition sehr schwierig ist, können wir dennoch anerkennen, dass in der Antike viele Menschen, die sich als Nachfolger Jesu bezeichneten, den Kern seiner Botschaft in einem Geheimwissen (*Gnosis*) sahen, das der in sündhafter Materie gefangenen menschlichen Seele helfen würde, in eine höhere Stufe der Einheit mit dem Göttlichen aufzusteigen. Obwohl es viele verschiedene Ausprägungen dieser grundlegenden gnostischen Botschaft gibt, so stellt sie doch einen erkennbaren Standpunkt dar, der von realen Menschen vertreten wurde und in bestimmten Schriften enthalten ist.

Da der Gnostizismus ein erkennbarer Standpunkt ist, sind wir in der Lage, ihn mit anderen Ansichten zu vergleichen und von ihnen abzugrenzen. Und wenn wir dies tun, werden wir feststellen, dass er der Botschaft vom Sohn Gottes, der am Kreuz starb und zu unserem Heil wahrhaftig auferstand, nicht entspricht. Beide Anschauungen gleichzusetzen ist ebenso lächerlich wie die Behauptung, die Forderung nach „höheren Steuern für mehr Regierungsprogramme" und die nach „niedrigeren Steuern für eine größere individuelle Freiheit" seien schlicht zwei Aspekte einer imaginären Philosophie namens *Steuerismus*. Womöglich könnten wir uns einen Begriff wie *Steuerismus* ausdenken, aber weil er in seiner Definition so viel umfasst – bis hin zu widersprüchlichen Ansichten! –, ist er so verwirrend, dass man ihn als bedeutungslos abtun kann. Es handelt sich vielmehr um zwei völlig verschiedene Ansichten zum Steuerwesen, und nicht um eine einzige Philosophie.

In gleicher Weise macht es wenig Sinn, das *Frühchristentum* so zu verstehen, als hätte es jeden antiken Menschen eingeschlossen, der gegenüber Jesus aufgeschlossen war und behauptete, ihm nachzufolgen. Stattdessen sollten wir eine deutliche Abgrenzung vornehmen zwischen Gruppen, die eine bestimmte Botschaft über ihn verkündeten, und solche, die eine ganz andere verbreiteten. Und wenn wir an dieser Stelle historisch präzise vorgehen wollen, sollten wir den Inhalt der frühesten bekannten Botschaft über Jesus als Definition für den *christlichen Glauben* annehmen – nämlich die Botschaft, dass Jesus der Herr war, der Christus und der Sohn Gottes, der gestorben und wieder auferstanden ist.

Was können wir nun also über die Gnostiker sagen? Waren sie nur eine von vielen antiken „*christlichen*" Gemeinschaften? Oder vertraten sie eine Position, die vom wahren christlichen Glauben abwich? Nun stecken wir mittendrin in unserer Frage nach „Rechtgläubigkeit oder Irrglauben" – und hier kommt meine Antwort. Obwohl die Gnostiker sich selbst als Christen bezeichneten, unterschieden sich ihre Kernglaubenssätze nachweislich von der frühesten Verkündigung über Jesus in den Jahrzehnten nach seiner historischen Existenz. Deshalb halte ich es für wenig sinnvoll, sie als Christen zu bezeichnen.

Und mit dieser Ansicht stehe ich nicht alleine da. Allgemein betrachtet, würden die meisten Konservativen den wahren christlichen Glauben mit den ursprünglichen Aposteln und den Kirchenvätern in Zusammenhang bringen. Somit wäre der Gnostizismus definitionsgemäß eine Irrlehre. Andererseits wären viele Liberale offen dafür, den Gnostizismus als alternative religiöse Überzeugung, als eine Variante von vielen Formen des Frühchristentums anzusehen, da die Gnostiker von sich selbst behaupteten, Nachfolger Jesu zu sein.

In diesem Buch werde ich mich jedoch auf die Seite derjenigen stellen, die die Apostel und ihre Nachfolger (die Kirchenväter) als Vertreter des wahren christlichen Glaubens annehmen. Nachdem dies gesagt ist, werde ich ebenso jeden fundierten historischen Beleg in meine Betrachtungen einbeziehen, den die Schriften der häretischen Sekten hergeben. Alles in allem sind die Schriften sowohl der Kirchenväter als auch der Häretiker – ebenso wie einige Texte, in denen die Unterschiede zwischen ihnen verschwimmen – unsere Hauptquellen für die Erforschung des Lebens der Apostel in der Zeit nach der Apostelgeschichte.

DIE QUELLEN HINTER DER TRADITION

Weiter oben haben wir die Frage aufgeworfen, was genau mit „Tradition" gemeint ist. Hat die Kirchengeschichte eine einheitliche Stimme, deren Autorität allgemein so hochgeschätzt und anerkannt ist, dass wir ihr gehorchen müssen? In Wirklichkeit ist es viel schwieriger, die historischen Quellen der antiken Tradition zu ordnen. Um dieser Frage nachzugehen, möchte ich zunächst zwischen dem protestantischen und dem katholischen Verständnis von Tradition unterscheiden.

Für katholische Christen schließt der Begriff der kirchlichen Tradition neben der Bibel eine zweite Quelle der göttlichen Offenbarung ein, die uns durch den Lehrdienst der Bischöfe überliefert ist. Die katholische Kirche „nimmt an, und verehrt [...] mit gleicher Zuneigung der Frömmigkeit und Ehrfurcht die Heilige Schrift und die ungeschriebenen Überlieferungen, von Christus selbst an die Apostel und ihre Nachfolger gegeben, welche die Kirche leiten".[7] An anderer Stelle erklärt die katholische Kirche, dass „die heilige Theologie auf dem geschriebenen Wort Gottes [ruht], zusammen mit der Heiligen Überlieferung, wie auf einem bleibenden Fundament".[8]

Protestanten dagegen halten am Grundsatz *Sola Scriptura* fest, „allein durch die Schrift". Dies bedeutet, dass die offizi-

---

7 http://www.kathpedia.com/index.php?title=Sacrosancta_oecumenica_(1)_(Wortlaut), Konzil von Trient, Vierte Sitzungsperiode

8 http://www.vatican.va/archive/hist_councils/ii_vatican_council/documents/vat-ii_const_19651118_dei-verbum_ge.html; Dei Verbum 24, siehe auch 9.)

elle kirchliche Tradition nicht denselben Stellenwert hat wie die Bibel und auch nicht über biblische Interpretationsfragen entscheiden kann. Bestenfalls kann die Tradition als nützlicher Leitfaden dienen. Die Quellen über das Christentum aus der Antike (oder auch aus jeder anderen Epoche) sind als geschichtliche Zeugnisse wichtig und wertvoll, aber sie sind dem inspirierten Wort Gottes nicht gleichwertig. Von dieser Ansicht geht das vorliegende Buch aus.

Was sind denn nun die historischen Quellen über die Apostel? Viel Material findet sich in den mittelalterlichen Legenden, die lange nach der Zeit der Apostel entstanden. Diese Legenden treten in den unterschiedlichsten Gattungen auf, von wunderreichen Biographien und Märtyrergeschichten bis hin zu formellen Liturgien und geistlichen Liedern. Alles in allem ist diese Art Literatur bekannt als Hagiographie oder Heiligengeschichten.

Schließlich wurden einige der überlieferten Anekdoten über die Apostel in Martyrologien gesammelt. Dies waren kirchliche Kataloge, in denen die jährlichen Gedenktage verschiedener Märtyrer und Heiliger festgehalten wurden. Da diese Informationen regelmäßig in der Kirche abgekündigt wurden, erlangten die Apostellegenden einen hohen Bekanntheitsgrad. Viele der beliebtesten Heiligengeschichten wurden von dem italienischen Bischof Jakob von Vorago in seiner *Legenda Aurea* gesammelt und herausgegeben, ein Werk im späten Mittelalter, das zu einem überaus beliebten Bestseller wurde. Auf diese Weise wurden die Heldengeschichten von den Aposteln einer breiten Masse zugänglich und jeder hielt sie für wahr.

Aus wissenschaftlicher Sicht jedoch sind die mittelalterlichen Quellen von sehr geringem historischem Wert, insofern als sie frühere Texte nachbilden. In der Regel ziehen Historiker frühere Quellen vor, weil sie zeitlich den eigentlichen

Ereignissen näher standen. Eine der diesem Buch zugrunde liegenden Arbeitshypothesen ist, dass eine Aussage über einen Apostel, die von keinerlei frühen Zeugnissen gestützt wird, vermutlich nicht der Realität entspricht. Meine Entscheidungen, ob ein Text als historisch zuverlässig anzusehen ist oder nicht, werden darauf beruhen, ob sich frühe Zeugnisse aus mehreren verlässlichen Quellen finden lassen.

Zurück zu den Vätern der Alten Kirche

Wenn wir nun also unsere Aufmerksamkeit diesen antiken Quellen zuwenden, müssen wir zunächst auf das Zeugnis der Väter der Alten Kirchen hören. Bei diesen Autoren handelt es sich weitgehend um die Hirten und Lehrer, die dem Volk Gottes dienten. Obwohl sie nicht immer einen kritischen und urteilsfähigen Blick bewiesen und manchmal unglaubwürdige Geschichten weitererzählten, die sie irgendwo gehört hatten, können ihre Schriften dennoch als wertvolle historische Zeugnisse über die Apostel dienen, besonders dann, wenn Aussagen von mehr als einem Kirchenvater vorliegen.

Vor allem den Autoren des zweiten und dritten Jahrhunderts sollten wir unsere Aufmerksamkeit widmen, weil sie nicht lange nach der apostolischen Zeit lebten. Als Beispiele sind hier Clemens von Rom, Papias, Justin der Märtyrer, Irenäus, Tertullian, Clemens von Alexandrien und Origenes zu nennen. Diese Autoren sind wichtig, weil sie es sich zur Aufgabe machten weiterzugeben, was sie von früheren Generationen über die Apostel gehört hatten.

Eusebius‘ Kirchengeschichte

Die wichtigste Stimme unter den alten Kirchenvätern ist jedoch die des Eusebius von Cäsarea, der im späten dritten und frühen vierten Jahrhundert die erste uns erhaltene historische Betrachtung des Christentums verfasste. Wie andere Autoren seiner Zeit war Eusebius manchmal leichtgläubig und neigte zu frommer Übertreibung. Das bedeutet aber nicht, dass seine *Kirchengeschichte* reine Spekulation wäre. Eusebius trug mit Sorgfalt historische Dokumente zusammen und stützte seine Behauptungen durch Zitate aus früheren Schriften. Das konnte er tun, weil er Zugang zu den zuverlässigsten Aufzeichnungen aus der beeindruckenden christlichen Bibliothek hatte, die in Cäsarea an der Küste Palästinas eingerichtet worden war.

Cäsarea war bis kurz zuvor die Heimat von Origenes (gest. 251) gewesen, einem der größten Gelehrten der Alten Kirche, dessen überragender Geist diese Stadt für die christliche Gelehrsamkeit berühmt machte. Der Bestand der Bibliothek wurde dann von Eusebius' fleißigem Mentor, Pamphilus, noch erweitert. Wenn es irgendwo historische Zeugnisse über die Entstehung der Kirche gab, waren sie in Cäsarea zu finden. Eusebius nutzte sie ausgiebig und vervollständigte seine Erzählung durch Briefe, die er von anderen Gemeinden erhielt und mit den Erkenntnissen aus seinen eigenen Reisen und Nachforschungen. Aus diesem Grund ist die *Kirchengeschichte* des Eusebius eine unserer wertvollsten historischen Quellen über das Christentum in der Antike.

Neutestamentliche Apokryphen

Zusätzlich zu den Schriften einzelner Kirchenväter sind uns aus der Antike eine große Menge anonymer Texte überliefert. Diese Texte werden normalerweise als „neutestamentliche

Apokryphen“ bezeichnet.[9] Zahlreiche literarische Gattungen sind hier vertreten, einschließlich unterschiedlicher Arten von Evangelien über Jesus, Dialoge zwischen biblischen Figuren, spektakuläre Offenbarungen himmlischer oder endzeitlicher Ereignisse, geistliche und liturgische Gesänge, Sammlungen weiser Sprüche, gefälschte Briefe und sogar heldenhafte Geschichten über die Apostel. Oft sind uns diese Texte nur fragmentarisch überliefert. Einige beinhalten Lehren von fragwürdiger Annehmbarkeit, was sie letztendlich zu häretischen Schriften macht. Das heißt, ihre theologische Ausrichtung platziert sie in eine Grauzone zwischen Orthodoxie und Irrlehre.

Die apokryphen Texte wurden anscheinend sowohl von „rechtgläubigen“ Christen als auch von Sektierern gelesen, obwohl die Kirchenväter oft ihr Misstrauen gegenüber diesen Texten zum Ausdruck brachten. Natürlich stammen einige antike Texte über Jesus ganz eindeutig aus häretischen Kreisen, wie beispielsweise die Nag-Hammadi-Bibliothek, eine Sammlung gnostischer Texte, die 1945 im Sand Ägyptens gefunden wurden.

---

9 Manchen Lesern ist der Begriff „Apokryphen“ vielleicht als Bezeichnung für die alttestamentlichen Bücher vertraut, die in katholischen Bibeln erscheinen. Hierbei handelt es sich um in griechischer Sprache erhaltene jüdische Dokumente aus der Zeit zwischen der Entstehung des Alten und des Neuen Testaments – was bedeutet, dass diese Texte nicht-christlichen Ursprungs sind und wahrscheinlich zum großen Teil vor Christi Geburt verfasst wurden. Trotz des ähnlichen Namens sind die „neutestamentlichen Apokryphen“ eine vollkommen andere Schriftengruppe: christliche Werke, die in der Alten Kirche entstanden, um die im Neuen Testament enthaltenen Geschichten zu erweitern. Da diese Arbeiten weniger angesehen waren als die ursprünglichen apostolischen Schriften – und sich teilweise am Rande der Irrgläubigkeit bewegten – wurden sie mit der Zeit als *Apokryphen* bezeichnet, also als verborgene Werke, die aus dem öffentlichen Gebrauch in der Kirche herausgenommen worden waren. Als der biblische Kanon sich im vierten Jahrhundert nach und nach verfestigte, wurde Werken, die zuvor laut in der Kirche vorgelesen worden waren, diese Funktion entzogen.

Texte mit minderwertiger Theologie liegen jedoch nicht automatisch in jedem historischen Punkt falsch. Die neutestamentlichen Apokryphen sind nützliche Texte, die Hinweise über das nachbiblische Leben der Apostel liefern können. Allerdings müssen diese Zeugnisse so *alt* und *verlässlich* wie möglich sein. Wenn wir auf spätere Überlieferungen treffen, die nicht nur übernatürliche Ereignisse enthalten, sondern auch fantastische Legenden und grandiose Schauspiele, müssen wir bei der Einschätzung ihres historischen Wertes vorsichtiger sein. Außerdem müssen die erzählten Ereignisse, um als gültige Beweise anerkannt zu werden, genau in die beschriebene Zeit passen und dürfen nicht die Frömmigkeit einer späteren Generation widerspiegeln. Das apokryphe Material entspricht dieser Regel nicht immer, deshalb muss es mit Vorsicht gebraucht werden.

Vergrabene Schätze

Eine letzte Zeugnisquelle kann noch kurz erwähnt werden. Neben dem schriftlichen Befund erweist sich mitunter auch die frühchristliche Verehrung der Gräber oder Knochen der Apostel als aufschlussreich. Eine ehrenvolle Beisetzung war sowohl den Juden als auch den Christen wichtig. Mit der Zeit entwickelte sich die Verehrung der Märtyrergräber zu einem ausgeprägten Heiligenkult – wobei die Gebeine von Heiligen zum Gegenstand von Anbetung und zum Ziel von Pilgerreisen wurden (Reliquienverehrung). Natürlich wurden die Apostel als besonders heilig betrachtet, und so ist es in manchen Fällen möglich, ihre wahrscheinlichen Wirkungsorte zu ermitteln, indem man den Weg ihrer Knochen zu ihrem ursprünglichen Ruheort zurückverfolgt. In diesem Buch werden wir gelegentlich die Ergebnisse von archäologischen Forschungen näher betrachten, insbesondere im Hinblick auf Petrus und Paulus.

ANTIKE QUELLEN FÜR MODERNE ZEITEN

Bevor wir nun endlich in die Nachforschungen über einzelne Apostel eintauchen, möchte ich erklären, wie man mit den historischen Quellen aus erster Hand umgeht. Wo es möglich ist, werde ich aus der häufig benutzten Sammlung christlicher Texte zitieren, die in englischer Übersetzung unter dem Titel ANF (Ante Nicene Fathers = Vornizäische Väter) und NPNF (Nicene and Post Nicene Fathers = Nizäische und Nachnizäische Väter) bekannt ist. Obwohl diese aus 38 Bänden bestehende Bibliothek nicht die Ergebnisse der jüngsten akademischen Forschungen beinhaltet, hat sie den großen Vorteil, online unter www.ccel.org/fathers.html verfügbar zu sein.[10] Normalerweise werde ich innerhalb des Textes die Quellenangabe mit ANF bzw. mit NPNF 1 oder 2 zitieren (diese Bände wurden in zwei Reihen herausgebracht), dazu die Bandnummer und einen Hinweis auf das einzelne Werk.

Die Schriften des jüdischen Historikers Josephus können ebenfalls online unter www.ccel.org/ccel/josephus/complete.html abgerufen werden. Einige Texte, die nicht in der ANF/NPNF-Bibliothek vorkommen, sind unter www.earlychristianwritings.com zu finden. Und natürlich sind viele andere antike Dokumente auf den unterschiedlichsten Seiten im Netz zu finden. Ich möchte Ihnen Mut machen, sich so oft wie möglich Zeit zu nehmen und diese Texte selbst online zu lesen. Vielleicht hilft Ihnen das, diese große und rätselhafte Macht namens „frühkirchliche Tradition“ zu entmystifizieren.

Sollten Sie tatsächlich ein paar Dinge nachlesen, erzählen Sie auf jeden Fall Ihrem Pastor/Prediger davon – vielleicht nimmt er sie ja in seine nächste Predigt auf!

---

10 in Auszügen auf Deutsch: http://www.unifr.ch/bkv/. Ansonsten wurde aus dem Englischen übersetzt. (Anm. d. dt. Hrsg.)

KAPITEL 1

Matthäus

Zu allen Zeiten sind Menschen zu großer Bosheit fähig gewesen. Aber niemand ist rettungslos verloren.

John Newton, der im 18. Jahrhundert lebte, war Sklavenhändler und damit eingebunden in eines der abscheulichsten Zerrbilder der Weltgeschichte. Dieser Mann misshandelte seine Mitmenschen täglich. Erst später wurde Newton bewusst, dass er blind und auf dem falschen Weg gewesen war. Die tiefe Ehrfurcht, die er angesichts der köstlichen Gnade und Vergebung Gottes empfand, inspirierte ihn zu dem beliebten Lied „Amazing Grace" (dt. „Erstaunliche Gnade").

Wenn die Zeitachse der Geschichte anders verlaufen wäre, hätte der biblische Jünger Matthäus John Newtons berühmtes Kirchenlied vielleicht sehr gemocht. Matthäus war Steuereintreiber, eine Berufsgruppe, die zur damaligen Zeit für ihre betrügerischen Methoden bekannt und verrufen war. Man könnte sogar behaupten, dass die Juden durch überhöhte Steuern einer Art Sklaverei ausgesetzt waren. Als aber Jesus von Nazareth am Zollstand auftauchte, wurde Matthäus' Weg – wie der von Newton – plötzlich auf einen neuen Pfad in Richtung Freiheit und Erlösung umgeleitet. Was fing Matthäus nun mit der überreichen Vergebung an, die er in Christus gefunden hatte? Mit anderen Worten: Was tat er für seinen Retter nach der Zeitspanne, von der die Apostelgeschichte berichtet?

Um diese Frage beantworten zu können, müssen wir zunächst verstehen, wer Matthäus war, bevor er die erstaunliche Gnade Gottes entdeckte.

DER KOLLABORATEUR WIRD BERUFEN

Zu Matthäus' Lebenszeiten wurde sein Heimatland Galiläa durch den Marionettenherrscher Herodes Antipas von den Römern kontrolliert. Die fremden Besatzer verlangten von ihren Untertanen zwei Dinge: Frieden und Steuern. Doch der Beruf des Steuereintreibers gehörte ursprünglich nicht zum römischen System wie unser heutiges Finanzamt. Stattdessen schlossen sich aristokratische Kapitalisten, die sogenannten *Publicani*, zu Steuereintreibungsfirmen zusammen. Obwohl diese Bonzen von Rom oder den Provinzhauptstädten aus operierten, formierten örtliche Steuereintreiber aus der Bevölkerung die notwendigen „Bodentruppen" an den einzelnen Sammelstellen.

So ein Mann war Matthäus – ein jüdischer Kollaborateur für Roms Beauftragten Herodes Antipas, der hohe Steuern einforderte, um damit seine zahlreichen Bauprojekte zu finanzieren. Natürlich ärgerten sich die Leute, die ihr sauer verdientes Geld hergeben mussten, über diese Verräter, die Herodes Antipas zuarbeiteten. Handlanger und Verräter am eigenen Volk wie Matthäus waren Werkzeuge des römischen Regimes und wurden oft unanständig reich, indem sie dem kleinen Mann zu viel berechneten. Die Juden hassten die *Publicani* grundsätzlich, aber besonders verachteten sie deren jüdische Stellvertreter vor Ort, die die Warenprüfungen und Steuererhebungen durchführten. Solche Leute wurden mit anderen „Sündern" in einen Topf geworfen, die des Namens „Juden" kaum als würdig erachtet wurden – bis Jesus vorbeikam und Matthäus in ein neues Leben rief.

Matthäus' Berufung zum Jünger wird in den synoptischen Evangelien geschildert (d. h. in den drei Evangelien, die ihre Geschichte in der gleichen Weise erzählen – Matthäus, Markus und Lukas). Das Markusevangelium stellt sie wie folgt dar:

> Und [Jesus] ging wieder hinaus an den See, und die ganze Volksmenge kam zu ihm, und er lehrte sie. Und als er vorüberging, sah er *Levi, den Sohn des Alphäus*, am Zollhaus sitzen. Und er spricht zu ihm: Folge mir nach! Und er stand auf und folgte ihm nach. Und es geschieht, dass er in seinem Hause zu Tisch lag, und viele Zöllner und Sünder lagen mit Jesus und seinen Jüngern zu Tisch, denn es waren viele, und sie folgten ihm nach. Und als die Schriftgelehrten der Pharisäer ihn mit den Sündern und Zöllnern essen sahen, sagten sie zu seinen Jüngern: Mit den Zöllnern und Sündern isst er? Und Jesus hörte es und spricht zu ihnen: Nicht die Starken brauchen einen Arzt, sondern die Kranken. Ich bin nicht gekommen, Gerechte zu rufen, sondern Sünder. (Markus 2,13-17, Kursivschreibung vom Autor.)

Dieser Bericht, genauso wie die Version des Lukas, nennt den Steuereintreiber „Levi". Matthäus' Evangelium aber ändert seinen Namen in „Matthäus" (9,9). Offensichtlich war dieser Jünger unter zwei Namen bekannt. Als das

Matthäusevangelium geschrieben wurde, musste seine Identität klargestellt werden, damit jeder sehen konnte, dass der Mann, der die Geschichte schrieb, und der verabscheuungswürdige Steuereintreiber ein und dieselbe Person waren. Dies zeigt, dass die frühen Christen kein Problem damit hatten, eine Biographie von Jesus zu lesen, die einem berüchtigten Sünder zugeschrieben wurde. Ganz im Gegenteil – Matthäus' Sündhaftigkeit wird im Text sogar noch hervorgehoben. Doch aufgrund seiner Umwandlung durch den Herrn konnte er das in der frühen Kirche meistgelesene Evangelium verfassen!

Als Steuerbeamter konnte Matthäus wahrscheinlich sowohl in aramäischer als auch in griechischer Sprache lesen und schreiben. Er war kein Landarbeiter, sondern Geschäftsmann, der für heidnische Chefs arbeitete, sorgfältig Buch führte und Zollbelege ausstellte. Die Bibel beschreibt ihn als Eigentümer eines sehr schönen Hauses mit einem Speisezimmer, das so groß und so vornehm eingerichtet war, dass sich viele andere reiche Männer dort versammeln konnten. Doch unter dieser wohlhabenden Oberfläche plagten Matthäus womöglich Schuldgefühle. Hier war ein Mann, der, statt mit seinen Landsleuten solidarisch zu sein, einem ausbeuterischen System zuarbeitete und alle Möglichkeiten ausschöpfte, sich selbst auf Kosten seiner Landsleute zu bereichern.

Der Ort, an dem Matthäus seine treulose Arbeit verrichtete, war Kapernaum am See Genezareth. Was er aber nicht wusste, war, dass Jesus dieses kleine Fischerdorf zum Ausgangspunkt seines Dienstes machen und dadurch eine Prophezeiung aus Jesaja erfüllen würde (Mt 4,12-17). Kapernaum war wahrscheinlich auch Petrus' Heimatstadt. Wir können uns vorstellen, dass Matthäus dort ein recht bequemes Leben führte, doch musste er ständig seine gesellschaftliche Ausgrenzung ertragen. Deshalb war er reif für die Ernte, als Jesus ihn zur Nachfolge aufrief.

Matthäus ließ also sein Leben als Steuereintreiber hinter sich und zählte von nun an zum Kreis der engsten Vertrauten Jesu, den Zwölf. Jeden Tag lebte, aß und betete er zusammen mit seinem Rabbi. Dann, nachdem die Römer Jesus am Kreuz von Golgatha hingerichtet hatten, war Matthäus einer von denen, die eine Begegnung mit dem auferstandenen Herr hatten (1Kor 15,5) und die ihn in den Himmel aufsteigen sahen (Apg 1,1-14). Von diesem Moment an verschwindet Matthäus von der Bildfläche der biblischen Erzählung. Und heute kennen ihn alle Christen wegen seines einen großen Vermächtnisses an die Kirche: Er schrieb als erster eines der vier Evangelien des Neuen Testaments.

Oder vielleicht doch nicht?

MATTHÄUS SCHREIBT MATTHÄUS

Viele Jahre lang – sogar über Jahrhunderte hinweg – hielt die Kirche Matthäus für den Verfasser des ersten der vier Evangelien. Die kanonische Reihenfolge Matthäus, Markus, Lukas und Johannes ist jedem vertraut, der schon einmal das Buch der Bücher aufgeschlagen hat. Aber trotz dieser langen Tradition glauben die meisten Gelehrten heute nicht mehr, dass dies die korrekte Reihenfolge in der Verfasserschaft ist. Nur wenige Konservative verteidigen sie noch, wogegen viele andere Konservative dies nicht tun, ebenso wie die Mehrheit der Liberalen (eine Darstellung dieser unterschiedlichen Ansätze finden Sie im Vorwort).

Das synoptische Problem

Die Fragen, wann das Matthäusevangelium verfasst wurde, auf Grundlage welcher Quellen und in welcher Beziehung zu den anderen Evangelien, gehören alle zu einer komplexen akademischen Debatte, die als das ‚synoptische Problem' bezeichnet wird. Der Streitpunkt ergibt sich aus der Tatsache, dass Matthäus, Markus und Lukas sich in Wortwahl und Anschauung so sehr ähneln, dass reiner Zufall als Erklärung für diese Ähnlichkeiten nicht ausreicht; dennoch ist es extrem schwierig, die genaue literarische Beziehung zwischen den drei Werken zu rekonstruieren. Bibelwissenschaftler und Exegeten haben viele komplizierte Theorien darüber hervorgebracht, wie die synoptischen Evangelien zustande kamen.

Zu unserem Glück geht eine tiefgründige Untersuchung dieses Problems über die Themen hinaus, mit denen wir uns in diesem Buch befassen. Zwar werden wir einige der Kernfragen des synoptischen Problems berühren, unser Hauptaugenmerk aber auf die Frage richten, was die Apostel für das Reich Christi taten, nachdem der inspirierte Bericht über sie endet. Im Fall des Apostels Matthäus erfahren wir aus der frühkirchlichen Tradition wenig über sein späteres Leben. Obwohl wir uns diese überlieferten Berichte gleich genauer ansehen werden, hat die frühe Kirche des Apostels Matthäus hauptsächlich wegen einer herausragenden Tat gedacht: der Verfasserschaft des Evangeliums, das seinen Namen trägt. Aber nachdem viele moderne Wissenschaftler sogar das bezweifeln, fragt sich, was wir denn nun eigentlich glauben sollen. Schrieb der habgierige Steuereintreiber, der durch den Ruf Jesu so radikal verändert wurde, tatsächlich das erste Evangelium? Ohne allzu tief in die Vielschichtigkeit der synoptischen Frage einzutauchen, sollten wir wenigstens versuchen zu ergründen, ob der Apostel Matthäus zu Recht als neutestamentlicher Autor angesehen werden kann.

Papias

Zum ersten Mal erwähnt wird Matthäus bei einem Kirchenvater namens Papias von Hierapolis. (Denken Sie daran: In der Geschichtswissenschaft gelten die frühen Belege als die verlässlichsten). Hierapolis war kein kleines Dorf, sondern eine geschäftige Metropole, berühmt für ihre heißen Quellen, die Besucher von nah und fern anzogen. Selbst heute noch reisen Leute ihretwegen ins moderne Pamukkale in der Türkei. In Kolosser 4,12-13 lesen wir, dass im nahen Kolossä durch Epaphras eine christliche Gemeinde gegründet worden war (siehe auch Kol 1,6-7). Als dann Papias im frühen zweiten Jahrhundert als Leiter in Hierapolis diente, konnte seine Gemeinde schon auf eine reiche Kirchentradition zurückblicken, die sogar bis in die Zeit der Apostel zurückreichte.

Papias berichtet selber, dass er jedes Mal, wenn ein Gemeindeleiter zu Besuch kam, diesen nach dessen Erinnerungen an alle Worte und Taten der Jünger des Herrn fragte (Eusebius von Cäsarea, *Kirchengeschichte*, 3.39.2, www.unifr.ch/bkv/kapitel49-38.htm4,). Anscheinend hatte Papias es sich zur Aufgabe gemacht herauszufinden, welches Ziel den Aposteln vor Augen stand. Daher ist eine seiner Aussagen, die der Kirchenhistoriker Eusebius überliefert hat, durchaus relevant für unsere Fragestellung. Papias erklärt: „Matthäus hat in hebräischer Sprache die Reden zusammengestellt; ein jeder aber übersetzte dieselben, so gut er konnte“ (*Kirchengeschichte*, 3.39.16, Quelle d. dt. Üs. s.o.). Über die Bedeutung dieser Aussage wird in der modernen Bibelwissenschaft heiß diskutiert. Das griechische Wort für „Reden“ ist *logia*, also Sprüche, aber was genau ist damit gemeint? Am ehesten einleuchtend erscheint die Erklärung, dass es sich um eine Sammlung von Aussagen auf Aramäisch von Jesus selbst handelte – und wer eignet sich wohl besser, einen solchen

Text zusammenzustellen als ein gebildeter und detailgetreuer Jude wie Matthäus, der zu den engsten Vertrauten Jesu zählte.

Die Logienquelle (Q)

Wie man inzwischen herausgefunden hat, lässt das Evangelium des Matthäus tatsächlich deutlich erkennen, dass er unter anderem eine Sammlung von Aussprüchen Jesu als Quelle verwendet hat. Wir können dies aus der Tatsache herleiten, dass das Evangelium nach Lukas, obwohl Zeit und Ort der Abfassung jeweils anders waren, viel vom selben Material erhalten hat. Lukas weist bei seiner Darstellung von Jesu Lehren große Ähnlichkeiten zu Matthäus auf und gebraucht sogar mitunter denselben Wortlaut. Dennoch glauben die meisten Wissenschaftler, dass keiner der beiden Autoren den anderen als Quelle benutzte.[11] Falls das zutrifft, müssen sie beide Zugang zu einer gemeinsamen „Spruchquelle" gehabt haben, die sie nutzten, um damit ihre Erzählungen zu ergänzen. Dass sie von demselben Text Gebrauch machten, ist die einzige plausible Erklärung für den Umstand, dass zwei voneinander unabhängige Autoren fast genau das gleiche Material in ihren jeweiligen Werken verwendeten.

Ein solcher Bearbeitungsprozess kann von guten Historikern sogar erwartet werden. Lukas bekundet frei heraus, dass er schriftliche Augenzeugenberichte als Quellen verwendet hat (Lk 1,1-4). Anscheinend war einer davon ein inzwischen verloren gegangener Text oder auch eine Notizensammlung.

---

11 Nur wenige Wissenschaftler – Liberale wie Konservative – glauben, dass die beiden Evangelien in Zusammenhang standen und dass Lukas Matthäus als Quelle nutzte. Dieser Standpunkt hat aus meiner Sicht eine gewisse Berechtigung, aber in diesem Buch schließe ich mich der in der Wissenschaft vorherrschenden Meinung an, dass Markus und Q von Lukas und Matthäus als Vorlage benutzt wurden, aber unabhängig voneinander.

Zum Teil wurde das Material aber durch Matthäus und Lukas bewahrt. Die deutschen Wissenschaftler, die diese Theorie aufgestellt haben, nannten diese Spruchsammlung *Quelle*, und heute ist sie auch international als Q bekannt. Könnte dieses antike Dokument, das vermutlich eher eine Sammlung von Dokumenten in unterschiedlichen Versionen war, aus den handschriftlichen Notizen eines seinem Herrn zutiefst dankbaren Jüngers erwachsen sein, die er – zu den Füßen Jesu sitzend – festhielt? Eine faszinierende Vorstellung.

Leider ist diese hypothetische Spruchsammlung namens Q heute nicht mehr als eigenständiger Text erhalten, so dass wir nicht genau sagen können, was sie enthielt – oder auch nur mit Sicherheit behaupten, dass sie existiert hat. Da jedoch jüdische Jünger oft die weisen Sprüche ihres Meisters festhielten und da der Kirchenvater Papias gehört hatte, dass Matthäus als Aufzeichner der *logia* Jesu fungierte, erscheint es zumindest plausibel, dass Q existierte und dass sie ursprünglich im Kern Matthäus zuzuschreiben war.

Markus als Quelle

Besonders interessant an den Evangelien von Matthäus und Lukas ist jedoch die Tatsache, dass nicht nur Q beiden als Quelle zugrunde lag, sondern auch das Markusevangelium. Etwa 95 Prozent des Markus-Textes werden in irgendeiner Form von Matthäus oder Lukas wiederverwendet, wenn auch die einzelnen Elemente innerhalb der Erzählungen verschoben, erweitert, verkürzt oder stilistisch geglättet wurden. Themen, die Judenchristen[12] besonders am Herzen lagen – wie zum Beispiel die feindselige Einstellung der nationalen Führungselite Israels

12 „Judenchristen“ gehörten zum jüdischen Volk. Sie hatten Jesus angenommen, legten aber weiterhin Wert auf alttestamentliche Themen, Praktiken und Prophezeiungen. Die Tatsache, dass Jesus der Messias war, wurde in solchen Gemeinschaften besonders hervorgehoben. Im siebten Kapitel über Jakobus gehe ich näher auf Judenchristen ein.

gegenüber den Lehren Jesu – werden von Matthäus ausgestaltet. Andererseits wird historisch irrelevantes Material weggeschnitten. So wurde zum Beispiel die Randbemerkung zur Erklärung jüdischer Bräuche bei Markus (7,3-4) an der entsprechenden Stelle im Matthäusevangelium (15,1-2) ausgelassen.

Matthäus' Leserschaft

All das deutet darauf hin, dass Matthäus sein Evangelium für eine judenchristliche Zielgruppe schrieb. Es wurde von einem hoch gebildeten jüdischen Mann von städtischer Empfindsamkeit verfasst, der Markus und eine Sammlung von Jesus-Zitaten als Hauptquellen verwendete. Das bedeutet, dass sein Evangelium nicht als erstes verfasst wurde. Es war mindestens das zweite; und wie wir in Kapitel drei sehen werden, war es wahrscheinlich das dritte (nach Lukas).

Oberflächlich betrachtet, sieht es also ganz danach aus, dass der Apostel Matthäus der Kirche ein Evangelium hinterlassen hat, dessen Erzählung so angelegt ist, dass sie die Zugehörigkeit Jesu zum jüdischen Volk hervorhebt. Selbst wenn es nicht das früheste der vier Evangelien war, ist es dennoch ein wertvoller Schatz, der den Messias Israels auf einzigartige Weise würdigt.

Und doch wirft diese historische Rekonstruktion der Buchverfasserschaft eine interessante Frage auf: Warum sollte ein Augenzeuge des Herrn wie Matthäus das Werk eines Nicht-Augenzeugen wie Markus als Grundlage für seinen Bericht verwenden? Viele moderne Sachkundige sehen darin ein sehr großes Problem. Wissenschaftler im liberalen Lager *leugnen* sogar typischerweise, dass der Jünger Matthäus das Evangelium schrieb, das seinen Namen trägt – und einer der Hauptgründe ist die Verwendung des Markusevangeliums, weil es keine Erklärung dafür zu geben scheint, dass dies einem Apostel, der den Herrn selbst gesehen hat, notwendig erschien. Andere Argumente für die Annahme, dass Matthäus nicht der Verfasser war, ist die weiterentwickelte Theologie, von der man annimmt, dass sie die jüdisch-christlichen Beziehungen zu einer späteren Zeit widerspiegeln als die, zu der Matthäus geschrieben hätte; das gilt ebenso in Bezug auf die vorzügliche griechische Prosa, die eine höhere Bildung vermuten lässt als die, die man von einem galiläischen Steuereintreiber erwarten würde. Was sollen wir nun mit solchen scheinbar radikalen Behauptungen anfangen?

DAS EVANGELIUM „NACH" MATTHÄUS

Wenn wir uns nun der Frage nach der matthäischen Verfasserschaft zuwenden, sollten wir uns zunächst in Erinnerung rufen, dass die antike Kirche dieses Evangelium immer Matthäus zugesprochen hat. Bis zum zweiten Jahrhundert – und wahrscheinlich sehr früh in diesem Jahrhundert – standen die Titel der vier kanonischen Evangelien fest und gehörten zu den Büchern dazu. Alle erhaltenen Manuskripte des Matthäusevangeliums nennen ihn im Titel (bis auf ein paar wenige, die so zerfleddert sind, dass man nicht sicher ist, welchem Autor sie überhaupt zuzuschreiben sind). Darüber hinaus sind sich die Kirchenväter ausnahmslos einig, dass Matthäus der Autor des Evangeliums war.

Matthäus' Sprachen

Dem Beispiel des Papias folgend, stellt auch Irenäus von Lyon fest: „Matthäus verfasste seine Evangelienschrift bei den Hebräern in hebräischer Sprache, als Petrus und Paulus zu Rom das Evangelium verkündeten und die Kirche gründeten" – das heißt, in den 60er-Jahren. (*Gegen die Häresien*, 3.1.1, www.

unifr.ch/bkv/kapitel649.htm). Ebenso berichtet Origenes von Alexandrien: „Auf Grund der Überlieferung habe ich bezüglich der vier Evangelien, welche allein ohne Widerspruch in der Kirche Gottes, soweit sie sich unter dem Himmel ausbreitet, angenommen werden, erfahren: Zuerst wurde das Evangelium nach Matthäus, dem früheren Zöllner und späteren Apostel Jesu Christi, für die Gläubigen aus dem Judentum in hebräischer Sprache geschrieben" (*Kirchengeschichte* 6.25.4, https://www.unifr.ch/bkv/kapitel52-24.htm].

Demzufolge hat Matthäus, gemäß weit verbreiteten Erinnerungen der Alten Kirche, ein Evangelium für Judenchristen in ihrer eigenen Sprache veröffentlicht (also wohl in Aramäisch, einer dem Hebräischen verwandten Sprache).

Wie wir aber bereits gesehen haben, wurde das biblische Evangelium des Matthäus mit hoher Wahrscheinlichkeit auf Griechisch verfasst. Wie kam es also zu diesen Aussagen über eine Version auf Aramäisch? Tatsache ist, dass ein aramäisches Evangelium (vielleicht sogar mehrere), das mit Matthäus' Namen in Verbindung gebracht wurden in der Antike kursierte. Jedoch war der inspirierte griechische Text im Neuen Testament keine direkte Übersetzung eines solchen Werks. Das heißt aber auf der anderen Seite nicht, dass aramäische Schriften nicht als historische Quellen für inspirierte Texte hätten dienen können. Der historische Befund legt die Vermutung nahe, dass das biblische Matthäusevangelium das Ergebnis eines komplexen redaktionellen Prozesses war, bei dem verschiedene Quellen zusammengefügt wurden – einschließlich der ursprünglichen aramäischen Sprüche des Herrn Jesus Christus, ins Griechische übersetzt.

Matthäus' Redaktionsteam

Es ist durchaus denkbar, dass Matthäus, um diese komplizierte literarische Aufgabe ausführen zu können, nicht allein arbeitete, sondern eine Gemeinde damit beauftragte, unter seiner Anleitung sein Evangelium zu verfassen. Ein solcher Prozess wäre dem Konzept von Verfasserschaft in der Antike nicht fremd gewesen, da man damals mehr Wert auf die Instanz legte, die hinter der Entstehung eines Buches stand, als auf die genaue Herstellungsmethode.

Die Redaktionsarbeit wurde wahrscheinlich in einer judenchristlichen Gemeinde durchgeführt, in der der Apostel eine leitende Funktion hatte und respektiert wurde, in der es jedoch auch andere fähige Schreiber gab, die bei der Ausformung der Endversion der Erzählung mitwirkten. Matthäus, der vollmächtige Augenzeuge des Herrn, wäre dann die treibende Kraft hinter dem Veröffentlichungsprozess gewesen, selbst wenn andere Christen womöglich dem Endprodukt ihre persönliche Note verliehen haben.

Viele konservative Wissenschaftler räumen ein, dass der matthäische Kern des Evangeliums – seine Augenzeugenerinnerungen, dokumentierte Aussprüche Jesu und erzählerische Hauptthemen – gleichwohl mit der Zeit von Matthäus' Redaktionsteam geformt und gestaltet wurde, bis letztlich der Text herauskam, der uns heute vorliegt. Das steht nicht im Widerspruch zu irgendwelchen Aussagen im Wort Gottes. Wir würden einfach davon ausgehen, dass das inspirierende Wirken des Heiligen Geistes alle Autoren geführt hat, die an der Erstellung unserer Heiligen Schrift mitwirkten. Doch hinter all dem haben die Väter der Alten Kirche Matthäus' Beitrag zu dem Buch als maßgeblich anerkannt – einschließlich seines Gebrauchs ursprünglich aramäischer Quellen – und ihm zurecht die Verfasserschaft daran zuerkannt.

Somit können wir uns Matthäus' literarische Bemühungen in etwa so vorstellen: Mitte der 60er-Jahre wurde unter Matthäus' Leitung von einem begabten griechischen Stilisten eine ursprüngliche Version des Evangeliums verfasst. Das geschah vermutlich vor der Zerstörung des jüdischen Tempels, was erklären würde, warum einige Verse voraussetzen, dass er noch existiert. Warum sollte Matthäus Wert darauf legen, Jesu Gebot zu erhalten, Opfergaben vor den Altar zu bringen (5,24), oder was sollte seine Aussage, dass Gott im Tempel wohnt (23,21), wenn die Kirche zu diesem Zeitpunkt schon wusste, dass der Tempel von den Römern zerstört worden war? Es gibt viele gute Gründe anzunehmen, dass der Großteil von Matthäus' Werk vor dem Jahr 70 fertiggestellt war, dem Jahr der Zerstörung des Tempels. Dennoch dürfen wir annehmen, dass, nachdem die erste Version fertiggestellt war, weitere redaktionelle Änderungen vorgenommen wurden, die späteren Christen helfen sollten, ihre Situation in der Welt nach dem Jahr 70 zu begreifen.[13]

Matthäus' Quellen

Wie es sich für einen guten Historiker gehört, machte Matthäus vermutlich von allen historischen Zeugnissen Gebrauch, die ihm zur Verfügung standen. Eine seiner wichtigsten Quellen war die Sammlung von Sprüchen Jesu, die vielleicht aus

13 Zum Beispiel gibt von den vier Evangelisten Matthäus als Einziger Jesu Bemerkung über die Truppen eines Königs wieder, die Jerusalem einnehmen und niederbrennen (22,7). Vielleicht fügte ein Redakteur diese Erinnerung nach dem Jahr 70 ein, um die Gemeinde daran zu erinnern, dass Jesus immer schon wusste, dass dies passieren würde. Das Matthäusevangelium beinhaltet außerdem eine Aussage Jesu, in der deutlich der Dreieinigkeitsgedanke anklingt (28,19). Die Entscheidung, diesen Ausspruch des Herrn aufzunehmen, könnte die theologischen Interessen einer späteren Zeit reflektieren (28,19), als die Taufe im Namen des dreieinigen Gottes in der Kirche schon zur Norm geworden war.

seinen eigenen Bemühungen erwachsen war, Aufzeichnungen der Worte Jesu auf Aramäisch niederzuschreiben. Außerdem ist anzunehmen, dass Matthäus mit Sicherheit das Ansehen von Petrus hochgehalten hätte, wegen dessen Kühnheit und offensichtlicher Nähe zu Jesus. Deshalb strukturierte Matthäus seine Arbeit um das Evangelium herum, das Petrus' Mitarbeiter Markus kurz zuvor in Rom verfasst hatte (siehe Kapitel 2).

In Anbetracht des Bestrebens der Alten Kirche, ihre Verkündigung über Jesus einheitlich zu halten, ist es nicht nur plausibel, sondern sogar sehr wahrscheinlich, dass Matthäus das Markusevangelium nutzte. Er stütze sich besonders auf diese beiden Quellen (Q und Markus), neben seinen eigenen Erinnerungen und anderen ihm zur Verfügung stehenden Quellen, und stellte einen begabten Autor an, der ihm half, ein Evangelium zu verfassen, das den Bedürfnissen seiner judenchristlichen Gemeinde gerecht wurde.

Matthäus' Wirkungsort

An welchem Ort fand diese schriftstellerische und redaktionelle Arbeit statt? Da anzunehmen ist, dass es sich um eine Hochburg der Bildung mit einer jüdischen Population von beträchtlicher Größe handelte, wird allgemein vom syrischen Antiochia ausgegangen. Wir wissen, dass der Apostel Petrus, der im Matthäusevangelium eine besonders herausragende Rolle spielt, dort als angesehener und einflussreicher Leiter gewirkt hatte (Gal 2,11-14; und siehe Kapitel 9 bzgl. Petrus). Dass Matthäus diese wohlbekannte Persönlichkeit aus der antiochenischen Gemeinde (und aus seiner Heimatstadt Kapernaum!) besonders hervorheben würde, liegt nahe.

Die Apostelgeschichte schildert außerdem eine große judenchristliche Gemeinde in Antiochia, die viel Wert auf hebräische Sitten legte und sich dennoch mit Eifer der Heidenmission widmete. Dieses Profil passt zu den Themen, auf die Matthäus besonderen Wert legte, wie dem großen Auftrag, in alle Welt zu gehen, zu taufen und Menschen zu Jüngern zu machen (28,18-20). Darüber hinaus reflektieren die Briefe des Ignatius, des späteren Bischofs von Antiochia, der im frühen zweiten Jahrhundert wirkte, dass ihm Matthäus' Text bekannt war. Alles in allem lässt sich sagen, dass das Matthäusevangelium perfekt zu der Art von Gemeinde passte, von der wir wissen, dass sie in Antiochia existierte. Obwohl wir nicht hundertprozentig sicher sein können, dürfen wir uns vorstellen, dass ein Schriftstück wie dieses auf die Gläubigen in Antiochia ausgerichtet worden wäre. Gleichzeitig sorgte die Inspiration durch den Heiligen Geist dafür, dass die Botschaft dieses Evangeliums von zeitloser Relevanz für alle Generationen war.

DER SÜNDER SCHREIBT EINEN KLASSIKER

Das Matthäusevangelium ist das Größte, was uns dieser Apostel hinterlassen hat. Obwohl manche zweifelhaften Kirchenlegenden versuchen, Matthäus mit einem frommen Interesse an Evangelisation zu versehen, indem sie seine Missionsreisen in verschiedene Länder beschreiben, schenken heutige Wissenschaftler diesen spät erschienenen Berichten wenig Glauben. So erzählt zum Beispiel ein frühmittelalterlicher, fälschlich einem babylonischen Bischof namens Abdias zugeschriebener Text von kühnen Heldentaten des Matthäus und von wunderbaren Abenteuern im äthiopischen Land (*Pseudo-Abdias*, Buch 6). Eine Reise im Dienst des Herrn nach Äthiopien wird Matthäus auch vom Kirchenvater Rufinus in seiner lateinischen Übersetzung und Überarbeitung von Eusebius' historischem Werk (*Kirchengeschichte*, 10.9) bescheinigt. Obwohl die äthiopische Reise des Matthäus zweifelhaft erscheint, weil die Idee erst im Jahr 400 n. Chr. aufkam, hat sie über den Text mit dem Titel *Das Römische Martyrologium* Eingang in die offizielle katholische Überlieferung gefunden. Er findet auch heute noch im liturgischen Rahmen Verwendung. Andere Quellen bringen Matthäus mit unterschiedlichen Orten in Verbindung, wie zum Beispiel Parthia oder Persien. Noch eine weitere Geschichte platziert ihn in einer unbekannten Stadt namens Myrna, bewohnt von einem Kannibalenstamm, der ihn verfolgte und letztlich tötete (ANF, Bd. 8, *Acts and Martyrdom of St. Matthew the Apostle*, vgl. www.heiligenlexikon.de/BiographienM/Matthaeus.html, siehe auch *The Acts of Andrew and Matthias*, wo möglicherweise der Nachfolgeapostel Matthias mit Matthäus verwechselt wird). Wer immer diese Texte liest, wird schnell bemerken, dass sie legendenhaft und bar jeden historischen Details sind. Im Gegensatz zu der sorgfältigen und akkuraten Art und Weise, mit der die kanonischen Evangelien ihre Erzählungen entfalten, springen diese apokryphen Texte sofort in die fantastischsten Geschichten hinein, die ganz eindeutig an spätere Kirchenfrömmigkeit angelehnt sind.

Das Zeugnis des Eusebius ist demgegenüber weitaus weniger spekulativ: „Matthäus, der zunächst unter den Hebräern gepredigt hatte, schrieb, als er auch noch zu anderen Völkern gehen wollte, das von ihm verkündete Evangelium in seiner Muttersprache" (*Kirchengeschichte*, 3.24.6). Hier haben wir wiederum die Tradition vor uns, nach der Matthäus auf Aramäisch schrieb und mit judenchristlichen Kreisen in Verbindung gebracht wurde. Dennoch ist die genaue Identität der „anderen Völker", denen er angeblich predigte, im Sand der Zeit verloren gegangen. Niemand, der kurz nach dem Apostel lebte, hat von seinen Taten berichtet. Es sind uns keine historisch soliden Fakten über Matthäus' Missionsreisen und sein Märtyrertum überliefert. Es lässt sich nicht mehr sagen, als dass er wahrscheinlich an der Evangelisierung Aramäisch-sprachiger Juden beteiligt war, vermutlich in der Umgebung von Antiochia.

Demnach waren es keine Reisen durch das ganze Imperium, auf denen er heidnische Gegner besiegte, um die sich der Apostel Matthäus im Namen Jesu verdient machte, sondern die Gestaltung und Veröffentlichung des neutestamentlichen Evangeliums, das seinen Namen trägt. Wie der Sklavenhändler John Newton, aus dem später ein Prediger wurde und der ein ganz wunderbares geistliches Lied komponierte, wurde Matthäus, dem ehemaligen Steuereintreiber, das große Vorrecht zuteil, Worte zu schreiben, die in die Heilige Schrift eingingen. Der Griffel, der einst gefälschte und ausbeuterische Wirtschaftsbücher ausfüllte, wurde stattdessen gebraucht, um die größte Geschichte niederzuschreiben, die jemals erzählt wurde. Wenn *das* keine ‚erstaunliche Gnade' ist!

Checkliste zu Matthäus

Er diente dem Herrn in Antiochia.	√
Er veröffentlichte ein judenchristliches Evangelium auf Aramäisch.	(x)
Er leitete eine judenchristliche Gemeinde.	√
Er machte Aufzeichnungen, die seinem Evangelium zugrunde gelegt wurden.	√
Er nahm direkten Einfluss auf die Ausgestaltung seines Evangeliums.	√
Er schrieb sein biblisches Evangelium ganz allein.	(x)
Er unternahm Missionsreisen nach Äthiopien oder zu Kannibalenstämmen.	x
√ = ganz oder ziemlich sicher; (√) = einigermaßen sicher (x) = einigermaßen sicher nicht; x = ganz oder ziemlich sicher nicht	

KAPITEL 2

Markus

Zu den herausragenden Sehenswürdigkeiten der großartigen Stadt Venedig – neben seinen berühmten Kanälen – zählt die Kathedrale San Marco. Was hat dieses kunstreiche Gebäude mit dem Autor des Evangeliums aus dem ersten Jahrhundert zu tun? Mittelalterlichen Berichten zufolge entwendeten ein paar clevere Kaufleute aus Venedig im Jahr 828 die Knochen des Evangelisten aus ihrer Ruhestätte in Alexandria und überführten sie in die Kathedrale. Dies wiederum wirft die Frage auf, warum Markus' Knochen überhaupt erst in Ägypten gelegen haben sollen. Ging er, nachdem die biblische Tradition ihn aus den Augen verloren hatte, nach Alexandria, um dort das Evangelium zu schreiben, das seinen Namen trägt? Bei seinem ersten Anlauf im Dienst für den Herrn hatte Markus versagt. Wenn wir nur nach der Apostelgeschichte urteilen würden, hätten wir wenig Grund anzunehmen, dass dieser wankelmütige Apostelgehilfe der Kirche irgendetwas Positives gegeben haben könnte. Aber wie wir gleich sehen werden, war der junge Johannes Markus ein Mann, dem das Leben ein seltenes Privileg vergönnte: eine zweite Chance.

EIN UNERWARTETES COMEBACK

Gelungene Comeback-Storys kommen einfach gut an. In solchen Geschichten steigt der junge Emporkömmling auf wie ein Stern, versagt ganz gewaltig, rappelt sich – allen Widrigkeiten zum Trotz – wieder auf und erringt den Sieg. Beim Technik-Genie Steve Jobs war es genauso. Nachdem er den unglaublich beliebten Apple Macintosh herausgebracht hatte, versuchte er, gegen seinen Firmenchef zu putschen und wurde entlassen. Als er dann aber den Weg zurück zu Apple fand, übernahm er den Vorsitz bei der Vermarktung der allgegenwärtigen iPods, iPhones und iPads – Produkte, die die Welt revolutionierten.

Oder nehmen wir Henry Ford. Trotz eines vielversprechenden Anfangs als Mitarbeiter von Thomas Edison, missglückten seine neuen Firmengründungen. Erst als das Modell T auf den Markt kam, schossen die Verkaufszahlen in die Höhe und machten Ford zu einem Automobil-Mogul. Heute prangt sein Name auf Millionen Autos rund um die Welt.

In biblischer Zeit erlebte der junge Johannes Markus ein ähnliches Comeback. Zuerst sah für ihn alles positiv aus. Er war ein Jude aus Jerusalem, der Sohn einer Frau namens Maria, deren Haus zum Ausgangspunkt der Aktivitäten der Apostel in der Stadt wurde (Apg 12,12). Maria schien Petrus sehr nahe gestanden zu haben, denn er eilte zu ihrem Haus, sobald er aus dem Gefängnis befreit worden war. Die Hausgemeinschaft war groß und wohlhabend genug, um eine Dienerin für die Pforte zu beschäftigen. Zusätzlich zu diesem vielversprechenden Stammbaum mütterlicherseits war Markus außerdem der Cousin des Barnabas, einem von Paulus‘ engsten Mitarbeitern. All das deutete darauf hin, dass Markus eine glänzende Zukunft im Dienst für den Herrn bevorstand.

Ein enttäuschender Anfang

Paulus und Barnabas erkannten das Potenzial des jungen Mannes und nahmen ihn mit nach Antiochia. Von dort brachen sie, ausgesandt vom Heiligen Geist, zu einer Missionsreise zur Insel Zypern auf und nahmen Markus als Gehilfen mit (Apg 12,25; 13,5). Als aber die Gruppe nach Pamphylien auf dem Festland weiterreiste und in der Stadt Perge ankam, stieß Markus' Eifer für evangelistische Arbeit an seine Grenzen. Statt sich gemeinsam mit seinen Gefährten den Gefahren der Reise zu stellen, machte er sich auf den Weg zurück zum Haus seiner Mutter in Jerusalem (Apg 13,13). Denken Sie daran, dass Paulus im späteren Verlauf dieser Reise gesteinigt und vor den Stadtmauern Lystras zum Sterben zurückgelassen wurde (Apg 14,9). Da überrascht es nicht, dass er es Markus übelnahm, auf welche Weise er sich verdrückt hatte! Paulus wollte mit so einem unzuverlässigen Partner nichts mehr zu tun haben. Barnabas dagegen hoffte, seinem Vetter eine zweite Chance geben zu können. Die Apostelgeschichte beschreibt ihren Streit darüber wie folgt:

> Barnabas aber wollte auch Johannes, mit dem Beinamen Markus, mitnehmen. Paulus aber hielt es für richtig, den nicht mitzunehmen, der aus Pamphylien von ihnen gewichen und nicht mit ihnen gegangen war zu dem Werk. Es entstand nun eine Erbitterung, so dass sie sich voneinander trennten und Barnabas den Markus mitnahm und nach Zypern segelte. Paulus aber wählte sich Silas und zog aus, von den Brüdern der Gnade Gottes befohlen. (Apg 15,37-40)

Die Ernsthaftigkeit der hier geschilderten Situation ist nicht zu unterschätzen. Markus' Kleingläubigkeit hatte nicht nur persönliches Versagen zur Folge – sie führte außerdem zur Trennung zweier herausragender Leiter der frühen Kirche.

Eine zweite Chance

Wir wissen nicht, wie es Barnabas auf seiner Missionsreise mit Markus erging. Was wir aber sehr wohl wissen ist, dass es Markus letztlich gelang, Paulus' Gunst zurückzugewinnen. Die Ereignisse in Zusammenhang mit ihrem Zerwürfnis sind in etwa auf das Jahr 46 zu datieren. Wenn wir nun eineinhalb Dekaden überspringen, stellen wir fest, dass die Lage sich zum Vorteil des Markus verändert hat. Er ist nun in Paulus' Augen kein unzuverlässiger Partner mehr.

Wir befinden uns aktuell in den frühen 60er-Jahren. Paulus steht in Rom unter Hausarrest (Apg 28,16). Er schreibt einen Brief an die Kolosser, in dem er mitteilt, dass Markus ihm ein echter Trost geworden ist (Kol 4,10-11). Etwa um dieselbe Zeit schreibt Paulus an Philemon und sendet ihm Grüße von Markus, den er als „Mitarbeiter" bezeichnet (Phim 24). Noch einmal ein paar Jahre später schreibt Paulus an Timotheus während einer weitaus beschwerlicheren Gefangenschaft in Rom. Nun sehnt er sich verzweifelt nach Markus' Gegenwart. „Nimm Markus und bringe ihn mit dir!", drängt er Timotheus. „Denn er ist mir nützlich zum Dienst" (2Tim 4,11). Das ist wirklich bemerkenswert. Der Mann, den Paulus nicht mehr auf eine Missionsreise mitnehmen wollte, ist nun so nützlich für den christlichen Dienst, dass der größte Apostel nicht ohne ihn auskommt!

Da haben wir es also: Der wankelmütige Markus hat ein dramatisches Comeback geschafft. Obwohl er zunächst versagte, ergriff er die zweite Chance, die Gott ihm gab, und fand einen Weg, der Kirche wirkungsvoll zu dienen. Selbst wenn er sonst gar nichts geleistet hätte, wäre Paulus' eindringliche

Befürwortung ausreichend gewesen, um ihm in den Annalen der Kirche einen Platz zu zementieren. Wie wir allerdings gleich sehen werden, hatte der Herr für diesen jungen Mann noch viel Größeres vor.

GEMEINSAMER DIENST MIT PETRUS

Stellen Sie sich vor, Sie hätten die Gelegenheit, an der Seite nicht nur eines, sondern sogar zweier großer christlicher Leiter zu arbeiten. Können Sie sich ausmalen, wie Sie selbst das Evangelium in Europa verkünden zu der Zeit, als Martin Luther schon ein erfahrener Reformator war oder als Johannes Calvin gerade loslegte? Oder wie Sie sich gemeinsam mit Jonathan Edwards und George Whitfield um die Erweckung der Seelen von Kolonialamerikanern bemühen? Oder wie Sie sich mit einem berühmten christlichen Autor hinsetzen und ihr eigenes Werk christlicher Literatur besprechen? So in etwa muss es für Johannes Markus gewesen sein. Er genoss nicht nur das Vorrecht, mit dem Apostel Paulus ein Team zu bilden – er arbeitete auch mit Petrus zusammen.

Wir haben bereits gesehen, dass in den allerersten Tagen der christlichen Kirche, als Petrus noch in Jerusalem den auferstandenen Messias predigte, die ersten Christen das Haus von Markus' Mutter Maria als Ausgangspunkt für ihre Tätigkeiten nutzten. Die Vorstellung, dass der Sohn des Hauses, ein gebildeter Bursche mit aufkeimendem Interesse an geistlichen Dingen, Petrus' Aufmerksamkeit erregte, ist nicht zu weit hergeholt. Schließlich fiel er auch Paulus auf, und der Apostel lud ihn ein, ihn auf der geplanten Missionsreise zu begleiten, die – trotz Markus' anfänglichen Versagens – am Beginn eines lebenslangen Dienstes stehen würde. Es ist anzunehmen, dass Markus sich im Lauf der Jahre im engeren Kreis der Apostel bewegte. Deswegen sollte es uns nicht überraschen, dass Petrus in dem Brief, den er gegen Ende seines Lebens schrieb, Grüße von jemandem ausrichtete, den er als „seinen lieben Sohn“ betrachtete: von eben jenem Markus, nun ein Mann mittleren Alters, geprüft und bewährt als Diener des Evangeliums (1Petr 5,13).

Petrus‘ Einfluss auf das Markusevangelium

Liegen uns aber abgesehen von dieser Stelle, die von einer offensichtlich innigen Beziehung zeugt, weitere Beweise für die Annahme vor, dass Petrus Markus‘ Bild von Jesus beeinflusst hatte? Oder anders gefragt: Hat die Tradition, die besagt, dass Petrus den Inhalt für das Markusevangelium lieferte, irgendeinen Wert? Ja, den hat sie tatsächlich.

> Kam einer, der den Presbytern gefolgt war, dann erkundigte ich mich nach den Lehren der Presbyter und fragte: ‚Was sagte Andreas, was Petrus, was Philippus, was Thomas oder Jakobus, was Johannes oder Matthäus oder irgendein anderer von den Jüngern des Herrn? …‘ Denn ich war der Ansicht, dass aus Büchern geschöpfte Berichte für mich nicht denselben Wert haben können wie die Worte frischer, noch lebender Stimmen. (Eusebius, Kirchengeschichte, 3.39.4, www.unifr.ch/bkv/kapitel49-38.htm)

Was die Methode des Papias so wertvoll macht, ist, dass sie es uns ermöglicht, einige persönliche Erinnerungen der Apostel zurückzugewinnen. Antike Historiker erkannten Quellen wie diese, die zeitlich nahe an den ursprünglichen Ereignissen stand und von dem Bemühen um Genauigkeit zeugt, als äußerst verlässliches Zeugnis an. Anscheinend sammelte Papias eine große Menge apostolischer Informationen und fasste sie in einem fünfbändigen Werk mit dem Titel *Auslegung der Worte des Herrn* zusammen. Leider ist uns dieses Werk nicht erhalten, daher haben wir nur die Auszüge, die der spätere Kirchenhistoriker Eusebius als Zitate übernommen hat.

Petrus' Dolmetscher

Die folgende Erinnerung gehört zu den Dingen, die Papias aufschrieb (und Eusebius weitergab):

> Markus hat die Worte und Taten des Herrn, an die er sich als Dolmetscher des Petrus erinnerte, genau, allerdings nicht ordnungsgemäß, aufgeschrieben. Denn nicht hatte [Markus] den Herrn gehört und begleitet; wohl aber folgte er später, wie gesagt, dem Petrus, welcher seine Lehrvorträge nach den Bedürfnissen einrichtete, nicht aber so, dass er eine zusammenhängende Darstellung der Reden des Herrn gegeben hätte. Es ist daher keineswegs ein Fehler des Markus, wenn er einiges so aufzeichnete, wie es ihm das Gedächtnis [des Petrus] eingab. Denn für eines trug [Markus] Sorge: nichts von dem, was er gehört hatte, auszulassen oder sich im Berichte keiner Lüge schuldig zu machen."[14] (Eusebius, *Kirchengeschichte*, 3.39.15, www.unifr.ch/bkv/kapitel49-38.htm)

Die Ausdrucksweise hier ist komplex, sowohl in der Übersetzung als auch im griechischen Original. Ich möchte daher analysieren, was hier eigentlich gesagt wird. Zunächst stellen wir fest, dass Markus als Petrus' *Dolmetscher* bezeichnet

14 In diesem Abschnitt habe ich die Namen ergänzt, weil Eusebius die Pronomen mitunter in verwirrender Weise gebraucht.

wird. Mit dem griechischen Wort *hermeneutes* wurde für gewöhnlich eine Person bezeichnet, die als Mittler zwischen verschiedenen Sprachen auftrat. Mit anderen Worten: Markus fungierte als Übersetzer.

Der Apostel Petrus war ursprünglich ein Fischer mit bescheidener Bildung, seine Muttersprache war Aramäisch. Die Wissenschaft streitet sich über die Frage, ob er überhaupt Griechisch konnte. Wahrscheinlich schnappte er in seiner galiläischen Heimat ein paar Worte auf, aber selbst wenn das nicht so war, eignete er sich vermutlich im Verlauf seiner Missionstätigkeit Grundlagen an. Das entspricht aber nicht den Kenntnissen, die man braucht, um ein ausgefeiltes Dokument zu verfassen, das eine breitere Leserschaft erreichen soll. Lese- und Schreibfähigkeit ist eine Eigenschaft, die ein aus einem kleinen Ort stammender Arbeiter in der antiken Welt nicht so leicht erwerben konnte. Markus dagegen stammte aus einer wohlhabenden Familie (Sie werden sich erinnern, dass er in einem großen Haus mit Dienern lebte). Wir dürfen davon ausgehen, dass man ihn im weltoffenen Jerusalem ein besseres Griechisch lehrte, als jemand sich im alltäglichen Gebrauch hätte aneignen können. Daher scheint es, als wäre er mit literarischen Aufgaben betraut worden, die über die sprachlichen Grundfähigkeiten eines Fischers hinausgingen, wie dem Schreiben von Briefen oder dem Aufzeichnen mündlicher historischer Überlieferung. Markus diente Petrus als Übersetzer aus dem Aramäischen ins Griechische, wo dies nötig war.

Aufzeichnungen

Als Zweites erfahren wir von Papias die Methode, nach der Markus bei seiner literarischen Tätigkeit vorging. Anders als Matthäus, war Markus kein Apostel und konnte daher die genauen Worte Jesu nicht aus der Erinnerung aufschreiben. Stattdessen bekam er seine Informationen von Petrus. Aber denken Sie daran, dass Petrus in erster Linie das Evangelium verkündigte. Wie Petrus das tat, können wir in den ersten Kapiteln der Apostelgeschichte genau nachlesen: Er schilderte die machtvollen Taten Jesu, gedeutet im Kontext der heiligen Schriften Israels. Wie Papias zeigte, ist diese Aufgabe insgesamt etwas anderes, als sich hinzusetzen und eine „zusammenhängende Darstellung“ zu schreiben. Aber wann immer sich eine Gelegenheit ergab, setzte Markus sich hin und zeichnete die Erinnerungen des Petrus über Jesus auf.

Sehen wir uns noch einmal das Zitat von Papias weiter oben an. Hier heißt es: „Markus, wenn er einiges so aufzeichnete, wie es ihm das Gedächtnis [des Petrus] eingab ...“. Weder in der Übersetzung noch im Griechischen ist eindeutig zu erkennen, von wessen Gedächtnis die Rede ist, aber höchstwahrscheinlich bezieht sich die Aussage auf Petrus. Schließlich wird klargestellt, dass Markus kein Jünger Christi gewesen war, also konnte er sich gar nicht an ihn „erinnern“. Ganz eindeutig war nur Petrus in der Lage, mit apostolischer Vollmacht vom Leben des Herrn zu erzählen. Deshalb schrieb Markus einen genauen (wenn auch nicht chronologisch geordneten) Bericht von allem, woran Petrus sich erinnern konnte, und machte keinerlei Fehler bei seinen Aufzeichnungen der Erinnerungen des führenden Apostels über seine Zeit mit Jesus auf der Erde.

Überlegen Sie einmal, was dies bedeuten würde. Aus Markus‘ Blattsammlung – vielleicht war es auch eine einzelne Schriftrolle oder ein Buch – wäre nun ein für das Christentum außerordentlich wertvolles Dokument geworden. Vielleicht war es zunächst ein ziemliches Durcheinander und schrie nach einer Umformung zu einer chronologisch geordneten Erzählung. Markus hielt also ein Dokument von unschätzbarem Wert in Händen und es ist schwer vorstellbar, dass er nicht die Redaktionsarbeit auf sich nahm, die offensichtlich dringend vonnöten war. Und tatsächlich sind sich alle Kirchenväter nach Papias einig, dass er dies auch tat. Die Alte Kirche bescheinigt Markus durchgängig die Verfasserschaft des nach ihm benannten Evangeliums. So bestätigt zum Beispiel Irenäus von Lyon die folgende Aussage des Papias: „Nach deren [Petrus' und Paulus'] Tode zeichnete Markus, der Schüler und Dolmetscher Petri, dessen Predigt für uns auf" (*Gegen die Häresien*, 3.1.1., www.unifr.ch/bkv/kapitel649.htm).

Clemens, ein Lehrer aus Alexandria, der im zweiten Jahrhundert lebte, behauptet: „Nachdem Petrus in Rom öffentlich das Wort gepredigt und im Geiste das Evangelium verkündet hatte, sollen seine zahlreichen Zuhörer Markus gebeten haben, er möge, da er schon seit langem Petrus begleitet und seine Worte im Gedächtnis habe, seine Predigten niederschreiben. Markus habe willfahren und ihnen der Bitte entsprechend das Evangelium gegeben" (*Kirchengeschichte*, 6.14.6, www.unifr.ch/bkv/kapitel52-13.htm).

Clemens' Nachfolger in Alexandrien, der geniale Gelehrte Origenes, traf eine ähnliche Aussage: „Als zweites [wurde] das Evangelium nach Markus [geschrieben], den Petrus hierfür unterwiesen hatte" (*Kirchengeschichte*, 6.25.5., www.unifr.ch/bkv/kapitel52-24.htm). Diese Zeugnisse werden durch die Tatsache bekräftigt, dass ein biblisches Manuskript aus dem dritten Jahrhundert, der Papyrus 45, das Markusevangelium als eines von vieren enthielt. Was gibt es da hinzuzufügen? Uns liegt ein sehr solider historischer Befund vor, dass Markus ein Evangelium verfasste, auf das Petrus Einfluss ausgeübt hatte. Die einzigen Fragen, die wir zu beantworten haben, sind: Wann, wo und wie verfasste er es?

MARKUS IN ÄGYPTEN?

Wie in der Einleitung erwähnt, ist der Kirchenhistoriker Eusebius von Cäsarea eine sehr wichtige Quelle für unser Wissen um das frühe Christentum. Den Großteil seiner berühmten Kirchengeschichte verfasste er irgendwann vor 300 n. Chr. In diesem Werk berichtet er: „Markus soll als Erster in Ägypten das von ihm niedergeschriebene Evangelium gepredigt und in Alexandrien selbst als Erster Kirchen gegründet haben" (*Kirchengeschichte*, 2.16.1, www.unifr.ch/bkv/kapitel48-16.htm).

Der Bischof von Alexandria

Nach Eusebius führen noch mehrere andere Kirchenväter Markus als den ersten Bischof von Alexandria auf, und bald glaubte jeder daran. Die koptische Kirche von Ägypten vertritt diese Ansicht sogar heute noch. Schließlich wurde ein Werk mit dem Titel *Markusakten* verfasst, das seine Jugend, seinen Dienst als Erwachsener, seinen Märtyrertod und sein Begräbnis in Alexandria beschreibt. Obwohl diese Schrift im Detail wahrscheinlich nicht als historisch angemessen anzusehen ist, gehen einige Wissenschaftler davon aus, dass in ihr Elemente aus einem früheren Text mit dem Titel *Das Martyrium des Markus* bewahrt sind, der womöglich zulässige Beweise für eine Verbindung zu Ägypten hergibt.

Eusebius waren eindeutig kirchliche Überlieferungen bekannt, die behaupteten, Markus habe die Gemeinde in Alexandria gegründet, obwohl nicht klar ist, auf welche Quellen er sich stützte. Vielleicht war ihm eine Version des *Martyrium des Markus* bekannt, oder er zitierte aus den Schriften des Clemens von Alexandrien, den er als Quelle für einige seiner Informationen über Markus angibt. Woher diese Traditionen auch gestammt haben mögen: Eusebius lagen Hinweise vor, dass einige frühe Christen Markus mit Ägypten assoziierten.

Andererseits hatte die Gemeinde von Alexandria im späten dritten Jahrhundert, als Eusebius schrieb, gerade erst angefangen, sich unter der Leitung des angesehenen Bischofs Dionysius auszubreiten. Nur wenige Jahrzehnte später benannte ein vom Konzil von Nizäa veröffentlichtes Dekret Rom, Antiochia und Alexandria als die drei bedeutendsten christlichen Gemeinden (NPNF2, Vol. 14, *First Ecumenical Council*, Canon VI). Es ist durchaus denkbar, dass die alexandrinischen Christen im Verlauf des dritten Jahrhunderts versuchten, das Ansehen ihrer Gemeinde zu verbessern, indem sie eine Verbindung zu einer biblischen Person herstellten, so wie andere berühmte Städte es konnten. So etwas kam in der Antike recht häufig vor.

Aber wieso suchten sie sich gerade Markus aus? Er war kein Apostel, deshalb erscheint diese Wahl etwas merkwürdig, wenn das Ganze eine glatte Erfindung wäre. Wenn man sich schon einen mythischen Gründer ausdenkt, warum wählt man dann nicht gleich einen von den zwölf Aposteln? Außerdem wäre die Behauptung sicherlich von den Kirchenvätern hinterfragt worden, wenn sie jeder reellen Grundlage entbehrt hätte. Demnach gab es vielleicht eine mündliche Überlieferung über einen Besuch des Markus in Alexandria und danach trieb diese Geschichte Blüten und Markus wurde zum „ersten Bischof" gemacht.

Auf wackeligen Füßen

Im Grunde genommen wissen wir sehr wenig über die christliche Gemeinde in Alexandria in den ersten 150 Jahren nach der Lebenszeit Jesu auf der Erde. Wäre Markus dort zu Besuch gewesen, hätte die Geschichte vielleicht in der mündlichen Überlieferung überlebt, bis sie in breiteren Kreisen anerkannt war. Leider wird die mündliche Überlieferungshypothese geschwächt durch die Tatsache, dass die alexandrinischen Autoren Clemens und Origenes – die beide in ihren umfangreichen Werken ausführlich auf christliche Angelegenheiten eingehen – Markus in keiner besonderen Weise erwähnen. Der afrikanische Autor Tertullian nahm sogar die Mühe auf sich, die Städte und Regionen aufzulisten, wo er Gemeindegründungen durch die verschiedenen Apostel vermutete; dennoch sagt er nichts über Alexandria, die bedeutendste Metropole seines Kontinents (*Die Prozesseinreden gegen die Häretiker*, Kap. 36, https://www.unifr.ch/bkv/kapitel96-35.htm). Aus diesen Gründen kann Markus' Aufenthalt in Alexandria nicht mit absoluter Sicherheit bestätigt werden. Dennoch ist die Vorstellung sicher plausibel, und es gibt genug Hinweise in den historischen Quellen, um anzunehmen, dass es durchaus so geschehen sein kann.[15]

Wer sich mit Markus' Anwesenheit in Alexandria beschäftigt, kommt nicht darum herum, eine der krassesten Falschmeldungen zu erwähnen, die jemals in der Geschichte der modernen Wissenschaft in die Welt gesetzt wurden. Im Jahr 1958 entdeckte Professor Morton Smith von der US-amerikanischen Columbia University in einem entlegenen

15 Überzeugter als ich von Markus' möglichem Aufenthalt in Alexandrien zeigt sich der hervorragende Wissenschaftler Thomas C. Oden in seinem kürzlich erschienenen Werk: *The African Memory of Mark: Reassessing Early Church Tradition* (InterVarsity, 2011). Leider kann ich die Methodik des Autors nicht akzeptieren, nach der er den sehr späten Quellen Glauben schenkt, die angeblich „das afrikanische Gedächtnis" bewahren. Es gibt keine Garantie, dass diese „Erinnerungen" tatsächlich der historischen Wirklichkeit entsprechen. Wahrscheinlicher ist, dass sie – wie so viele überlieferte Texte – auf Gerüchten und Legenden beruhen, die erst Jahrhunderte nach der Gegebenheit entstanden. Ich glaube, dass wir solche Texte kritischer betrachten müssen.

griechisch-orthodoxen Kloster einen Brief, von dem er behauptete, er stamme von Clemens von Alexandrien. In diesem Brief zitiert der Verfasser aus einem Schriftstück, dem sogenannten „Geheimen Markusevangelium“, das Jesus homosexuelles Verhalten unterstellt. Selbst wenn dieses Schreiben tatsächlich aus Clemens‘ Feder stammte, wäre das keine beweiskräftige Aussage über den wahren Jesus, außer dass einige häretische Sekten im zweiten Jahrhundert skandalöse Dingen vom Herrn glaubten (was Clemens zu widerlegen versuchte). Bestimmte Aussagen in dem Text hätte man außerdem als früheste Hinweise auf Markus‘ Anwesenheit in Alexandria deuten können. Die Echtheit des angeblichen „geheimen Evangeliums“ ist allerdings inzwischen widerlegt worden. Textliche Anhaltspunkte zeigen, dass es sogar von Morton Smith selbst gefälscht wurde – einschließlich einer cleveren Andeutung auf seinen eigenen Namen mittels einer rätselhaften Erwähnung von Salz![16] Demnach gibt es keinen stichhaltigen Beweis für einen Zusammenhang zwischen Markus und Ägypten vor Eusebius‘ Zeugnis. Obwohl dieser antike Kirchenhistoriker sich anscheinend wirklich auf anerkannte Überlieferungen über Markus stützte, können wir nicht mit Sicherheit davon ausgehen, dass diese Berichte auf einen Zeitpunkt vor dem dritten Jahrhundert zurückgehen. Vielleicht war Markus in Alexandria, aber wir haben keine frühen Belege über einen länger dauernden Aufenthalt und Dienst dort, geschweige denn für seinen Märtyrertod und sein Begräbnis – was bedeutet, dass die gestohlenen Gebeine, die lange in der Kathedrale von San Marco in Venedig gelegen haben[17], wahrscheinlich jemand anderem gehören.

---

16 Stephen C. Carlson, *The Gospel Hoax: Morton Smith's Invention of Secret Mark* (Waco, TX. Baylor University Press, 2005), S. 62-63.

17 Teile der Reliquien wurden 1968 der koptischen Kirche Ägyptens feierlich zurückgegeben. https://www.heiligenlexikon.de/BiographienM/Markus.htm (Anm. d. dt. Hrsg.)

MARKUS IN ROM

Wenn also Markus sein Evangelium nicht von Alexandria aus schrieb, welche Stadt beheimatete dann seine schriftstellerische Tätigkeit? Der historische Befund deutet mit hoher Wahrscheinlichkeit darauf hin, dass er in der Hauptstadt des Imperiums seinen Wohnsitz hatte. Nicht nur viele Kirchenväter bringen ihn mit Petrus in Zusammenhang; auch das Evangelium selbst legt dies nahe, denn es werden auf dem Lateinischen basierende Wörter verwendet, die man von einem Text für eine römische Leserschaft erwarten würde (wie zum Beispiel *kodrantes*, eine römische Münze, in 12,42 oder *kenturion* in 15,39). Markus gebrauchte Petrus' Predigten und Erinnerungen als Grundlage für seine Geschichte, obwohl die Form des gegenwärtigen Evangeliums darauf hindeutet, dass er auch Jesus-Überlieferungen aus anderen Quellen einbaute. Rom war ein frühchristliches Zentrum, deshalb gab es vermutlich viele Gelegenheiten, Geschichten über den Herrn aus erster Hand von zahlreichen Menschen zusammenzutragen.

Denken Sie daran, dass Jesus 72 Jünger hatte, die er aussandte, um das Evangelium zu verkünden (Lukas 10,1), abgesehen von mehr als 500 weiteren Nachfolgern (1Kor 15,6). Einige von diesen Leuten rückten im Laufe der Jahre sicherlich in greifbare Nähe für Markus und stellten ihm Material zur Verfügung, das durch die Erinnerungen von Petrus vervollständigt wurde. Das bedeutet, dass das Markusevangelium mehr war als nur eine Neuordnung von Petrus' Predigten und Geschichten. Die Bearbeitung der petrinischen Zeugnisse scheint jedoch den Kern des Werkes zu bilden.

Wann entstanden all diese Schriften? Papias weist darauf hin, dass Markus seine Notizen während Petrus' Lebenszeit niederschrieb. Einige Wissenschaftler haben Irenäus' Zeugnis

(Zitat oben) als Widerspruch dazu verstanden und behaupten, dass Markus *nach* dem Tod von Petrus und Paulus Mitte der 60er-Jahre schrieb, aber das ist eine missverständliche Deutung der Worte des Bischofs. Im Zusammenhang gesehen, sagt Irenäus schlicht, dass Markus uns ein *schriftliches* Evangelium hinterlassen hat, nachdem die *lebendigen Stimmen* von Petrus und Paulus verstummt waren – und nicht, dass Markus es notwendigerweise erst nach ihrem Tod *verfasst* hat. Demnach scheint es, als hätte Markus bis Anfang der 60er-Jahre Petrus als Übersetzer gedient und angefangen, ein Protokoll der Erinnerungen des Apostels zu Papier zu bringen.

Kolosser 4,10-11 und Philemon 24 belegen, dass Markus tatsächlich zur selben Zeit in Rom war wie Petrus und Paulus. Als offenkundig wurde, dass das Leben dieser beiden herausragenden Apostel ihrem Ende zuging und dass die lebendige Stimme der Apostel bald verhallen würde, verfasste Markus ein kurzes, lebendiges und theologisch profiliertes Evangelium, das der zweiten Christengeneration als unveränderliches Dokument dienen sollte. Wann genau er das tat, ist schwer zu sagen, aber ich würde einen Zeitpunkt um das Jahr 60 herum vorschlagen. Als Nächstes nahmen christliche Boten, die den enormen Wert eines solchen Werks erkannten, es umgehend mit nach Antiochia, wo es von Matthäus' Redaktionteam benutzt wurde, wie wir in Kapitel 1 dargestellt haben. Im nächsten Kapitel werden wir sehen, dass auch Lukas es gebrauchte, um seine eigene Version des Evangeliums von Jesus Christus auszuarbeiten.

Und so geschah es, dass der kleingläubige Markus eine zweite Chance bekam – und was machte er doch für einen guten Gebrauch davon! Er schuf ein völlig neues literarisches Genre: das christliche „Evangelium", ein Werk, das Erzählung,

Theologie, Biographie, Geschichte und Evangelisation in sich vereint. Weitere Evangelien folgten bald und ihr Einfluss auf die Weltgeschichte ist kaum zu überschätzen. All das ging von einem jungen Burschen aus, der einst seine beiden Missionarskollegen im Stich ließ und in sein sicheres Zuhause zurückkehrte. Markus überwand dieses Versagen nicht nur und gewann Paulus' Gunst zurück; er diente auch an der Seite von Petrus, der rechten Hand Christi. Vergessen Sie die Vom-Tellerwäscher-zum-Millionär-Geschichten über clevere Geschäftsleute oder berühmte Erfinder. Die Geschichte des Evangelisten Markus ist die Mutter aller Comeback-Storys!

Checkliste zu Markus

Er sammelte und übersetzte Petrus' Erinnerungen.	√
Er schrieb das Evangelium, das nach ihm benannt ist.	√
Er schrieb von Rom aus.	√
Er war der erste Bischof von Alexandria.	x
Er besuchte Alexandria oder diente dort.	(√)
Er liegt heute in Venedig begraben.	x
√ = ganz oder ziemlich sicher (√) = einigermaßen sicher (x) = einigermaßen sicher nicht x = ganz oder ziemlich sicher nicht	

KAPITEL 3

LUKAS

Loyalität. Treue. Freundschaft, die harte Zeiten überdauert. Obwohl diese Tugenden in Geschichte und Literatur gefeiert werden, müssten viele von uns wohl zugeben, dass sie im wahren Leben schwer zu finden sind. Denken Sie an so berühmte Freundschaften wie die von Sherlock Holmes und Dr. Watson. Batman und Robin. Captain Kirk und Mr. Spock. Bei jedem dieser Beispiele hilft der loyale Kumpel dem Helden, ein besserer Mensch zu werden. Wer würde sich so einen tollen Freund nicht wünschen? „Wer viele Gefährten hat, der wird daran zugrunde gehen", steht in Sprüche 18,24, „aber es gibt einen Freund, der anhänglicher ist als ein Bruder" (Schlachter 2000). Wenn Sie so jemanden Ihren Freund nennen können, betrachten Sie sich als gesegnet.

Der große Apostel Paulus hatte auch so einen treuen Freund: Lukas, ein bekehrter Heidenchrist, der Paulus auf seinen Missionsreisen zeitweise begleitete. Natürlich hatte der Apostel während seiner Zeit als Missionar viele Reisegefährten und Mitarbeiter. Aber gegen Ende seines Lebens, als es sehr riskant geworden war, Christ zu sein, war es Lukas, der an Paulus' Seite blieb. Einer der letzten Sätze, die der Apostel schrieb, bezeugt diese Tatsache. Als er unter harten Bedingungen im Gefängnis saß und den Tod vor Augen hatte, beklagte sich Paulus in einem seiner Briefe über jene, die sich gegen ihn gestellt oder ihn im Stich gelassen hatten. Nur ein Mann stand ihm noch bei: „Lukas ist allein bei mir", schreibt Paulus in 2. Timotheus 4,11. Nachdem alle anderen davongelaufen waren, blieb Lukas bei ihm.

Diese Loyalität wird in der Architektur der großartigen Kirche San Paolo Fuori le Mura (Sankt Paul vor den Mauern) dargestellt. Drei Ecken des herrlichen Vorhofes der Kirche sind leer, nur die vierte nicht. Dort erinnert eine Statue von Lukas mit einem Griffel in der Hand nicht nur an sein Werk als Autor eines der vier Evangelien, sondern auch an seine Treue zu Paulus. Lukas war wahrhaftig ein Freund, der „anhänglicher [war] als ein Bruder".

EIN TREUER FREUND

Nur einige wenige Fakten können über das Leben des Lukas aus der Bibel hergeleitet werden, da er namentlich in nur drei Versen erwähnt wird. Wir haben gerade gesehen, dass Paulus ihn als Freund bezeichnete, der ihm auch noch treu blieb, nachdem seine anderen Freunde ihn in einem römischen Kerker zurückgelassen hatten. Demas floh, „weil er die Dinge dieser Welt liebt[e]", während Kreszenz und Titus womöglich aus ehrwürdigeren Gründen abreisten.

Kolosser 4,14 zufolge hatten allerdings sowohl Demas als auch Lukas Paulus während seines früheren Arrests in Rom beigestanden. In diesem Vers erfahren wir nicht nur, dass

Paulus Lukas sehr gern hatte, sondern auch, dass er gelernter Mediziner war – denn Paulus bezeichnet ihn als „den geliebten Arzt". Zu der Zeit, als Paulus seinen Brief an die Gemeinde in Kolossä schrieb, verfasste er außerdem ein persönliches Schreiben an seinen Freund Philemon, der in dieser Stadt lebte. Vers 24 erwähnt wiederum sowohl Demas als auch Lukas als treue Mitarbeiter. Aber nur wenige Jahre später, als Paulus' Ende bevorstand, war es Lukas und nicht mehr Demas, der sich als treu erwies.

Reisen mit Paulus

Obwohl Lukas nirgends sonst in der Bibel namentlich genannt wird, lässt sich schlussfolgern, dass er einer von Paulus' Reisegefährten war. Wie die Erzählung der Apostelgeschichte zeigt, gebraucht der nicht namentlich genannte Autor an bestimmten Stellen die erste Person Plural. Er sagt nicht nur, dass Paulus dies oder jenes tat, sondern dass „wir" verschiedene Dinge taten; damit bringt er sich anonym in die Geschichte ein. Apostelgeschichte 16,10-17 beschreibt, wie er sich im Jahr 48 in Troas Paulus' Team von Evangelisten anschloss und mit ihnen nach Philippi reiste. Der Autor blieb dort, während Paulus weiterzog, aber etwa acht Jahre später gesellte er sich auf Paulus' dritter Missionsreise wieder zu ihm, als der Apostel erneut durch Philippi reiste.

Von dort aus begaben sich die beiden Freunde nach Jerusalem, wo sie im Spätherbst des Jahres 57 ankamen. Obwohl nicht klar ist, was der Autor als Nächstes tat, weil er fortan nicht mehr das Pronomen „wir" gebraucht, lässt der ausführliche Bericht in Apostelgeschichte 21-26 darauf schließen, dass er Paulus' Aktivitäten als Augenzeuge beiwohnte, auch wenn er nicht direkt daran teilnahm.

Der geliebte Arzt

Zwei Jahre lang erduldete Paulus Verfolgung und legte in mehreren Gerichtsverhandlungen vor den örtlichen Machthabern Zeugnis ab. Den größten Teil dieser Zeit verbrachte er als Gefangener im römischen Hafen Cäsarea. Schließlich wurde angeordnet, dass er nach Rom gebracht und vom Kaiser angehört werden sollte, wohin er im Spätherbst des Jahres 59 aufbrach. Das ist der Punkt, an dem der Autor der Apostelgeschichte wieder in die erste Person wechselt (27,1–28,16). Er beschreibt die gefährliche Seereise – einschließlich anschaulichen Einzelheiten von einem furchtbaren Schiffbruch –, die schließlich die Freunde in die Hauptstadt führte. Am Ende seiner Geschichte erklärt der Autor, dass Paulus zwei Jahre lang unter Hausarrest blieb und währenddessen allen, die ihn besuchten, kühn das Reich Gottes verkündete.

War Lukas, der in der Bibel erwähnte geliebte Arzt, der Urheber dieser „Wir"-Passagen in der Apostelgeschichte? Diese Frage muss in Zusammenhang mit der Verfasserschaft des nach ihm benannten Evangeliums beantwortet werden. Die meisten Gelehrten gehen heute davon aus, dass das Lukasevangelium und die Apostelgeschichte ein einziges, zweibändiges Werk darstellen. Erstens sind beide Texte einer bedeutenden Person namens Theophilus gewidmet, und zweitens bezieht sich die Apostelgeschichte auf ein früheres Werk, das Jesu Taten und Worte beschreibt (Apg 1,1). Darüber hinaus verbindet die beiden Bücher derselbe hervorragende griechische Sprachstil, und in beiden werden ähnliche Themen angesprochen. Diese Beweise sind zusammengenommen so schwerwiegend, dass für beide Werke derselbe Autor angenommen werden kann. Wiederum können wir also fragen: Handelte es sich bei diesem Autor um Lukas?

WIE DIE KIRCHE SICH AN LUKAS ERINNERT

Die kirchliche Tradition bezeugt durchgängig, dass der in der Bibel erwähnte Lukas der Autor des kanonischen Evangeliums war und ebenso der eines zweiten Werkes, das später unter dem Namen Apostelgeschichte (eigentlich „Taten der Apostel") bekannt wurde. Die frühesten Hinweise auf das Lukasevangelium sind bei dem Kirchenvater Justin der Märtyrer zu finden (Mitte des zweiten Jahrhunderts), obwohl er Lukas nicht namentlich zitiert. Der berühmte Bischof Irenäus von Lyon dagegen weist es ihm um das Jahr 180 herum eindeutig zu. Er schreibt: „Ähnlich hat Lukas, der Begleiter Pauli, das von diesem verkündete Evangelium in einem Buch niedergelegt" (*Gegen die Häresien*, 3.1.1., www.unifr.ch/bkv/kapitel649.htm). Ein wenig später behauptet Irenäus, Lukas sei „unzertrennlich von Paulus" gewesen; habe „mit ihm gepredigt" und sei „immer mit ihm verbunden und unzertrennlich gewesen". In den „Wir"-Passagen in der Apostelgeschichte wird dies Irenäus zufolge überaus deutlich. Er sagt, Lukas habe „das Evangelium verkündet [...], und [war], wie wir glauben, auch der Verfasser eines Evangeliums" (*Gegen die Häretiker*, 3.14.1). Es ist also im späten zweiten Jahrhundert deutlich zu erkennen, dass in der frühen Kirche eine Tradition entstanden war, die besagte, dass diese beiden Werke das Ergebnis von Lukas' schriftstellerischer Tätigkeit sind.

Manuskriptnachweise

Nicht lange danach wurde ein Manuskript des Evangeliums von einem Schreiber angefertigt, der die Verfasserschaft dem Lukas zuschrieb. Der erhaltene Rest von diesem Manuskript ist heute als Papyrus 75 bekannt. Es ist ein sehr früher Textzeuge, nicht nur für den griechischen Wortlaut des

Evangeliums, sondern auch für die Identität des Mannes, den die frühe Kirche als seinen Verfasser annahm.

Weitere Textnachweise zu Lukas finden sich in den Prologen, die von anonymen Theologen mehreren antiken biblischen Manuskripten beigefügt wurden. Aus welcher Zeit diese Prologe stammen, ist ungewiss, aber wir sollten wenigstens den folgenden Behauptungen über Lukas im sogenannten Prolog gegen Marcion Beachtung schenken:

1. Er war ein Arzt aus Antiochia in Syrien; 2. Er blieb bis zum Märtyrertod des Paulus bei ihm; 3. Er war nicht verheiratet und hatte keine Kinder; 4. Er starb im Alter von 48 Jahren in der griechischen Stadt Theben; 5. Er verfasste sein Evangelium nach Matthäus und Markus und hatte als Zielgruppe Heidenchristen im Blick; 6. Danach schrieb er die Apostelgeschichte.

Einige dieser Behauptungen werden wir gleich bewerten, aber an dieser Stelle sollten wir schon einmal die deutliche Zuschreibung des Evangeliums und der Apostelgeschichte zur biblischen Person des Lukas zur Kenntnis nehmen, dem Reisegefährten des Paulus.

Weitere Überlieferungen zu Lukas

Bischof Irenäus zufolge wird Lukas auch beim afrikanischen Kirchenvater Tertullian erwähnt. In seinem Werk gegen den Häretiker Marcion stellt Tertullian fest: „So legen uns also aus der Zahl der Apostel Johannes und Matthäus den Glauben vor; aus der Zahl der apostolischen Männer prägen ihn Lukas und Markus aufs Neue ein" (Tertullian, *Die fünf Bücher gegen Marcion*, 4.2, www.unifr.ch/bkv/kapitel1904-1.htm). Worum es Tertullian hier geht, ist nicht die Reihenfolge, in der die vier Evangelien geschrieben wurden, sondern die Tatsache, dass die Autoren der ersten beiden zu den ersten Jüngern Jesu gehörten, während die anderen von „apostolischen Männern“ verfasst wurden, die den Aposteln folgten. In Tertullians Text heißt es weiter, dass Lukas, genau wie Markus seine Informationen von Petrus bekam, seine einzigartige Darstellung des Evangeliums auf Paulus gründete.

Ein unter dem Titel *Muratorisches Fragment* bekanntes Dokument - eine berühmte (wenn auch vielleicht etwas ungenaue) Erörterung der Frage, welche Bücher ins Neue Testament gehören - erzählt ebenfalls ein paar wichtige Einzelheiten über Lukas. Die Wissenschaft streitet sich über die genaue Zeit, zu der diese anonyme Liste kanonischer Texte verfasst wurde, wobei die Vermutungen über das Datum sich zwischen dem späten zweiten und der Mitte des vierten Jahrhunderts bewegen. Ich persönlich meine, dass die Zeichen auf den vorderen Bereich dieses Spektrums hindeuten.

Dieser schlecht kopierte lateinische Text ist sehr schwierig zu übersetzen, daher habe ich zusammengefasst, was darin über Lukas gesagt wird: „Das dritte Buch des Evangeliums ist das nach Lukas. Der bekannte Arzt Lukas schrieb es in seinem eigenen Namen, in der richtigen Reihenfolge, nach der Himmelfahrt Christi, nachdem er mit Paulus Bekanntschaft geschlossen hatte. Obwohl Lukas den Herrn nicht selbst im Fleisch sah, schrieb er sein Evangelium, so gut es ihm möglich war, und begann seine Erzählung mit der Geburt Johannes des Täufers“ (siehe ANF, Bd. 5, Caius, *Canon Muratorianus*). Wiederum stellen wir fest, dass am Ende des zweiten Jahrhunderts die Annahme, dass Lukas selbst das Evangelium verfasste, weit verbreitet war.

Eusebius und andere

Alle (oder wenigstens die meisten) der genannten Texte stammen aus der Zeit vor dem Kirchenhistoriker Eusebius, der seine *Kirchengeschichte* um die dritte Jahrhundertwende herum schrieb. Eusebius fasst die ihm überlieferte Tradition wie folgt zusammen:

> Lukas, der aus Antiochien stammte und von Beruf Arzt war, lebte meist in der Gesellschaft des Paulus, verkehrte aber auch eifrig mit den übrigen Aposteln. Beweise der Seelenheilkunde, welche er von den Aposteln erlernt hatte, hinterließ er uns in zwei inspirierten Schriften. Die eine ist das Evangelium, welches er seiner Versicherung nach entsprechend den Überlieferungen ausgearbeitet hat, die ihm die ersten Augenzeugen und Diener des Wortes gegeben haben, denen er allen, wie er sagt, von Anfang an gefolgt ist. Die andere Schrift ist die Apostelgeschichte, in welcher er nicht mehr Gehörtes, sondern persönlich Erlebtes aufgezeichnet hat. Wenn Paulus den Ausdruck gebraucht „nach meinem Evangelium" und damit den Schein erweckt, als hätte er selbst ein Evangelium geschrieben, dann soll er auf das Evangelium nach Lukas verweisen wollen". (*Kirchengeschichte*, 3.4.7-8, www.unifr.ch/bkv/kapitel49-3.htm)

Nach Eusebius sind sich alle späteren Kirchenväter wie Hieronymus und Epiphanius einig, wer das Lukasevangelium und die Apostelgeschichte verfasst hat. Diese Zuschreibung wurde in der frühen Kirche nie angezweifelt. Kein anderer Kandidat wurde jemals als möglicher Autor dieser Werke vorgeschlagen, weder in den Schriften der Kirchenväter noch in den erhaltenen biblischen Manuskripten. Die Tradition ist einer Meinung: Lukas, der geliebte Arzt und Freund des Paulus, war der Autor des Lukasevangeliums und der Apostelgeschichte. Bleibt also nur die Frage, ob diese antiken Erinnerungen dem prüfenden Blick historischer Recherche standhalten können.

LUKAS' BEITRAG ZUM NEUEN TESTAMENT

Das Lukasevangelium und die Apostelgeschichte machen zusammen den umfangreichsten von einem einzigen Autor verfassten Teil des Neuen Testaments aus – etwa ein Viertel des Ganzen. Wenn Lukas tatsächlich der Autor dieser Werke war, genoss er also das Vorrecht, einen sehr großen Teil der Heiligen Schrift verfasst zu haben!

Heute wird allerdings die überlieferte Behauptung, Lukas habe die beiden ihm zugeschriebenen Werke tatsächlich geschrieben, von vielen Wissenschaftlern bestritten. An keiner einzigen Stelle in den beiden Texten wird auf Lukas als Autor verwiesen, und die Theologie der Apostelgeschichte wird als zu verschieden von der des Paulus betrachtet, als dass sie auf einen echten Gefährten des Apostels zurückgehen könnte. So berichtet zum Beispiel Apostelgeschichte 16,3, Paulus sei bereit gewesen, Timotheus zu beschneiden, um den Juden gefällig zu sein, während er sich nach seinen eigenen Schriften in Umsetzung des Evangeliums der Gnade hartnäckig weigerte, Titus beschneiden zu lassen (Gal 2,3-5). Wer allerdings die lukanische Verfasserschaft leugnet, muss schon einen Weg finden, die „Wir"-Passagen in der Apostelgeschichte zu erklären. Diese Gelehrten sagen normalerweise, dass irgendein anonymer Autor verschiedene Quellen zusammengeflickt haben muss – einschließlich eines in der ersten Person geführten Reisetagebuchs – ohne sich die Mühe zu machen, den Text, den er verwendete, im Geringsten zu verändern.

Aber ist das auch nur im Entferntesten wahrscheinlich? Der Autor der beiden Bücher offenbart ein viel zu großes literarisches Talent, um mitten in seiner Geschichte aus einem groben Versehen heraus einen fremden Ich-Erzähler einzuführen. Jeder, der mit einem Funken redaktioneller

Begabung eine in der ersten Person geschriebenen Textpassage liest, würde davon ausgehen, dass der Autor von sich selbst spricht. Da wir bestimmt wissen, dass Paulus einen Mitarbeiter namens Lukas hatte (Phim 24) und da uns auch das durchgängige Zeugnis der Alten Kirche vorliegt, dass das Evangelium von eben diesem Mann geschrieben wurde, ist mit hoher Wahrscheinlichkeit von der Verfasserschaft des Lukas für das zweibändige Werk auszugehen.

Entstehungszeit

Wann genau schrieb Lukas seine Werke? Auch hier sind sich die Gelehrten uneinig. Jene, die den eher liberalen Standpunkt vertreten und bezweifeln, dass Jesus den Fall Jerusalems an die Römer hätte vorhersehen können, behaupten, dass die Prophezeiung in Lukas 21,20-24 zu genau zutrifft, um im Voraus ausgesprochen worden zu sein. Demnach könne es nach der Zerstörung der Stadt im Jahr 70 geschrieben worden sein. Diese Wissenschaftler nehmen an, dass der anonyme Autor von dem historischen Ereignis wusste und Jesus diese Worte in den Mund legte, damit es so aussah, als könne er die Zukunft vorhersagen. Das „Lukasevangelium" (von einer unbekannten Person geschrieben) müsse also nach dem Jahr 70 entstanden sein. Entsprechend später wäre die Apostelgeschichte entstanden.

Aber ganz abgesehen von der theologischen Frage, ob Jesus eine zutreffende Prophezeiung hätte äußern können, gibt es einen triftigen *historischen* Grund, die Entstehung der Apostelgeschichte vor das Jahr 70 zu datieren: nämlich die Art, wie der Text endet. Die Apostelgeschichte konzentriert sich besonders auf die Geschichte des Paulus. Sie endet mit seiner zweijährigen Gefangenschaft in Rom, die bis zum Jahr 62 dauerte – danach wird er nicht mehr erwähnt. Wir wissen allerdings, dass sich nur wenige Jahre später ein paar sehr wichtige Ereignisse zutrugen.

Im Jahr 64 fegte ein schreckliches Feuer durch Rom, das Nero den Christen anlastete. Sowohl Petrus als auch Paulus starben zu dieser Zeit als Märtyrer (in den Kapiteln 9 und 10 werde ich näher darauf eingehen). Es ist unvorstellbar, dass der sorgfältige Historiker, der uns eine so genaue Beschreibung vom Märtyrertod des Stephanus geliefert hat, nicht darauf eingehen würde, was mit seinem größten Vorbild passierte, wenn er davon gewusst hätte – besonders nachdem er seinen Lesern gerade alles über Paulus' Gerichtsverhandlungen und seine gefährliche Reise in die Hauptstadt erzählt hatte. Oder, wenn Paulus aus seinem Hausarrest befreit worden wäre und seine missionarische Arbeit fortgeführt, womöglich sogar die lange Reise nach Spanien auf sich genommen hätte, ist es höchst unwahrscheinlich, dass der Autor, dessen Leitgedanke „die Verbreitung des Evangeliums bis an die Enden der Erde" war, es versäumt hätte, diese Gegebenheiten zu erwähnen.

Aber vielleicht nahm Lukas diese Dinge deshalb nicht auf, weil er nichts davon wusste, als er sich hinsetzte, um seinen Bericht zu schreiben. Nein, er hätte ganz gewiss davon gewusst. Wie wir oben gesehen haben, war er zur Zeit von Paulus' erster Haft in Rom bei ihm, und er war auch fünf Jahre später da, als Paulus erneut im Gefängnis saß. Hätte Lukas die Apostelgeschichte nach den Ereignissen der Jahre 64-66 geschrieben, würde uns seine für ihn charakteristische historische Methode zu der Schlussfolgerung führen, dass er Begebenheiten von so großer Bedeutung wie den Brand Roms, die Verfolgung unter Nero und den Märtyrertod zweier Apostel (oder sogar dreier, wenn wir den Tod von Jakobus mit einbeziehen, der sich ebenfalls während dieser

Zeitspanne zutrug) berichtet hätte. Diese Folgen sind hochgradig relevant für das die Apostelgeschichte überspannende Thema und ihren Erzählbogen.

Es trifft zu, dass der Höhepunkt der Apostelgeschichte die Ankunft des Paulus in Rom ist – aber das reicht nicht als Grund für die Annahme, dass Lukas die Erzählung einfach mit dem Hausarrest des Paulus enden lassen würde. Hätte Lukas vom Ende seiner Hauptpersonen gewusst, liegt die Vermutung nahe, dass er seine Geschichte zu Ende erzählt hätte. Antike Historiker berichteten oft vom edlen Tod ihrer Helden. Die Vorstellung, Lukas hätten diese Informationen zur Verfügung gestanden, er es aber versäumte, sie in seinen anderweitig sehr genauen Bericht einzubauen, ist eine unhaltbare These.

Daher muss die Apostelgeschichte um das Jahr 62 herum entstanden sein, gegen Ende von Paulus' Hausarrest. Da Apostelgeschichte 1,1 sich auf eine frühere Schrift bezieht, muss das Evangelium etwa ein Jahr vor der Apostelgeschichte geschrieben worden sein. Wir brauchen nicht zu denken, dass größere Zeitabschnitte für die Abfassung dieser Werke nötig waren. Theophilus war vermutlich ein wohlhabender Christ, der Lukas' historische Recherche als Vollzeitprojekt finanzierte. Womöglich entstand das zweibändige Werk in einem Zeitraum von wenigen Monaten.

Die Quellen des Historikers

Ganz offensichtlich fand Theophilus, dass das Markusevangelium – das viele frühe Christen als zu verkürzt empfanden – der Verfeinerung durch einen Meister des griechischen Stils wie Lukas bedurfte. Das neue Evangelium, verfasst von einem heidenchristlichen Historiker mit einem pro-paulinischen Themenkatalog, sollte Markus' vorangegangene Bemühungen in schöner Weise ergänzen. Lukas dagegen wusste Markus‘ Zusammenfassung von Petrus‘ Predigten eindeutig zu schätzen und so machte er sie sich zum grundlegenden Gerüst für seine Erzählung. Allerdings gibt er in Lukas 1,1-4 zu, dass er die Erinnerungen anderer Augenzeugen dazu benutzte, seinen Bericht zu vervollständigen. Vielleicht erwarb er eine Abschrift des Q-Manuskripts von der Gemeinde in Antiochia während der beiden Jahre, die Paulus gefangen in Cäsarea verbrachte (diese beiden Städte waren nur eine kurze Seereise voneinander entfernt), oder vielleicht bekam er sie auch von Jakobus und der Jerusalemer Gemeinde bei seinem Besuch dort zur Verfügung gestellt (Apg 21,17-18).

Was die anderen Quellen angeht, die Lukas vielleicht benutzte, lässt sich unmöglich feststellen, worum es sich dabei handelte, sodass moderne Wissenschaftler sie schlicht mit dem umfassenden Namen „L“ bezeichnen. Zusammen versorgten diese drei Quellen – Markus, Q und L – Lukas mit dem Material, das er bei der Abfassung seines Berichts über das Leben Jesu benutzte. Und seine eigenen Erfahrungen, gepaart mit kurz zuvor entstandenen, schriftlich und mündlich überlieferten Zeugnissen, gaben ihm, was er brauchte, um die Apostelgeschichte zu schreiben.

Wenn wir nun also alle historischen Puzzleteile zusammenfügen, hat es den Anschein, dass Lukas, der Arzt, das zweite christliche Evangelium schrieb. Er fand wahrscheinlich Zugang zum Markusevangelium, sobald es veröffentlicht wurde, denn die beiden Männer waren in den frühen 60er-Jahren zusammen in Rom. Der Apostel Paulus erwähnt, dass sie während seiner ersten römischen Gefangenschaft anwesend waren (Kol 4,10-14; Phim 24). Wenn Markus sein Evangelium um das Jahr 60 herum vollendete, können wir uns vorstellen, dass Lukas – einer der wenigen lese- und schreibkundigen frühen Christen[18] – sich sofort für den Text interessierte.

Zu dieser Zeit war die Verfolgung unter Nero noch nicht ausgebrochen, so dass sich die Christen frei versammeln konnten (Apg 28,30-31). Lukas nutzte wahrscheinlich die Jahre von Paulus‘ Hausarrest (also 60-62), um sein zweibändiges Werk zu verfassen, das sich durchgängig auf Gottes Mission unter den Heiden konzentrierte. Wenig später hielt das Markusevangelium Einzug in Antiochia. Dort machte sich Matthäus‘ aus Judenchristen bestehende Gemeinschaft daran, Markus‘ Bericht zum späteren dritten neutestamentlichen Evangelium umzugestalten (siehe Kapitel 1). Der Großteil dieser redaktionellen Arbeit fand vor dem Jahr 70 statt, wobei die synoptischen Evangelien womöglich später noch geringfügig bearbeitet wurden.

LUKAS NACH PAULUS

Bis jetzt haben wir zwischen den Zeilen der Bibel gelesen und haben die Erinnerungen der Kirchenväter durchgesiebt, um herauszufinden, was Lukas wahrscheinlich in den letzten Lebensjahren des Paulus tat. Wir haben festgestellt, dass ihm hauptsächlich seine Treue zu Paulus angerechnet

18 Die historische Analyse der Namensliste in Römer 16 legt die Vermutung nahe, dass die meisten Gläubigen in der Hauptstadt von niedrigem sozioökonomischem Stand waren. Lukas‘ medizinische Ausbildung dagegen weist darauf hin, dass er vermutlich ein gebildeter Mann von höherem sozialem Status war, und womöglich hatte er sogar eine herausragende klassische Erziehung genossen. Eine solche Person wäre ein guter Kandidat für die Abfassung eines Werkes wie Lukasevangelium/ Apostelgeschichte, das einen sehr eleganten griechischen Stil aufweist und von einem guten Sinn für kulturbezogene Geschichtsschreibung zeugt. Allen, die sich näher für das Thema Schriftkundigkeit der frühen Christen interessieren, empfehle ich das Buch meines ehemaligen Professors Harry Y. Gamble, *Books and Readers in the Early Church: A History of Early Christian Texts* (New Haven, CT: Yale University Press, 1997)

werden kann sowie die Abfassung eines zweibändigen Berichts über das Leben Jesu und die darauffolgenden apostolischen Missionen. Aber was geschah nun mit dem geliebten Arzt, nachdem sein Werk veröffentlicht und Paulus hingerichtet worden war? Wo ging er als Nächstes hin, und wo wurde er begraben? Die Bibel schweigt zu diesen Fragen. Ob die kirchliche Überlieferung die Lücken in unserem Wissen ausfüllen kann?

Weiter oben haben wir den Prolog gegen Marcion erwähnt, der dem Lukasevangelium vorangeht, ein antikes Vorwort zu diesem Evangelium, das uns eine beträchtliche Menge an Hintergrundinformationen über Lukas' späteres Leben liefert. Wie immer stellt sich dem Historiker als erstes die Frage, aus welcher Zeit dieser Text stammt. Die Gelehrten einer früheren Generation datierten alle Prologe gegen Marcion auf das späte zweite Jahrhundert. Aktuellere Studien legen nahe, dass einige von ihnen vielleicht in eine spätere Zeit gehören, aber der Text über Lukas ist tatsächlich ein früher, was ihn um Einiges verlässlicher macht.

Lukas' Tod

Blicken wir noch einmal auf den Prolog, der davon ausgeht, dass Lukas in Griechenland starb – genau genommen in der Stadt Theben. In einer kleinen, in einen Friedhof in Thiva (antikes Theben) eingebetteten griechisch-orthodoxen Kirche steht noch heute ein dem Lukas gewidmetes antikes Grabmal aus Marmor. Der Bleisarg jedoch, der sich früher einmal in der Grabstätte befand, ist nicht mehr dort. Wieso nicht?

Hieronymus, ein Kirchenvater aus dem vierten Jahrhundert, erklärt uns, was mit dem ursprünglichen Sarg und den Knochen darin geschah. Er berichtet nochmals, dass Lukas die Apostelgeschichte zur Zeit von Paulus' zweijähriger

Gefangenschaft in Rom verfasste. Dann stellt Hieronymus fest, dass Lukas „in Konstantinopel bestattet wurde, wohin im zwanzigsten Jahr des [Kaisers] Constantius, seine Knochen zusammen mit den Gebeinen des Apostels Andreas überführt wurden“ (NPNF2, Bd. 3, *Lives of Illustrious Men* 7). Weitere Quellen weisen auf ein leicht abweichendes Datum für die Überführung der Reliquien von Lukas und Andreas zur Kirche der Heiligen Apostel in Konstantinopel hin, aber sie hat sich eindeutig irgendwann im vierten Jahrhundert ereignet. Dann, einige Jahrhunderte später, sahen sich die Kirchenvertreter durch Gefahr und Unruhen in dieser Stadt veranlasst, den Bleisarg des Lukas erneut zu verlagern, diesmal nach Padua in Italien, wo er noch heute steht. Aber kam dieser Sarg ursprünglich aus Theben in Griechenland? Und – was vielleicht noch interessanter ist – enthielt er tatsächlich die Gebeine von Lukas?

Alte Knochen

An dieser Stelle kommt nun die moderne Wissenschaft ins Spiel. Im Jahr 1992 reichte der griechisch-orthodoxe Bischof von Thiva ein Gesuch beim römisch-katholischen Bischof von Padua ein, einen Knochen aus dem Bleisarg zum ursprünglichen Standort der Grabstätte zu senden. Der katholische Bischof erklärte sich bereit zu helfen, veranlasste aber zunächst eine genaue wissenschaftliche Analyse des Sarginhalts. Er berief ein Expertenteam ein, dessen forensische Arbeit sich über mehrere Jahre hinzog.

Die Experten gelangten zu einem erstaunlichen Endergebnis. Die Ausmessung des Bleisargs in Padua zeigte, dass er ganz genau in die marmorne Grabstätte in Thiva passte. Ganz offensichtlich waren die Stätte und der Sarg ursprünglich füreinander bestimmt gewesen. Als der Sarg geöffnet wurde, fand man darin ein einzelnes Skelett von einem Mann von etwa 1,63 m Körpergröße, der nach dem 70. Lebensjahr gestorben war. Die DNS-Analyse, die in der angesehenen Fachzeitschrift *Proceedings of the National Academy of Sciences* (November 2001) veröffentlicht wurde, führte zu der Annahme, dass diese Person vermutlich aus Syrien stammte und zwischen 72 und 416 n. Chr. gestorben war. Übereinstimmende Spuren von Maden am Skelett und am Sarg beweisen, dass der Leichnam im Sarg verwest und nicht nachträglich hineingelegt worden war – mit anderen Worten: Das Skelett, das gegenwärtig darin liegt, lag von Anfang an darin. Diese Entdeckungen wurden begeistert aufgenommen als Beweise für die Annahme, dass es sich bei den sterblichen Überresten tatsächlich um die von Lukas handelte.

Glaubwürdig oder nicht?

Aber nicht so schnell. Zwar fällt in den angegebenen Zeitbereich auch Lukas' wahrscheinliches Lebensende (also irgendwann nach 72), aber der italienische Wissenschaftler, der die Studie leitete, wurde im Londoner *Daily Telegraph* und der *New York Times* mit der Aussage zitiert, dass der wahrscheinlichste Zeitpunkt für den Tod dieses Mannes eher um das Jahr 300 anzusetzen sei. Und einem Artikel in der katholischen Zeitschrift *Traces* zufolge, wurden in dem Sarg antike Münzen gefunden, von denen die älteste aus dem Jahr 299 stammt. Die Form eines Kreuzes, auf einer Seite des Sarges eingeritzt, weist ebenfalls auf das dritte Jahrhundert hin. In dieser Phase der Antike wünschten sich viele wohlhabendere Gläubige aufwändige Begräbnisse. Sie entspricht genau der Zeit, zu der davon auszugehen ist, dass ein angesehener Christ in einem teuren Bleisarg bestattet wurde, den man in ein Grabmal aus Marmor einpasste. Der historische Lukas aber starb ja im ersten Jahrhundert, als man Christen noch keine besonderen kirchlichen Bestattungen zukommen ließ. Daher ist anzunehmen, dass er weitaus weniger prunkvoll beigesetzt wurde.

Es ist durchaus möglich, dass Lukas die Region um Theben aufsuchte und dort starb. Das würde die mündliche Überlieferung erklären, die in der Kirche der Antike entstand. Aufgrund dieser Tradition kam es, dass die Gebeine eines Mannes aus dem dritten Jahrhundert – ob nun durch Irrtum oder Schwindel, ist schwer zu sagen – als sterbliche Überreste von Lukas gefeiert wurden. Etwa 60 Jahre später wurden sie zuerst nach Konstantinopel, dann nach Padua überführt. Das Skelett liegt größtenteils auch heute noch in Italien, obwohl der Schädel im Mittelalter nach Prag gebracht wurde, und die Rippe, die dem Herzen des Heiligen am nächsten lag, dem Bischof von Thiva gespendet wurde und nun an ihrer ursprünglichen Ruhestätte liegt. Der Knochensplitter kann heute in einem Glaskasten neben dem Marmorgrabmal betrachtet werden. Obwohl drei verschiedene Städte behaupten, die Gebeine von Lukas zu besitzen, deutet leider der wissenschaftliche Befund auf eine andere Sachlage hin: Der Leichnam und sein Sarg, die ursprünglich gemeinsam beigesetzt wurden, scheinen in das dritte Jahrhundert zu gehören. Andererseits kann man aufgrund der DNS-Analyse nicht mit absoluter Sicherheit ausschließen, dass die Knochen Lukas gehört haben könnten.

Letzten Endes ist es aber unerheblich, was mit dem Leichnam des Evangelisten geschah. Was wirklich zählt, sind Lukas' Taten zu seinen Lebzeiten. Er zeichnete sich durch ein hohes Maß an Loyalität aus; er war ein treuer Freund, der Paulus in guten wie in schlechten Zeiten zur Seite stand. Dass er gut mit den Aposteln und anderen Augenzeugen des Herrn bekannt war, versetzte Lukas in die Lage, viele Einzelheiten zu einer faszinierende Erzählung zusammenzufassen, die bis heute von Milliarden von Menschen gelesen wurde. Ein missionarischer Dienst oder der Tod als Märtyrer ist für Lukas nicht anzunehmen. Sein Vermächtnis an uns besteht in einem Text, der ein Viertel des Neuen Testaments ausmacht.

Checkliste zu Lukas

Er begleitete Paulus auf Missionsreisen.	√
Er blieb bei Paulus bis zu dessen Ende.	√
Er schrieb das Lukasevangelium und die Apostelgeschichte, basierend auf Augenzeugenberichten und persönlichen Erfahrungen.	√
Er schrieb die beiden Bücher in den 60er-Jahren von Rom aus.	√
Er legte das Markusevangelium seinem eigenen zugrunde.	√
Er liegt nun in Padua, Prag und Thiva begraben.	(x)
√ = ganz oder ziemlich sicher (√) = einigermaßen sicher (x) = einigermaßen sicher nicht x = ganz oder ziemlich sicher nicht	

KAPITEL 4

Johannes

Der Apostel Johannes ist eine so ehrwürdige Gestalt, dass sein Name heute zu den beliebtesten in der westlichen Welt gehört. Ob Juan in den Spanisch-sprachigen Regionen, Ian in Großbritannien, Jan in Skandinavien, Johann in Deutschland, Jean in Frankreich, Giovanni in Italien oder Ivan in slawischen Ländern – alle sind Varianten vom Namen dieses großen Apostels. So wundert es nicht, dass nicht identifizierte Personen in den USA die Pseudonyme „John Doe" oder „Jane Doe" zugeteilt bekommen. Andere weibliche Formen sind beispielsweise Janet, Jeanne und Johanna.

Alle diese Namen lassen sich auf den bedeutendsten Johannes von allen zurückführen: den Jünger des Herrn, von dem man annimmt, dass er fünf biblische Bücher geschrieben hat. Die Geschichte hat den Apostel Johannes des Gedenkens für würdig befunden.

Dennoch ist Johannes, der Sohn des Zebedäus, so etwas wie ein biblisches Rätsel. Während ihn die synoptischen Evangelien häufig gemeinsam mit Petrus erwähnen, bleibt er in seinem eigenen Evangelium ungenannt. Die Apostelgeschichte widmet ihm anfangs ebenfalls ein wenig Aufmerksamkeit, aber er verschwindet schnell von der Bildfläche, als die Erzählung sich zu Paulus hin verlagert. Und was geschieht danach? Gerät Johannes in Vergessenheit? Nicht, wenn wir auf die Kirchenväter hören. Johannes soll einer der wenigen Apostel gewesen sein, die ein hohes Alter erreichten. Das bedeutet, dass viele Christen der zweiten Generation behaupten konnten, mit ihm in Kontakt gestanden zu haben. Für Johannes gilt in besonderem Maße, dass die kirchliche Tradition das von der Bibel entworfene Bild des Frühchristentums vervollständigt.

DIE VIELEN GESICHTER DES JOHANNES

Wie wir an den Evangelien von Matthäus, Markus und Lukas bereits gesehen haben, stellen wir auch beim vierten Evangelium fest, dass die Alte Kirche sich beeilte, ihm einen Autor zuzuschreiben. Die frühe Tradition ist sich einig, dass der Johannes, der dieses Werk verfasst hat, der Fischer aus Galiläa war, der zusammen mit seinem Bruder Jakobus seine Netze zurückließ und Christus nachfolgte (Mt 4,21-22). Später war derselbe Johannes an der Heilung eines gelähmten Mannes beteiligt (Apg 3) und saß mit Petrus im Gefängnis (Apg 4). Aber nach Apostelgeschichte 8,14 verschwindet Johannes völlig aus dem biblischen Bericht. Was immer wir sonst noch von ihm erfahren wollen, muss aus seinen Schriften hergeleitet werden oder aus der historischen Analyse frühkirchlicher Texte.

Hat Johannes also tatsächlich das vierte Evangelium verfasst, wie die frühen Christen berichten? Und wenn ja, wann und von wo aus? Und was ist mit seinen Briefen und dem

Buch der Offenbarung? So gut wie alle Wissenschaftler aus dem liberalen Lager der Bibelforschung lehnen die These ab, ein Apostel habe überhaupt eines dieser Bücher verfasst. Manche behaupten, ein anderer Johannes habe sie geschrieben und die ersten Christen hätten die beiden miteinander verwechselt. Andere Theologen urteilen schlicht, dass der Autor nicht identifizierbar sei. Im Gegensatz dazu neigen Konservative eher dazu, die meisten dieser Bücher, oder auch alle, dem Apostel Johannes zuzuschreiben. Ich möchte mich zunächst mit der Autorenschaft dieser fünf Bücher befassen, bevor wir in die verschiedenen Traditionen über Johannes' Aktivitäten nach seinem Verschwinden aus der Apostelgeschichte einsteigen.

Der namenlose Jünger

Das vierte Evangelium verrät nicht nur an keiner Stelle, wer es verfasst hat, es nennt nicht einmal den Apostel Johannes beim Namen. Es gibt allerdings eine anonyme Figur, die als „der andere Jünger" betitelt wird (Joh 1,35-40, 18,15-16; 20,2-4) oder als „Jünger, den Jesus liebte" (13,23; 19,26; 20,2; 21,7; 21,20). Vers 24 im letzten Kapitel des Buches identifiziert den Jünger, den Jesus liebte, als Autor des Evangeliums, einen vertrauenswürdigen Augenzeugen, der den Herrn gut kannte. Wer anders als der Apostel Johannes könnte diese rätselhafte Person sein?

Die anderen Evangelien stellen Johannes als einen der wichtigsten Jünger dar, als einen von Jesu allerengsten Vertrauten neben Petrus und Jakobus. Bei Matthäus, Markus und Lukas wird er 20 Mal erwähnt. Es ist schwer vorstellbar, dass Johannes in der Erzählung des vierten Evangeliums auf so krass gegensätzliche Weise völlig fehlen würde. Angesichts dieser Tatsache ist die wahrscheinlichste Annahme, dass das Evangelium Johannes meint und auf geheimnisvolle Weise in der dritten Person von ihm spricht (vielleicht aus Demut oder weil sein Redaktionsteam ihn so nannte, wie wir weiter unten noch sehen werden). Die Tatsache, dass sich der Jünger, den Jesus liebte, beim letzten Abendmahl bei ihm anlehnte (13,23-25) lässt es als beinahe sicher erscheinen, dass es sich dabei um einen von Jesu engsten Vertrauten handelte. Dies muss Johannes gewesen sein, denn alle anderen Jünger sind mit anderen Namen benannt. Außerdem wird der Jünger, den Jesus liebte, fast immer mit Petrus in Zusammenhang gebracht, und genau das finden wir auch in den synoptischen Evangelien: Petrus und Johannes erscheinen als Jesu vertrauteste Gefährten (z.B. in Lukas 22,8). Komplizierte moderne Theorien sollten der offensichtlichen Tatsache Platz machen, dass es keinen überzeugenderen Kandidaten für die Identifizierung mit dem namenlosen Jünger im vierten Evangelium gibt als Johannes, dem Sohn des Zebedäus.

Die frühe Kirche war davon jedenfalls überzeugt. Bischof Irenäus von Lyon, der um das Jahr 180 herum schrieb, erklärte, dass „Johannes, der Schüler des Herrn, der an seiner Brust ruhte, während seines Aufenthaltes zu Ephesus in Kleinasien das Evangelium heraus[gab]" (*Gegen die Häresien*, 3.1.1, www.unifr.ch/bkv/kapitel649.htm). Aus dieser Aussage wird deutlich, dass Irenäus nicht nur an Johannes' Verfasserschaft glaubte, sondern auch daran, dass Johannes der Jünger war, „den Jesus liebte" und der zum ersten Mal im Obergemach erwähnt wird, wo er sich an Jesu Brust lehnte. Aber woher wusste Irenäus das? Lyon ist in Frankreich – weit weg von Ephesus in der Türkei! Konnte ein Bischof im antiken Gallien aus dem fernen Kleinasien Informationen einholen? Ganz gewiss. Irenäus war einer von vielen Immigranten aus der Provinz Asia, die ihr Glück in Gallien gefunden hatten. Als Junge saß Irenäus zu Füßen des führenden kleinasiatischen Bischofs Polykarp – eines Mannes, von dem es heißt, er habe Johannes persönlich gekannt. Die Erinnerung an Polykarp hatte sich Irenäus ins Gedächtnis gebrannt. Er erinnert sich:

> Ich kann mich nämlich viel besser an die damalige Zeit erinnern als an das, was erst vor Kurzem geschah; denn was man in der Jugend erfährt, wächst mit der Seele und bleibt mit ihr vereint. Daher kann ich auch noch den Ort angeben, wo der selige Polykarp saß, wenn er sprach, auch die Plätze, wo er aus- und einging, auch seine Lebensweise, seine körperliche Gestalt, seine Reden vor dem Volke, seine Erzählung über den Verkehr mit Johannes und den anderen Personen, welche den Herrn noch gesehen, seinen Bericht über ihre Lehren, ferner das, was er von diesen über den Herrn, seine Wunder und seine Lehre gehört hatte. Alles, was Polykarp erfahren von denen, die Augenzeugen waren des Wortes des Lebens, erzählte er im Einklang mit der Schrift. Seine Worte habe ich durch die mir gewordene Gnade Gottes damals mit Eifer aufgenommen; nicht auf Papier, sondern in mein Herz habe ich sie eingetragen. Ich erinnere mich auch immer wieder durch die Gnade Gottes genau daran" (Eusebius, *Kirchengeschichte*, 5.20.6-7, www.unifr.ch/bkv/kapitel51-20.htm).

Hier wird also ganz deutlich: Irenäus hatte guten Grund zu der Annahme, dass Johannes der Autor des vierten Evangeliums war. Er erfuhr es von Polykarp, der Johannes persönlich kannte![19]

---

19 Einige Wissenschaftler bezweifeln, dass Polykarp Johannes tatsächlich persönlich kannte, aber ich glaube nicht, dass diese Verbindung so fragwürdig ist, wie sie meinen. Es ist aus chronologischer wie auch aus geographischer Sicht möglich und wird von anderen Quellen bestätigt. Aber selbst wenn es nicht zutrifft, bewegte sich Polykarp gewiss in den Kreisen, die Johannes verehrten. Irenäus könnte genaue Informationen über den Apostel aus dieser Quelle bezogen haben, selbst wenn er sich irrte, was die Beziehung zwischen den beiden Männern angeht.

Der Evangelist

Nach Irenäus sind sich alle Kirchenväter einig – oftmals unabhängig voneinander – dass Johannes das vierte Evangelium geschrieben hat. Aber gibt es Hinweise darauf, die wesentlich älter sind als die Texte des Irenäus? Im vorigen Kapitel sind wir auf die Prologe gegen Marcion eingegangen, anonym verfasste Zusatztexte, die antiken Evangelien-Manuskripten beigefügt wurden, um dem Leser ein wenig Hintergrundwissen zu bieten. Der Prolog gegen Marcion, der dem Johannesevangelium vorausgeht, behauptet, dass das Evangelium noch zu Johannes' Lebzeiten in Kleinasien veröffentlicht wurde. Da dieser Prolog viel später entstand, ist er an sich nicht sehr verlässlich. Die Quelle, die er für diese Information angibt, ist allerdings das fünfbändige historische Werk des Papias von Hierapolis, der zu einer früheren Zeit schrieb. Von Papias sagt der Autor des Prologs, er habe den Apostel gut gekannt und sei sogar der Schreiber gewesen, dem Johannes das Evangelium diktierte.

Die Sache mit dem Diktieren ist zwar möglicherweise weit hergeholt, steht aber nicht völlig außer Frage. Papias wurde im späten ersten Jahrhundert geboren und wirkte in Hierapolis, was etwa 160 Kilometer von Ephesus entfernt lag, wo Johannes lebte. Somit war er zur richtigen Zeit am richtigen Ort, um dem hochbetagten Apostel als Schreibhelfer zu dienen. Bischof Irenäus bestätigt außerdem, dass Papias und Johannes sich persönlich kannten. (*Gegen die Häresien*, 5.33.4). Da der Prolog gegen Marcion anscheinend eine Original-Aussage aus Papias' verlorenem fünfbändigen Werk aufgenommen hat, dient es als weiterer Beweis, dass Johannes selbst das nach ihm benannte Evangelium verfasste.

Ein vielschichtiges Buch

Wenn aber die Beweislage für Johannes' Verfasserschaft so stark ist, warum lehnen dann fast alle liberalen Theologen heute diese Vorstellung ab? Ihre Gründe für diese Schlussfolgerung können nicht einfach als ungläubig oder übermäßig kritisch verworfen werden. Zum größten Teil stammen ihre Argumente aus dem erstaunlich vielschichten Johannesevangelium selbst. Innerhalb des Textes, wie er uns jetzt vorliegt, gibt es ihrer Ansicht nach stilistische Unterschiede, verschiedene Quellen, Sprünge, Brüche und Szenenwechsel in der Erzählung, Umkehrungen in der chronologischen Reihenfolge und Wiederholungen von Materialblöcken. Kapitel 21 erscheine außerdem als eindeutig später angefügt (20,30-31 ist das Ende der Haupterzählung). All das deute klar darauf hin, dass das Werk nicht von einem einzigen Mann zu einer bestimmten Zeit nach persönlichen Erinnerungen geschrieben worden, sondern das Ergebnis einer gründlich redigierten Materialsammlung sei, deren Herstellung sich über mehrere Phasen erstreckt habe.

Dieses Evangelium sei außerdem bekannt für seine erhabene philosophische Gedankenführung. Dass ein galiläischer Fischer ein solches Werk allein zustande gebracht habe, erscheine unwahrscheinlich, selbst wenn man davon ausgeht, dass sein Intellekt und seine Bildung sich mit der Zeit weiterentwickelt habe. Eine angemessene Lesart des Johannesevangeliums setze eine Auseinandersetzung mit diesen Gegebenheiten voraus.

Johannes' Ghostwriter

Glücklicherweise beinhaltet der antike Begriff von Verfasserschaft einen möglichen Ausweg aus diesem Dilemma. Heute stellen wir uns unter einem Autoren eine einzelne Person vor, die an einem Schreibtisch sitzt und ein Manuskript mit Hilfe eines Computers verfasst. Die dafür benötigten Werkzeuge sind einfach zu beschaffen. Nach dieser Auffassung schaltet sich der Lektor nur in den Prozess ein, um Änderungen vorzuschlagen oder kleinere Fehler im Manuskript zu verbessern. Aber wie war das wohl bei Johannes? Vermutlich sprach er ein annehmbares Griechisch, war aber ganz gewiss kein Experte für die Zweitsprache, die er sich nebenher angeeignet hatte. An eine echte literarische Ausbildung war in der antiken Welt schwer heranzukommen. Johannes hätte sich womöglich nicht wohl dabei gefühlt, ein Werk für griechische Muttersprachler zu veröffentlichen. Außerdem müssen wir bedenken, dass die hoch kultivierten Fertigkeiten des Schreibens und der Textproduktion wohl nicht Bestandteil seiner Herkunft waren. So gesehen brauchte Johannes sicher Helfer, die ihm bei der Veröffentlichung eines Textes zur Seite standen.

Wie wir schon bei Matthäus in Antiochia gesehen haben, können wir uns auch hier vorstellen, dass ein kleiner Kreis von gebildeten Gläubigen in Kleinasien die Verantwortung für das Endergebnis von Johannes' literarischer Arbeit übernahm. Solche Vorstellungen von Verfasserschaft standen nicht im Widerspruch zum antiken Konzept von Literatur. Ein Autor war jemand, unter dessen Aufsicht und Leitung ein Buch entstand. Dass der Autor selbst jedes Wort erdachte oder jedes einzeln niederschrieb, war nicht erforderlich. Er sorgte lediglich dafür, dass seine eigene Stimme richtig wiedergegeben wurde. Ein Team aus Schreibern war ein normaler Teil des Prozesses; Kooperation lautete die Devise. Bücher waren selten und wertvoll. Wer also das Glück hatte, über Quellen irgendeiner Art zu verfügen, baute sie freimütig in das eigene Werk ein. Solange der angebliche Autor den

Anstoß für die Abfassung und Veröffentlichung des endgültigen Manuskripts gab, konnte es unter seinem Namen die Runde machen, auch wenn darin nicht sein individueller Schreibstil zum Tragen kam.

Im Fall des vierten Evangeliums haben wir es anscheinend mit einem Buch zu tun, das sowohl in gemeinschaftlicher Arbeit entstand als auch Johannes' eigenes Werk ist. Damit wäre die antike Leserschaft, für die es gedacht war, zufrieden gewesen, auch wenn es unserem heutigen frommen Bild von einem betagten Apostel mit einem Griffel in der Hand widerspricht. Johannes' Erinnerungen als enger Freund des Heilands stellten den wesentlichen Inhalt des vierten Evangeliums. Es ist wirklich „sein Evangelium", denn er gab seine eigenen Erinnerungen an seine Mitschreiber weiter und leitete ihre Arbeit an. Johannes steht mit seinem Wissen und seiner Erfahrung hinter diesem Werk.

Dennoch ist an dem Text, der uns heute vorliegt, eine gewisse redaktionelle Freiheit zu erkennen, insofern als er verschiedene Quellen, mündlich überlieferte Texte und persönliche Zeugnisse in sich vereint. Es gibt keinen Grund anzunehmen, dass der Heilige Geist diesen Prozess nicht genauso inspiriert haben kann, wie er auch die eigenen Erinnerungen des Apostels bewahrte. An Johannes 21,24 wird diese gemeinschaftliche Leistung deutlich. Nachdem er erklärt hat, dass der Jünger, den der Herr liebte, derjenige war, „der von diesen Dingen zeugt und der dies geschrieben hat", folgt noch im gleichen Vers die Versicherung, dass „*wir wissen*, dass sein Zeugnis wahr ist". Wen meint dieses *Wir* an dieser Stelle? Offenbar handelt es sich dabei um Johannes' Redaktionsgemeinschaft, die ihn hiermit als zuverlässige Quelle und würdigen Autor des Evangeliums bestätigt.

Wann wurde das Evangelium geschrieben?

Wenn nun der Apostel Johannes tatsächlich sein Evangelium mit Hilfe anderer veröffentlicht hat, stellt sich die Frage, wann dies stattfand. Es ist unmöglich, hierzu genaue Angaben zu machen, aber es gibt gute Gründe für die Annahme, dass die Arbeit um das Jahr 100 herum abgeschlossen war. Der älteste uns erhaltene Teil eines neutestamentlichen Manuskripts ist ein kleines Fragment namens Papyrus 52, das einen Abschnitt aus Johannes 18 enthält. Dieses Manuskript wird von Forschern auf die ersten Jahrzehnte des zweiten Jahrhunderts datiert. Aber das Papyrusfragment wurde in einem entlegenen Teil Ägyptens gefunden. Man kann wohl davon ausgehen, dass zwischen der Niederschrift in Ephesus und seiner Ankunft in einer Gemeinschaft am Rande des Imperiums durch Weitergabe von Hand zu Hand eine beachtliche Zeitspanne verstrich. Das führt uns, was die Endversion des Evangeliums angeht, wiederum in die Zeit um das Jahr 100. Das stimmt mit dem Zeugnis von Irenäus überein, der behauptet, der Apostel Johannes habe noch zur Regierungszeit des Kaisers Trajan von 98-117 gelebt (*Gegen die Häresien*, 2.22.5, www.unifr.ch/bkv/kapitel634-4.htm). Interessanterweise würde diese Datierung auch zu dem Hinweis passen, Papias habe Johannes als Schreiber gedient.

Ein solcher Zeitrahmen würde voraussetzen, dass Johannes recht jung war, vielleicht sogar noch ein Teenager, als er Christus nachfolgte (was erklärt, warum er Petrus, zu dem Zeitpunkt ein Mann mittleren Alters, überholte und zuerst am leeren Grab ankam, wie in Johannes 20,4 zu lesen ist). Wenn Johannes am Tag der Auferstehung 19 Jahre alt war, wäre er etwa 80 gewesen, als sein Evangelium schließlich vollendet wurde. Wir dürfen annehmen, dass es seine endgültige Fassung zwischen 95 und 100 erreichte, allerdings erst nach vielen Jahren, vielleicht sogar Jahrzehnten der redaktionellen Arbeit durch Johannes' literarische Helfer.

DREI BRIEFE

Unsere heutigen Bibeln enthalten außerdem drei Briefe, als deren Verfasser traditionell Johannes gilt. Eigentlich ist der erste anonym verfasst, während die anderen beiden einer Person zugeschrieben werden, die sich selbst „der Presbyter" (also „der Älteste") nennt. Wissenschaftler meinen, dass die Briefe, was den sprachlichen Stil und die Themenschwerpunkte betrifft, eine deutliche Nähe zum vierten Evangelium aufweisen, also hatten sie vermutlich denselben Autor. Die Frage, die sich hieraus ergibt, ist allerdings: Handelte es sich bei diesem „Presbyter" um den Apostel Johannes? Die Diskussion dreht sich hauptsächlich um ein bestimmtes Zitat von Papias – eine recht unklare Aussage, die nicht nur den antiken Historiker Eusebius, sondern auch viele moderne Theologen überzeugt hat, dass es bei diesen Ausführungen um zwei verschiedene „Johannesse" ging. Papias schreibt:

> Kam einer, der den Presbytern gefolgt war, dann erkundigte ich mich nach den Lehren der Presbyter und fragte: ‚Was sagte Andreas, was Petrus, was Philippus, was Thomas oder Jakobus, was Johannes oder Matthäus oder irgendein anderer von den Jüngern des Herrn? Und was sagen Aristion und der *Presbyter* Johannes, die Jünger des Herrn?' (Eusebius, *Kirchengeschichte*, 3.39.4, www.unifr.ch/bkv/kapitel49-38.htm, Hervorhebung durch den Autor)

Eusebius, der diese Bemerkung von Papias aufgeschrieben hat, behauptet, sie beweise, dass es zwei Männer namens Johannes gab – den Jünger und den Presbyter. Aber sehen wir uns doch einmal genau an, was hier gesagt wird. Papias unterscheidet nicht zwischen zwei Johannessen: Er stellt die Jünger, die schon gestorben sind, denen gegenüber, die noch leben. Den meisten Jüngern wird ein Verb in der einfachen Vergangenheit zugeordnet. Obwohl sie bestimmte Dinge über Jesus „sagten", sprechen sie nun nicht mehr mit einer lebendigen Stimme. Zwei hochbetagte Jünger dagegen, Johannes und der unbekannte Mann namens Aristion, konnten nach wie vor etwas über den Herrn „sagen"[20].

Die Jünger des Herrn werden in diesem Text durchgängig „Presbyter" genannt, daher gibt es keinen guten Grund, einen „Johannes, der Presbyter" zu erfinden, der sich von dem Apostel unterscheidet. Das Wort *Presbyter* war einfach Papias' Bezeichnung für einen Apostel in diesem Abschnitt. Wozu? Er wollte vermutlich einfach die Ausdrucksweise des 2. und 3. Johannesbriefes aufgreifen, wo der Autor sich mit diesem Wort vorstellt (Vers 1). Somit sind die drei Johannesbriefe dem einzig wahren Johannes zuzuschreiben, dem Apostel Jesu Christi.

---

20 Die beiden Männer, die immer noch am Leben sind, werden ausdrücklich als „Jünger des Herrn" bezeichnet. Dies kann sich nur auf den Apostel Johannes und auf eine weitere Person beziehen, die Papias kannte, ein Mann mit Namen Aristion. Wir wissen nichts weiter über Aristion, aber möglicherweise gehörte er zu den 72 (Lk 10,1) oder 500 (1Kor 15,6) ursprünglichen Nachfolgern Jesu. Wir haben allen Grund anzunehmen, dass wenigstens ein paar dieser etwa 500 Menschen Papias bekannt gewesen wären. Somit können sowohl Aristion als auch der Apostel Johannes als „Jünger des Herrn" betrachtet werden.

ENDZEITPROPHETIE

Das Buch der Offenbarung wird traditionell ebenfalls dem Apostel Johannes zugeschrieben, aber hier stehen wir auf etwas wackligeren Füßen. Es wurde eindeutig von einer Person geschrieben, die sich selbst „Johannes" nennt (1,1), aber wer war er? Wissenschaftler nehmen unterschiedliche Positionen zur Frage der Verfasserschaft ein. Obwohl grundsätzlich Einvernehmen darüber besteht, dass der Offenbarung ein johanneischer Ton zugrunde liegt, zeichnet sie sich durch einen griechischen Sprachstil, eine Theologie und Weltanschauung aus, die sie deutlich von dem Evangelium und den drei Briefen unterscheidet. Das könnte darauf hindeuten, dass die redaktionelle Methode von Johannes' Helfern sich von derjenigen unterschied, nach der die anderen johanneischen Texte bearbeitet wurden. Aber das bedeutet nicht, dass der Kern des Textes, einschließlich der ursprünglichen, dem Autor zugestandenen Version, nicht vom Apostel selbst stammen kann.

Eine mögliche Erklärung für die bemerkenswerten thematischen und stilistischen Abweichungen zwischen der Offenbarung einerseits und den Briefen und dem Evangelium andererseits ist die, dass sie der erste Text aus der johanneischen Schule war, für den ein redaktioneller Prozess angestrengt wurde. Es gibt gute Gründe für die Annahme, dass die ursprüngliche Version zum ersten Mal im Jahr 68 niedergeschrieben wurde. Im Anschluss daran haben womöglich zahlreiche Hände unter der Führung des Geistes dazu beigetragen, dass die Offenbarung ihre endgültige Form erreichte. Warum 68? Erstens scheint der Kaiserkult dem Text als Hintergrund gedient zu haben und die Provinz Asia war durchaus ein Zentrum für diesen Kult in den 60ern – ein Trend, der sich in den darauffolgenden Jahren noch verstärken sollte.

Noch konkreter ist aber die Aussage in Offenbarung 13,17-18, dass 666 der „Name des Tieres“ ist. Viele Kommentatoren haben bemerkt, dass die Zahlen, wenn man sie in semitische Buchstaben umwandelt, die Worte „Nero Cäsar“ ergeben. Beachtenswert ist auch der Hinweis in Offenbarung 17,9-11 auf sieben Berge (eindeutig eine Anspielung auf die berühmten sieben Hügel Roms) und acht Könige – von denen fünf bereits gefallen sind, der sechste gegenwärtig existiert, der siebte bald kommen wird und der achte ein schreckliches Tier ist, einer von den sieben, der auf seinen Untergang zugeht. Im späten Jahr 68 waren fünf Kaiser bereits gestorben: Augustus, Tiberius, Caligula, Claudius und Nero. Kaiser Galba war an der Macht, aber Vespasian schmiedete bereits Pläne, an seine Stelle zu treten und weit verbreitete Gerüchte zu der Zeit (nicht nur unter Christen, sondern sogar unter der ganzen Bevölkerung) erwarteten, dass Nero von den Toten zurückkehren würde – Johannes zufolge der achte König aus den sieben. All das deutet auf ein Datum direkt nach der Regierungszeit des Nero hin. Allerdings behaupten manche Kirchenväter, die Offenbarung sei zu einem späteren Zeitpunkt entstanden, zur Regierungszeit des Kaisers Domitian (81-96 n. Chr.). Das weist womöglich auf das Ende des redaktionellen Prozesses hin, aus dem das Buch, wie wir es heute kennen, endgültig hervorgegangen ist.

Alles in allem gibt es gute Gründe, den Apostel Johannes mit den fünf Büchern in Zusammenhang zu sehen, die ihm zugeschrieben werden, besonders mit seinem Evangelium und den drei Briefen. Auf der anderen Seite wird auch deutlich, dass Johannes einer eigenständig mitwirkenden Gemeinschaft von Schreibern vorstand, die ihm half, seinem literarischen Werk die endgültige Form zu geben.

JOHANNES, BISCHOF VON EPHESUS?

Bis jetzt haben wir festgestellt, dass Johannes' vorrangiges Vermächtnis an die Kirche nach der Himmelfahrt Christi seine Verfasserschaft als neutestamentlicher Autor war. Im Verlauf unserer Studie haben wir bereits gesehen, dass Ephesus von der Tradition als der Ort angesehen wurde, wo Johannes die späteren Jahre seines Lebens verbrachte. Einige Überlieferungen behaupten sogar, er sei als Märtyrer gestorben. Am Ende unserer Betrachtungen über Johannes möchte ich diese Aussagen unter die Lupe nehmen.

Wie oben angemerkt, berichtet Irenäus von Lyon, Johannes habe von Ephesus aus geschrieben. Irenäus erinnert sich sogar an eine humorvolle Geschichte, die ihm von Polykarp erzählt wurde: Eines Tages habe Johannes den Erzhäretiker Kerinth im Badehaus von Ephesus getroffen und sei von dort schreiend geflohen, „indem er sagte, er fürchte, dass das Bad einstürze, wenn Cerinth, der Feind der Wahrheit, drinnen sei" (*Gegen die Häresien*, 3.3.4, www.unifr.ch/bkv/kapitel651-3.htm).

Die Behauptung, Johannes habe in Ephesus gelebt, wird von Irenäus' Zeitgenossen Polykrates bestätigt, dem Bischof von Ephesus, der von Johannes sagt, dass er „an der Brust des Herrn lag, den Stirnschild trug, Priester, Glaubenszeuge und Lehrer war und in Ephesus zur Ruhe eingegangen ist" [*Kirchengeschichte*, 5.24.2-3, www.unifr.ch/bkv/kapitel51-24.htm]. Obwohl die Vorstellung, Johannes sei ein jüdischer Priester gewesen, von einer Verwechslung mit dem in Apostelgeschichte 4,6 erwähnten Johannes herrührt, wird hier deutlich, dass im späten zweiten Jahrhundert der Bischof von Ephesus den Anspruch erhob, Johannes habe in seiner Stadt gelebt und sei dort auch gestorben.

Dasselbe behauptet Justin der Märtyrer, der eine Zeit lang in Ephesus lebte (*Dialog mit dem Juden Trypho*, 81, www.unifr.ch/bkv/kapitel100-80.htm]. Es gibt wirklich keinen guten Grund, der Tradition in diesem Punkt zu widersprechen. Die Forschung geht weitgehend davon aus, dass die johanneischen Schriften in der Region Asia entstanden sind, deren führende Metropole Ephesus war. Die Insel Patmos, wo Johannes seine Offenbarung empfing, liegt nicht weit von der ephesischen Küstenlinie entfernt. Es ist also davon auszugehen, dass die Kirchentradition zu Recht behauptet, der Apostel Johannes sei in diese großartige Stadt gezogen und dort als Leiter der Kirche in Asia anerkannt gewesen. (Die interessante Frage, ob Johannes Maria, die Mutter des Herrn, nach Ephesus mitnahm, wird im nächsten Kapitel behandelt.)

JOHANNES' TOD

Vereinzelte Berichte deuten darauf hin, dass Johannes einen gewaltsamen Tod als Märtyrer erlitt, aber diese Texte stammen alle aus einer Zeit, als Märtyrergeschichten überall eine Blüte erlebten, somit sind sie mit Vorsicht zu betrachten.[21] Wahrscheinlich versuchten deren Urheber näher auf Jesu Aussage in Markus 10,39 einzugehen, dass Johannes aus dem Kelch des Leidens des Herrn trinken würde. Aus diesem Grund musste für Johannes offenbar ein ehrenvoller Tod erfunden werden.

21 Zwei dieser Textstellen werden allerdings Papias zugeschrieben, was sie vertrauenswürdiger machen würde; aber Historiker sind sich nicht sicher, ob sie wirklich von ihm stammen. Selbst wenn es so wäre, besagt die vorherrschende Kirchentradition, dass er ein hohes Alter erreichte und friedlich starb. Dies lässt sich auch aus den Versen Johannes 21,20-22 schlussfolgern, die von der Annahme der Jünger berichten, Johannes würde noch lange leben.

Im Gegensatz dazu erzählt der Kirchenvater Tertullian, Johannes sei in kochendem Öl untergetaucht worden und unversehrt wieder herausgestiegen. Rom war der Ort, so schreibt Tertullian, „wo der Apostel Johannes, nachdem er, in siedendes Öl getaucht, keinen Schaden gelitten hat, auf eine Insel [Patmos] verbannt wird!" (*Die Prozesseinreden gegen die Häretiker*, 36. www.unifr.ch/bkv/kapitel96-35.htm). Heute steht an der Stelle in Rom, an der Johannes angeblich „gekocht" wurde, eine Kapelle namens San Giovanni in Oleo, aber die Geschichte ist ziemlich weit hergeholt.

Zur selben Zeit wurden ähnliche Legenden über Petrus und Paulus niedergeschrieben, weil die alte Kirche einen unersättlichen Appetit auf Heldengeschichten über ihre Gründerfiguren hatte. Deshalb wurde der als *Johannesakten* bekannte Text aus dem zweiten oder dritten Jahrhundert verfasst (englische Übersetzung: www.earlychristianwritings.com/text/actsjohn.html). Obwohl diese Version der Geschichte von Johannes' Tod, in der der Apostel sich in ein von seinen Helfern ausgehobenes Grab legte und langsam verschiedt, als legendär gilt, bezeugt dieser Text die weit verbreitete These, Johannes habe dort als älterer Mann gelebt. Der älteste und überzeugendste Befund neigt zu der Annahme, Johannes habe ein hohes Alter erreicht und nicht den Tod als Märtyrer erlitten.

Wer heute in die Türkei reist, kann das Grab des Apostels in den Ruinen der Johannesbasilika in Selçuk nahe der antiken Ausgrabungsstätte von Ephesus besuchen. Die Kirche, deren Ruinen dort zu besichtigen sind, wurde im sechsten Jahrhundert vom byzantinischen Kaiser Justinian über einer älteren Kapelle etwa aus dem Jahr 400 errichtet. Diese byzantinische Kirche war einmal ein Prachtbau, mit elf Kuppeln auf dem Dach, aufwändigen Mosaiken auf dem Boden und einem großzügig ausgelegten Hof davor. Aber bedeckte sie tatsächlich das Grab des Johannes? In der Grabstätte wurden Münzen aus dem zweiten Jahrhundert gefunden, die darauf hinweisen, dass an diesem Ort schon früh christliche Verehrung von Verstorbenen stattfand. Bei der am Hang gelegenen Stätte handelt es sich nachgewiesenermaßen um einen römischen Friedhof. Dennoch gibt es keine sicheren Beweise, dass Johannes tatsächlich dort begraben liegt oder jemals wirklich dort gelegen hat.

Trotzdem erscheint es vielleicht angemessen, dass der Apostel, der als Erster das leere Grab Christi erreichte, ebenfalls kein fest etabliertes Grab hat – denn beim christlichen Glauben geht es nicht um die Knochen der Verstorbenen, sondern um das ewige Leben im Auferstandenen. Wenn einer dies verstanden hatte, war es gewiss der Mann, der die Worte des Heilands „Ich bin die Auferstehung und das Leben" (Joh 11,25) niederschrieb. Es war eine ewige Wahrheit, die für diesen Fischer aus Galiläa alles veränderte und ihn dazu bewegte, den Rest seines Lebens als Missionar zu verbringen, weit weg von dem Land, in dem er aufgewachsen war. Aber Johannes fürchtete sich nicht vor den Anforderungen, die an ihn gestellt wurden. Der junge Mann, der einst an der Brust des Herrn gelehnt hatte, wusste, dass er nach einem Leben in der treuen Nachfolge Christi einst wieder in enger Gemeinschaft mit dem Herrn leben würde. Johannes schrieb ja schließlich selbst, dass jeder, der Jesus die Tür öffnet, einmal mit dem Menschensohn zu Tisch sitzen wird, und dass jeder, der die Welt überwindet, einmal mit ihm auf seinem Thron sitzen wird (Offb 3,20-21). Dies ist gewiss eine Verheißung, die dazu geeignet ist, „die geliebten Jünger des Herrn" in jeder Generation anzuspornen.

Checkliste zu Johannes

Er schrieb die fünf johanneischen Bücher allein auf sich gestellt.	(x)
Er war der federführende Autor des vierten Evangeliums.	√
Er war der federführende Autor der drei Johannesbriefe.	√
Er war der federführende Autor der Offenbarung.	√
Er lebte in Ephesus.	√
Er starb als Märtyrer.	x
Er liegt in den Ruinen der Basilika von Ephesus begraben.	(x)
√ = ganz oder ziemlich sicher (√) = einigermaßen sicher (x) = einigermaßen sicher nicht x = ganz oder ziemlich sicher nicht	

KAPITEL 5

Maria

Vor ein paar Jahren trat auf meiner täglichen Pendelstrecke auf dem Eisenhower Expressway in Chicago ein sonderbares Phänomen auf. Niederschlag und Streusalzlauge, die an der Betonmauer einer Unterführung herabgelaufen waren, hatten einen Fleck hinterlassen, der ein wenig einer verschleierten Frau ähnelte. Einige Anwohner hielten den Fleck für eine Erscheinung der Jungfrau Maria. Blumen und Kerzen wurden am Fuß des Flecks abgestellt und bald tauchten auch Graffitizeichnungen auf, sowohl wertschätzender als auch feindseliger Art. Ich war verblüfft über all die religiöse Zuwendung, die etwas so Belanglosem wie einem Fleck an einer Autobahnmauer zuteil wurde. Obwohl mir durchs Internet Gerüchte von Madonnen-Erscheinungen in Kartoffelchips und Käsetoasts geläufig waren, war dies das erste Mal, dass mir eine solche abergläubische Verehrung aus der Nähe begegnete. All das erschien mir so primitiv. Schnell strich ich den Marien-Unsinn aus meinem Bewusstsein.

Aber ist das die richtige Reaktion? Ist die römisch-katholische Verehrung der heiligen Jungfrau Maria so absonderlich, dass wir ohne Bedenken Maria insgesamt ignorieren können? Oder hat diese Form von Spiritualität etwa doch seriöse Wurzeln in der Alten Kirche und vielleicht sogar in der Bibel? Wem die moderne Verehrung der Heiligen Jungfrau zuwider ist, darf nicht vergessen, dass der Engel Gabriel sie als „die Begnadete“ Gottes bezeichnete (Lk 1,28), und der historische Befund zeigt, dass sie in der ganz frühen Kirche eine sehr wichtige Rolle spielte. Daher lohnt es sich zu fragen, wer diese Frau war und was wir über ihr Leben nach der Himmelfahrt ihres Sohnes wissen.

FRÜHE LEGENDEN ÜBER MARIA

Die ersten Christen liebten fromme Geschichten über die Gründerfiguren der Kirche. Es dauerte nicht lange, bis in der gesamten Kirche Legenden und Erzählungen kursierten, die die Taten der Apostel feierten, und Maria die Mutter des Herrn spielte wie alle anderen die Hauptrolle in solchen erdachten Geschichten. Eins der wichtigsten in der Antike veröffentlichten Dokumente war eine Biographie von Maria, angeblich verfasst von ihrem berühmten Sohn, dem Apostel Jakobus. Dieses sogenannte *Protoevangelium des Jakobus* stammt eigentlich von einem unbekannten Autor aus der zweiten Hälfte des zweiten Jahrhunderts, aber dennoch traf es einen Nerv, und bald nahmen Christen überall seine Geschichten als wahrheitsgemäß an. Obwohl das *Protoevangelium* später von Leitern der westlichen Kirche angezweifelt wurde, erwies sich seine Skizze von Marias Biographie als langlebig in der Volksfrömmigkeit und in der religiösen Kunst des Mittelalters.

Das Protoevangelium des Jakobus

Das *Protoevangelium* beginnt mit der Erzählung von einem reichen Juden namens Joachim und seiner Frau Anna, die keine Kinder bekommen konnten. Tieftraurig über ihre Unfruchtbarkeit schrie das Paar zum Herrn. Als Anna schließlich von einem Engel erfuhr, dass sie empfangen würde, versprach sie, das Kind dem Tempeldienst zu weihen (ganz ähnlich dem Propheten Samuel im Alten Testament). Als die Zeit gekommen war, brachte Anna ein Mädchen zur Welt. Im Alter von drei Jahren brachten ihre Eltern sie zum Tempel nach Jerusalem, wo sie mit großer Freude von den Priestern und dem Volk angenommen wurde. „Maria aber wurde im Tempel gehegt wie eine Taube, und sie erhielt Nahrung aus der Hand eines Engels" (*Protoevangelium des Jakobus* 8, http://12koerbe.de/euangeleion/iak.htm).

Aber als Maria zwölf Jahre alt wurde (und vermutlich ihre erste Menstruation bevorstand), machten sich die Priester langsam Sorgen, dass sie den Tempel verunreinigen würde. Daher wurde ein älterer Witwer namens Josef durch ein wunderbares Zeichen als Ehemann für Maria ausgewählt, allerdings nur als väterlicher Betreuer, damit ihre Jungfräulichkeit bewahrt würde. Die Jahre vergingen, bis eines Tages, als die 16-jährige Maria gerade einen Vorhang für den Tempel webte, ein Engel mit der Botschaft erschien, dass ihr der Sohn des Höchsten geboren würde, obwohl sie eine Jungfrau war. Maria nahm die Aufgabe an und bald begann ihr Bauch zu wachsen. Als Josef dies entdeckte, war er außer sich und beschloss, sich heimlich von ihr scheiden zu lassen. Maria weinte bitterlich und beteuerte ihre Unschuld, und ein Engel erschien Josef und bestätigte ihre Geschichte. Die Tempelpriester dagegen schenkten dem Zeugnis des Paares keinen Glauben, bis das „Gottesurteil durch Wasser" angewandt wurde (4Mo 5,11-31). Dieser Test bewies, dass das Paar die Wahrheit sagte.

Schließlich kam der Tag der Geburt. Maria war wegen der römischen Volkszählung mit Josef auf dem Weg nach Bethlehem, als die Wehen einsetzten. Josef unterbrach die Reise, ließ Maria in einer Höhle zurück und machte sich schnell auf die Suche nach einer hebräischen Hebamme. Anfangs zweifelte diese an der Geschichte von der jungfräulichen Empfängnis, aber als sie das wunderbare Licht in der Höhle sah, nachdem Jesus geboren war, glaubte sie. Ihre Freundin Salome aber, eine andere Hebamme, wollte nicht daran glauben, bis sie, wie der ungläubige Thomas, den Finger ausstreckte und ertastete, dass Marias Jungfernhäutchen immer noch unbeschädigt war. Wegen Salomes Unglauben brannte ihre Hand wie Feuer, bis sie Buße tat und das Jesuskind in ihren Armen anbetete, wodurch sie geheilt wurde. Die Erzählung schließt dann mit dem Besuch der Weisen, dem Mord des Herodes an den unschuldigen jüdischen Kindern und dem Märtyrertod des Zacharias, dem Vater Johannes' des Täufers.

Bewundernswerter Glaube

Inwieweit ist diese Geschichte historisch? Eine ehrliche wissenschaftliche Beurteilung müsste zu dem Ergebnis kommen: kaum. Ihr Inhalt scheint wie aus dem Nichts zu kommen, abgekoppelt von einem verlässlichen Informationsfluss über Maria und mit einem gewissen anachronistischen Touch, der signalisiert, dass sie aus einer späteren Zeit stammt.

Der wahre Wert der Erzählung ergibt sich nicht daraus, was sie uns über die reale Maria erzählt, sondern aus der Art, wie sie die liebevolle Zuneigung spiegelt, die die frühen Christen für dieses jungfräuliche Mädchen empfanden. Lange bevor Maria irgendwelche großartigen Titel wie „Königin des

Himmels“ oder „Mutter der Kirche“ zugesprochen wurden, war sie eine tiefgläubige junge Jüdin, die, als sie mit der unglaublich erschreckenden Aussicht konfrontiert wurde, den Messias zur Welt zu bringen, antwortete: „Es geschehe mir nach deinem Wort!“ (Lk 1,38).

Auch wenn das *Protoevangelium des Jakobus* legendenhaft ist, würdigt es doch Maria auf ganz ähnlicher Grundlage, wie es die Bibel tut – wegen ihrer Heiligkeit, ihres Mutes, ihrer Reinheit und ihres Glaubens. Die ältesten Traditionen behandeln Maria als Vorbild an Frömmigkeit, nicht als Mittlerin göttlicher Gnade.

DIE MARIENVEREHRUNG NIMMT ZU

Mit der Zeit breitete sich die Hingabe der frühen Christen an die Heilige Jungfrau Maria aus. Den Verlauf im Detail aufzuzeichnen, ist hier nicht möglich, aber lassen Sie mich vielleicht auf einige wichtige Punkte hinweisen. Theologisch wurde Maria von den Kirchenvätern erstmals in Zusammenhang mit der wahrhaftigen Menschwerdung Christi thematisiert, wobei sie der gnostischen Auffassung widersprachen, Christus sei kein wahrer Mensch gewesen. Ignatius, der Bischof von Antiochia aus dem zweiten Jahrhundert, spricht sich für eine ausgewogene Christologie aus, indem er über den Heiland sagt, er sei „fleischlich sowohl als geistig, geboren und ungeboren, im Fleische wandelnd ein Gott, im Tode wahrhaftiges Leben, sowohl aus Maria als aus Gott“ gewesen (*Brief an die Epheser* 7, www.unifr.ch/bkv/kapitel6-7.htm). Vor den Lügen der Häretiker warnend rät Ignatius: „Verstopfet daher eure Ohren, sobald euch einer Lehren bringt ohne Jesus Christus, der aus dem Geschlechte Davids, der aus Maria stammt, der wahrhaft geboren wurde, aß und trank“ (*Brief an die Trallianer* 9, www.unifr.ch/

bkv/kapitel8-9.htm). Die ersten Kirchenväter sahen in der Geburt Jesu aus seiner Mutter Maria einen Beweis für sein wahrhaftiges Menschsein. Der Sohn Gottes war Mensch geworden.

Vergleich mit Eva

Die Heilige Jungfrau wurde von einigen frühchristlichen Autoren außerdem als Parallele zu Eva betrachtet. So wie Adam in Sünde fiel, Christus aber seine gottlose Tat ungeschehen machte (1Kor 15,21-22), so löschte der Retter, „geboren von einer Frau" den heiligen Fluch über die Frau (1Mo 3,15). Irenäus von Lyon greift diesen Frau/Frau-Parallelismus auf, indem er schreibt: „Wie das Menschengeschlecht durch eine Jungfrau mit dem Tode behaftet wurde, so wird es auch gerettet durch eine Jungfrau. Gleichmäßig aufgewogen wurde der Ungehorsam der Jungfrau durch den Gehorsam der Jungfrau" (*Gegen die Häresien*, 5.19.1, www.unifr.ch/bkv/kapitel735.htm). Anders ausgedrückt: Als Maria den Auftrag des Engels annahm, glich sie damit Evas ursprünglichen Verstoß gegen Gottes Gebot aus, sich der Frucht zu enthalten. Typologien wie diese, bei der alttestamentliche Ereignisse auf ihre Erfüllung im Neuen Testament hinweisen, waren unter den Kirchenvätern sehr verbreitet.

Geschichten über immerwährende Jungfräulichkeit

Im dritten Jahrhundert wurde Maria außerdem schon weithin für ihre lebenslange Keuschheit und andauernde Verweigerung sexueller Beziehungen verehrt. Der Trend zum asketischen Leben in der Kirche wurde allmählich stärker und sie wurde zunehmend als Sinnbild für sexuelle Reinheit gefeiert. Obwohl das *Protoevangelium des Jakobus*, wie wir bereits gesehen haben, sich sehr bemühte aufzuzeigen – und sogar medizinisch nachwies! – dass Maria bis zur Zeit der Geburt Jesu Jungfrau blieb, verbreitete sich unter den Christen des dritten Jahrhunderts, besonders unter dem Einfluss von asketisch gesinnten Autoren wie Origenes (ANF, Bd. 9, *Kommentar zu Matthäus* 10.17) die Schlussfolgerung, dass sie für den Rest ihres Lebens auf Geschlechtsverkehr verzichtete.

Zu Beginn des vierten Jahrhunderts hatte man begonnen, Maria den theologischen Titel *aeiparthenos*, Griechisch für „Immerwährende Jungfrau" zu geben. Diese Glaubensmeinung hatte allerdings wahrscheinlich mehr mit der Verehrung mönchischer Tugend zu tun, die zu dieser Zeit so verbreitet war, als mit der Erfahrung der jüdischen Braut, die der Zimmermann Josef heiratete. Gewiss ließ er Maria ihre Jungfräulichkeit, bis sie Jesus gebar (Mt 1,25), aber das Wort „bis" in diesem Vers beinhaltet, dass Josef danach sexuell mit seiner Ehefrau verkehrte – und das ist natürlich etwas, was die Bibel gutheißt (1Mo 2,24).

Dennoch hat sich die christliche Tradition vom dritten Jahrhundert an bis zur heutigen Zeit für die immerwährende Jungfräulichkeit Marias ausgesprochen. Die in der Bibel erwähnten Brüder Jesu werden entweder als Cousins ausgelegt oder als Söhne des verwitweten Josef aus erster Ehe (zu diesem Punkt siehe Kapitel 7 über Jakobus). Heute halten die römisch-katholische und die orthodoxen Kirchen die Meinung aufrecht, dass Maria für den Rest ihres Lebens sexuell enthaltsam blieb, während die meisten Protestanten nicht das Bedürfnis haben, dies zu behaupten[22].

22 Beachten Sie aber, dass Martin Luther auch als Protestant durchaus an die immerwährende Jungfräulichkeit Marias glaubte, und er hielt sogar bis zum Ende seines Lebens beharrlich an der Verehrung der Heiligen Jungfrau fest. Andere frühe Protestanten, wie Ulrich Zwingli, Thomas Cranmer und John Wesley, lehrten ebenfalls die immerwährende Jungfräulichkeit. Johannes Calvin dagegen ließ die Frage offen: Wir können nicht wissen, was mit Maria geschah, glaubte Calvin, aber die Bibel widerspricht nicht der Möglichkeit einer lebenslangen sexuellen Enthaltsamkeit [Kommentar zu Matthäus 1,25.].

DER KULT DER HEILIGEN JUNGFRAU

Ein echter „Kult der Jungfrau“ – mit „Kult“ ist ein weit verbreitetes religiöses System mit Gebeten, Liturgien, Architektur und offizieller Theologie gemeint, nicht unbedingt eine häretische Sekte – kam allmählich im vierten Jahrhundert auf und blühte besonders im fünften. Kirchenheilige waren im vierten Jahrhundert hoch angesehen und Maria war mit Sicherheit eine der herausragenden; aber erst nach dem Konzil von Ephesus im Jahr 431 stieg das Ausmaß ihrer Verehrung sprunghaft an.

Thema bei diesem Konzil war die Frage, wie das Gott- und Menschsein Jesu Christi erklärt werden könne. Wann wurde der Heiland göttlich – bei seiner Empfängnis oder zu einem späteren Zeitpunkt, als der erwachsene Jesus von göttlicher Kraft durchdrungen wurde? Die korrekte theologische Antwort lautet, dass Jesus von Nazareth von dem Moment an göttlich gewesen ist, in dem er empfangen wurde. Er ist der ewige Sohn Gottes, der in der Gebärmutter einer Frau Fleisch wurde. Eine Möglichkeit, diese Wahrheit auszudrücken liegt darin, Maria die „Mutter Gottes“ zu nennen (griech. *Theotokos*). Anders ausgedrückt, brachte sie nicht einfach nur einen Menschen auf die Welt, den Gott zu einem späteren Zeitpunkt als seinen Sohn adoptierte. Vielmehr war das Kind in Marias Uterus vom Moment der Zeugung an vollkommen göttlich. Auf wunderbare Weise brachte eine menschliche Mutter Gott selbst zur Welt.

In meinem Seminar zur Kirchengeschichte überrasche ich oft meine Studenten, indem ich ihnen verkünde: „Wir evangelikalen Christen müssen die grundlegende Lehrmeinung bejahen, dass Maria die *Theotokos* ist oder die Mutter Gottes!“ In den darauffolgenden Tagen halten mich meine

Studenten für einen heimlichen Katholiken, jedenfalls was meine Ansichten zur Heiligen Jungfrau angeht. Allerdings schaffe ich dieses Gerücht stets wenig später aus der Welt, indem ich erkläre, dass meine Aussage eigentlich die *Christologie* betraf: Maria war die Mutter von Gott Sohn[23] von dem Moment an, als der Heilige Geist über sie kam und sie schwanger wurde (Lk 1,38). Deshalb nannten die Bischöfe in Ephesus Maria die „Mutter Gottes": um die vollkommene Göttlichkeit Christi vom Beginn der Fleischwerdung an zu bekräftigen (NPNF 2, Bd. 14, *Anathematism* I). Daher ist es völlig angemessen, Maria diesen Titel zuzuordnen, solange die christologische Bedeutung klar wird.

Leider hatte die Bestätigung Marias als *Theotokos* im Jahr 431 den unerwünschten Effekt, dass die Hinwendung der Kirche zu ihr geweckt wurde und sich sehr schnell ausbreitete. Die prachtvolle Kathedrale von Ephesus, wo das Konzil stattfand – eine umgestaltete ehemalige römische Versammlungshalle von monumentalen Ausmaßen – war bereits Maria geweiht. Obwohl heute nur noch ihre bröckelnden Überreste in Ephesus besichtigt werden können, war sie in der Spätantike gewiss keine Ruine. Die Kathedrale war ein blühendes Zentrum der Verehrung der Heiligen Jungfrau mit einer Länge von etwa anderthalb Football-Stadien.

Nach dem Konzil schossen mehrere weitere Marienkirchen aus dem Boden, darunter drei in Konstantinopel, der Hauptstadt des Reiches, sowie eine sehr wichtige in Rom namens Santa Maria Maggiore. Obwohl diese römische

---

23 Sie ist natürlich nicht die Mutter aller drei Personen der Trinität. Das würde der Häresie der Göttinnen-Verehrung gleichkommen. Aber Maria ist sicherlich immer die leibliche Mutter der zweiten Person der Trinität gewesen (Gott Sohn), seit er zu uns herabstieg und als wahrer Mensch geboren wurde, Jesus von Nazareth.

Kirche nach späteren Dekorationen ihr antikes Erscheinungsbild verloren hat, ist sie ein überwältigendes Bauwerk geblieben. Wer sich dem Altar nähert, wird Holzstücke finden, die den Anschein erwecken, sie hätten einst zur Krippe gehört, in der Jesus als Baby lag. Im Verlauf der Jahrhunderte sind noch viele weitere Kirchen und Kathedralen Maria geweiht worden, wie zum Beispiel Notre Dame und die Kathedrale von Chartres in Frankreich, der Mailänder Dom und die Basilika Unserer Lieben Frau von Guadalupe in Mexico City.

SPÄTERE MARIOLOGIE

Kenner des zeitgenössischen Christentums wissen, dass katholische Gläubige an bestimmten Lehrmeinungen über Maria weitgehend festhalten. Wir haben bereits gesehen, dass ihre immerwährende Jungfräulichkeit und die Bezeichnung „Mutter Gottes“ ihre Wurzeln in der Antike haben, wenn auch nicht ausdrücklich im Neuen Testament selbst. Andere marianische Lehrmeinungen dagegen sind sehr viel jüngeren Datums. Der Glaube an die sündlose Geburt der Maria zum Beispiel, bekannt als die unbefleckte Empfängnis, wurde erst im Jahr 1854 zum offiziellen katholischen Dogma erklärt. Ähnlich wurde die leibliche Himmelfahrt der Maria am Ende ihres Lebens erst 1950 aufgrund der unfehlbaren Aussage von Papst Pius offiziell als Tatsache verkündet.

Die Himmelfahrt wird als „Mariä Entschlafung“ auch von der orthodoxen Ostkirche gelehrt. Dieser Name bezeichnet ihre rasch auf ihren Tod folgende Auferstehung, direkt in die Gegenwart Gottes. Einige spätantike und mittelalterliche Texte legen diese Vorstellung zwar nahe (siehe unten), jedoch wurde sie nicht von den Christen der ersten vier Jahrhunderte gelehrt.

All diese dogmatischen Erklärungen scheinen uns sehr weit von dem jüdischen Mädchen weggeführt zu haben, dessen hebräischer Name Miriam von Nazareth lautete – dieses reale Mädchen, dem ein Engel entgegentrat und die auf ihren göttlichen Auftrag klar und deutlich mit Ja antwortete. Wenn wir die vielen Schichten abziehen, die die Kirchentradition gebildet hat, welche echten Wahrheiten bleiben dann noch übrig über die historische Figur, die wir heute Maria nennen?

MARIA NACH JESUS

Abgesehen von den Geburtsgeschichten in den ersten Kapiteln bei Lukas und Markus, spielt Maria eine untergeordnete Rolle auf den Seiten der Bibel. Sie sucht nach dem zwölfjährigen Jesus im Tempel (Lk 2,41-52), wirkt in Kana auf Jesus ein, woraufhin er Wasser in Wein verwandelt ((Joh 2,1-12) und ist bei der Versammlung der Apostel im Obergemach dabei, als der Heilige Geist ausgegossen wird (Apg 1,14).

Aber der aussagekräftigste Text für unsere gegenwärtigen Zwecke ist Johannes 19,25-27, denn dies ist die einzige Stelle im Neuen Testament, die vielleicht einen Hinweis darauf gibt, was aus Maria wurde, nachdem ihre biblische Geschichte aufhört.

Als er am Kreuz hing, redete Jesus zu dem Jünger, den er liebte, und zu Maria, die nahe beim Kreuz standen. „Frau, siehe, dein Sohn!", sagte Jesus laut zu Maria, wandte sich dann an den Jünger, den er liebte, und sprach zu ihm: „Siehe, deine Mutter!" An diesem Punkt bietet der Text des Johannesevangeliums eine eingeschobene Information über die Geschehnisse nach der Kreuzigung: „Und von jener Stunde an nahm der Jünger sie zu sich." Wir haben in Kapitel 4 gesehen, dass es sich bei dem Jünger, den Jesus liebte, vermutlich um den Apostel Johannes handelte. Wir haben außerdem gesehen, wie eine aus seinen Anhängern bestehende Gemeinschaft in der Region um Ephesus herum ihm dabei half, seinem Evangelium die endgültige Form zu geben. Waren es jene Redakteure, die diese Randbemerkung über Marias späteres Leben einflochten, weil sie wussten, dass sie unter Johannes' Schutz nach Ephesus gekommen war? Oder war ihnen einfach bekannt, dass Johannes sich an einem anderen Ort um sie gekümmert hatte?

Maria in Ephesus?

Einige kirchliche Überlieferungen bringen Maria tatsächlich mit Ephesus in Verbindung. Um das Jahr 377 veröffentlichte der Epiphanius von Salamis eine Gegenschrift auf 80 Gruppen, die er als Irrlehrer erachtete. Als Antwort auf die skandalöse Auffassung, unverheiratete Männer und Frauen dürften unter demselben Dach zusammen wohnen, erwähnt Epiphanius den Fall von Johannes und Maria. Er behauptet, auch wenn Johannes Maria „zu sich nahm", müsse dies nicht heißen, dass sie für den Rest ihres Lebens an seiner Seite blieb. Die Bibel schweigt tatsächlich ganz und gar über Marias letzte Lebensjahre.

„Und doch hatte sich Johannes auf die Reise nach Asien begeben", bemerkt Epiphanius, „und nirgends heißt es, dass er die heilige Jungfrau mit sich führte" (*Gegen die Antidikomarianiten, Panarion Haer.* 78.11.2, www.unifr.ch/bkv/kapitel2317-10.htm). Obwohl Epiphanius die Überlieferung, Maria habe in Ephesus gelebt, nicht akzeptierte, deutet sein Kommentar an, dass einige andere Christen im späten vierten Jahrhundert durchaus glaubten, dass sie dort gewohnt hatte. Dies würde erklären, warum die Kathedrale, in der wenige Jahrzehnte später das Konzil von Ephesus tagte, der Mutter Gottes geweiht wurde.

Einer der führenden Teilnehmer am Konzil, Kyrill von Alexandria, schrieb in einem Brief, dass die Stadt sowohl mit Johannes als auch mit Maria verknüpft wurde. Und es ist auch kein Zufall, dass Ephesus für die Heilige Jungfrau empfänglich war, da es in der Stadt schon seit Langem einen Tempel der Artemis gab – einer antiken Göttin und ebenfalls einer jungfräulichen Mutter. Bestimmte Merkmale dieser Verehrung waren ohne Weiteres übertragbar auf eine neue weibliche religiöse Gestalt. Eine starke Hingabe an Maria passte also ganz natürlich zu dieser Stadt.

Dennoch war die Überzeugung, Maria habe in Ephesus gelebt, in der Antike keineswegs weit verbreitet. Abgesehen von den wenigen bereits erwähnten Hinweisen, gibt es keinen Text aus der Zeit vor dem neunten Jahrhundert, in dem diese Vorstellung klar geäußert wird. Die Verknüpfung wurde mit den Jahren stärker, bis sie schließlich in der christlichen Tradition fest verankert war.

In den ersten Jahren des 19. Jahrhunderts schien die Überlieferung auf verblüffende Weise bestätigt zu werden, als der deutschen Ordensschwester Anna Katharina Emmerich in mystischen Visionen der Weg zum „Haus der Jungfrau Maria“ gewiesen wurde. Heute ist dieses Gebäude in Ephesus zu einem wichtigen marianischen Wallfahrtsort für katholische Gläubige geworden. Sogar mehrere Päpste aus moderner Zeit haben Pilgerreisen dorthin unternommen. Ich erinnere mich, dass ich vor ein paar Jahren mit meinen Studenten dorthin reiste. Wir begegneten einer Ordensschwester aus Lourdes, deren Begeisterung für Maria sich leicht mit dem glühenden Eifer eines Straßenevangelisten messen lassen konnte. Obwohl die römisch-katholische Kirche zur Echtheit dieses Hauses nicht entschieden Stellung bezieht, konnte dies die Scharen von christlichen Pilgern (und Moslems, die Maria ebenfalls verehren) nicht aufhalten, dorthin zu reisen.[24]

24 Siehe dazu https://de.wikipedia.org/wiki/Haus_der_Mutter_Maria (Anm. d. dt. Hrsg.)

Maria in Ephesus neu durchdacht

Die Frage nach der zeitlichen Abfolge stellt uns allerdings vor ein Problem, was Ephesus als Wohnort Marias angeht. Lassen Sie uns das mal durchrechnen. Das Jahr, in dem Jesus Christus wahrscheinlich geboren wurde, ist 5 v. Chr. Wenn man bedenkt, dass jüdische Mädchen typischerweise im frühen Teenageralter heirateten, können wir annehmen, dass Maria 15 war, als sie Mutter wurde, was bedeutet, dass sie um das Jahr 20 v. Chr. geboren wurde. Aber Johannes ging wahrscheinlich erst Mitte der 60er-Jahre nach Ephesus. Warum hätte sonst der Apostel Paulus, der in den 50er-Jahren drei Jahre dort verbrachte (Apg 20,31) und in den 60ern an die Epheser schrieb, Johannes mit keinem Wort erwähnt, einen bedeutenden Jünger des Herrn?

Im letzten Kapitel haben wir Johannes in der Umgebung von Ephesus eingeordnet, als er im Jahr 69 seine Vision auf Patmos empfing. Wahrscheinlich war er also wenige Jahre vorher in Ephesus angekommen, etwa im Jahr 65 (was Paulus‘ Schweigen über Johannes erklärt). Das aber würde bedeuten, dass Maria zur Zeit von Johannes‘ Ankunft dort 85 Jahre alt war – ein recht hohes Alter für eine Frau, um eine derart anstrengende Reise zu unternehmen. Genau genommen erreichte damals nur ein ganz kleiner Teil der Frauen überhaupt das 80. Lebensjahr, und wer das Glück hatte, so lange zu leben, stand dann zumindest schon an der Schwelle des Todes. Daher liegt die Vermutung näher, dass Maria lange Jahre unter Johannes‘ Fürsorge in Jerusalem blieb, genau wie der Herr es geboten hatte. Ihr Tod Mitte der 60er-Jahre stellte den Apostel schließlich frei für seine Abreise nach Kleinasien, wo er dann seinen evangelistischen Dienst aufnahm.

Wie sich gezeigt hat, widerlegen einige antike Kirchendokumente die ephesische Tradition, indem sie das Heilige Land zum Schauplatz von Marias Tod (oder leiblicher Himmelfahrt) machen. Das Genre der marianischen Biographie explodierte im fünften Jahrhundert, und nur aus dieser Zeit liegen uns zahlreiche Texte vor, die sich mit der Himmelfahrt oder Entschlafung der Heiligen Jungfrau befassen. Diese Texte gehen durchweg von Jerusalem oder Bethlehem als Wohnort Marias aus, nicht von Ephesus. *Das Buch des Heiligen Johannes über die Entschlafung Mariens* und *Der Hinübergang Mariens* (*The Passing of Mary*, ebd.) beschreiben, wie Johannes aus Ephesus weggenommen und in Jerusalem wieder abgesetzt wurde, damit er kurz vor Marias Tod bei ihr sein konnte (ANF, Bd. 8). Heute gibt es sogar ein „Mariengrab" neben dem Garten Gethsemane – in dem natürlich keine sterblichen Überreste liegen, da Maria ja angeblich direkt in den Himmel auffuhr, nachdem sie drei Tage in dem Grab gelegen hatte. Nur ihr Umhang blieb zurück als Beweis für den ungläubigen Thomas, dass sie tatsächlich aufgefahren war. Wiederum sagen diese Legenden nicht viel über die eigentliche Maria aus, abgesehen davon, dass sie die schlichte Erinnerung stützen, nach der sie ihre letzten Lebensjahre in Jerusalem verbrachte. Dies erscheint eher nachvollziehbar als Ephesus als Wohnort.

EIN BLEIBENDES VERMÄCHTNIS

Miriam von Nazareth war ein junges, jüdisches Mädchen, dessen Reinheit und Glaube Gott gefielen. „Sei gegrüßt, Begnadete!", sagte der Engel zu ihr. „Der Herr ist mit dir." Das ist ein wahrhaft bemerkenswerter Gruß. Was ging Maria wohl durch den Kopf, als ihr gesagt wurde, dass der Höchste sie überschatten und sie ein Kind von ihm empfangen würde? Wir werden diesseits der Ewigkeit ein solches Geheimnis wohl nie begreifen können.

Doch dank Marias demütiger Fügung in ihre Berufung wurde der Herr des Alls in ihrem Leib Fleisch und kam in einem bescheidenen Stall zur Welt. Die Heilige Jungfrau Maria, wie sie später von Christen genannt wurde, wird für ihre Rolle in diesem göttlichen Drama zu Recht gewürdigt. Von den ersten Gläubigen wurde sie als auserwähltes Werkzeug Gottes wertgeschätzt.

Doch mit der Zeit wurde diese Würdigung ausgedehnt und man ließ zu, dass sie aus dem Ruder lief, indem spekulative theologische Ansätze und fromme Hintergrundgeschichten erfunden wurden, um den Anforderungen des Volksglaubens nachzukommen. Dennoch sollten uns die Übertreibungen der antiken und mittelalterlichen Marienverehrung nicht veranlassen, diese Glaubensheldin links liegen zu lassen. Obwohl wir wenig darüber wissen, wie ihr Leben nach der biblischen Überlieferung weiterging, sollten wir sie als „gesegnete Jungfrau Maria“ achten. Wie sie selbst in einem der schönsten Gebete ausruft, die jemals niedergeschrieben wurden:

Und Maria sprach: „Meine Seele erhebt den Herrn, und mein Geist hat gejubelt über Gott, meinen Retter. Denn er hat hingeblickt auf die Niedrigkeit seiner Magd; denn siehe, *von nun an werden mich glückselig preisen alle Geschlechter*“ (Lk 1,46-49).

Christen jeglicher Prägung, von der Antike bis heute, schulden dieser jungen Frau auf ewig Dankbarkeit für ihre Bereitschaft zu tun, was sie tat. Durch Marias Einwilligung, als Gefäß für die Fleischwerdung des Gottessohnes zur Verfügung zu stehen, hat sie allen Gläubigen die richtige Antwort auf Gottes oftmals furchterregenden Ruf vorformuliert: „Siehe, ich bin die Magd des Herrn“, sagte sie. „Es geschehe mir nach deinem Wort!“ (Lk 1,38). Möge jeder Christ und jede Christin den Mut haben, im Augenblick göttlicher Berufung dasselbe zu sagen.

Checkliste zu Maria

Sie wurde in ihrem späteren Leben von Johannes versorgt.	√
Sie wurde von der frühen Kirche gewürdigt.	√
Sie ging mit Johannes nach Ephesus.	(x)
Sie wohnte im „Haus der Jungfrau“ in Ephesus.	x
Sie starb in Jerusalem oder in der näheren Umgebung.	√
Sie blieb bis zu ihrem Lebensende Jungfrau.	x
Sie wurde leiblich in den Himmel aufgenommen.	x
√ = ganz oder ziemlich sicher (√) = einigermaßen sicher (x) = einigermaßen sicher nicht x = ganz oder ziemlich sicher nicht	

KAPITEL 6

Thomas

In Rom, nicht weit von der päpstlichen Kathedrale entfernt, liegt die Basilica di Santa Croce in Gerusalemme, die Basilika des Heiligen Kreuzes in Jerusalem. Ganz am Anfang war diese Kirche eine umgestaltete Kapelle innerhalb des kaiserlichen Palastes von Helena, der frommen Mutter Kaiser Konstantins. Helena ist für ihren Versuch, kostbare Reliquien des christlichen Glaubens zu bergen, in die Geschichte eingegangen. Von einer Pilgerreise nach Palästina brachte sie angeblich wichtige materielle Hinterlassenschaften mit und legte sie in ihre Palastkapelle. Irgendwann wurde sogar Erde aus dem Heiligen Land auf dem Fußboden verteilt, damit man von den ehrwürdigen Andenken sagen konnte, sie ruhten in „Jerusalem".

Wer heute die Basilika besichtigt, wird außerdem eine modernere Kapelle aus dem 20. Jahrhundert finden – die Kapelle der Heiligen Reliquien. Hier wird der Besucher die folgenden Gegenstände ausgestellt finden (zugegebenermaßen fragwürdig): einige Stücke vom echten Kreuz; der Querbalken vom Kreuz des guten Schächers; ein Teil des Schildes, das bei der Kreuzigung über Jesu Kopf hing; zwei Dornen aus seiner Dornenkrone; und einer der Nägel, die seinen Körper durchbohrt hatten. Dennoch bietet sich vielleicht der faszinierendste Anblick jenen, die einen Blick ins Innere eines kunstvoll verzierten silbernen Reliquienschreins werfen: Es ist der gekrümmte Fingerknochen von einem menschlichen Skelett – eben jener Finger, der vom Apostel Thomas persönlich in die Wunden des Heilands gelegt wurde.

DES APOSTELS MISSLICHER SPITZNAME

Wie diese makabre Auslage zeigt, hat man sich an Thomas durch alle Zeiten aufgrund dieses einen Augenblicks erinnert, in dem er hartnäckigen Unglauben bewies. „Wenn ich nicht in seinen Händen das Mal der Nägel sehe", verkündete er, „und meine Finger in das Mal der Nägel lege und lege meine Hand in seine Seite, so werde ich nicht glauben" (Joh 20,25). Wen kümmert es, dass Thomas später eines der wichtigsten biblischen Bekenntnisse zur Göttlichkeit Christi aussprach, indem er rief: „Mein Herr und mein Gott!", oder dass er sich bereit erklärt hatte, mit seinem Herrn in den Tod zu gehen (11,16). Dieser unglückliche Apostel wird für alle Zeiten als „ungläubiger Thomas" bekannt sein. Im Laufe der Kunstgeschichte – ob auf einem antiken römischen Sarg, einer byzantinischen Ikone oder einem Altarbild aus der Renaissance – hat das Abbild von Thomas, der den Finger in die Wunden Christi bohrt, dazu geführt, dass sein wankender Glaube hervorgehoben wird. Caravaggios berühmtes Gemälde „Der ungläubige Thomas" (1602) stellt die Untersuchung der zerschnittenen Seite des Herrn mit solch erstaunlicher Intimität und ungeschminktem Realismus dar, dass man meinen könnte, Thomas führe eine grobe Autopsie durch.

Aber ist der Zweifel dieses Jüngers das Einzige an ihm, was der Erinnerung wert ist? Auch wenn sein Versagen in der literarischen und künstlerischen Tradition unsterblich gemacht worden ist, hatten die Christen der Antike doch noch einige andere Dinge über Thomas zu sagen – Erinnerungen einer eher positiven Art, die heutzutage tendenziell vergessen werden.

JESUS HATTE EINEN ZWILLING?

Der Name Thomas kommt von dem aramäischen Wort für „Zwilling". Das Johannesevangelium, das auf Griechisch verfasst wurde, bezeichnet Thomas ebenfalls als *Didymus* oder Zwilling (11,16; 20,24; 21,2). Anscheinend hatte Thomas einen Zwillingsbruder, doch findet sich nirgends in der Bibel eine Aussage darüber, wer dieser Mann war. Könnte es Jesus gewesen sein? Nichts im Neuen Testament weist darauf hin, aber die Vorstellung war für spätere Generationen unwiderstehlich.

Bis zum späten zweiten oder frühen dritten Jahrhundert hatten die Autoren zweier Texte – die *Thomasakte* und *Das Buch des Athleten Thomas* – diese Behauptung schriftlich niedergelegt. Die Möglichkeit, dass Jesus einen Zwillingsbruder hatte, zog die Aufmerksamkeit einiger Mystiker auf sich, die an alternativen Sichtweisen über den Sohn Gottes interessiert waren. Obwohl rechtgläubige Christen mitunter auch die *Thomasakte* lasen, weil sie das Buch als inspirierend empfanden, wurde dieses Dokument hauptsächlich unter den häretischen Sekten wertgeschätzt. Auch *Das Buch des Athleten Thomas* ist voller gnostischer Gedanken. Die Identifikation von Thomas als Jesu Zwilling führte dazu, dass er als

Offenbarer von Weisheit gegenüber einigen wenigen Auserwählten betrachtet wurde. Bald adoptierten die Gnostiker Thomas als ihren Lieblingsjünger. Wie kam es dazu?

In der heutigen Welt der modernen Medizin und sicheren Geburten freuen sich Eltern normalerweise, wenn sie erfahren, dass sie Zwillinge erwarten (nachdem sie über den ersten Schock hinweg sind!). Bei vielen rückständigen Völkern dagegen werden Zwillinge mit einem höheren Grad der Kindersterblichkeit und Geburtskomplikationen verbunden. Außerdem ist oft das zweitgeborene von den beiden Kindern, falls es überlebt, kleiner und schwächer. Das traf auch auf die Zeit des Römischen Reiches zu. Wenn nach dem ersten Kind noch ein zweites zum Vorschein kam, überraschte das die Eltern und verhieß nichts Gutes für die Familie. Nach antiker Denkweise war das zweite Kind ein mysteriöser Doppelgänger, eine schattenhafte Person, die es nicht hätte geben sollen. Das „echte" Kind bekam den Familiennamen, während der unerwartete Eindringling einen allgemeinen Namen wie Thomas erhielt. Zwillinge wurden immer mit Misstrauen betrachtet, als ein Unglücksfall oder ein schlechtes Omen.

Im Fall des Apostels Thomas jedoch wurde sein zweitrangiger Status kompensiert, indem man ihm die Identität als Bruder Christi zuschrieb. Thomas war daher eine geheimnisvolle Figur – gleichzeitig Christus nahe und dennoch anders als er. Manchen antiken Sektierern erschien er als Eingeweihter, dem womöglich vertrauliche Lehren Jesu bekannt waren, der aber vielleicht bereit war, die Geheimnisse seines Bruders zu verraten. Thomas war der Mann, der Bescheid wusste, der Mann, der einem aus dem inneren Kreis heraus zuwinkte, der Mann, der einem vielleicht Geheimnisse verraten würde, wenn man nur lernte, die richtigen Fragen zu stellen. Anders ausgedrückt: Wer genau hinsah, konnte Thomas für den perfekten Gnostiker halten.

Das Thomasevangelium

Vielleicht war es unvermeidbar, dass man Thomas, dem Zwilling, ein Evangelium zuschreiben würde. Wer könnte die Geschichte Jesu wohl besser erzählen als sein eigener Bruder? Wer allerdings das sogenannte *Thomasevangelium* liest, wird leicht erkennen, dass es sich stark von den vier Evangelien des Neuen Testaments unterscheidet. Obwohl es einige rätselhafte Kommentare enthält, die an Verse aus Matthäus, Markus oder Lukas erinnern, ist das *Thomasevangelium* nichts anderes als eine Sammlung von Weisheitssprüchen. Eine überspannende Erzählstruktur – einschließlich der Geschichte von Tod und Auferstehung Christi – fehlt völlig.

Stattdessen bietet Jesus darin 114 ganz verschiedene Maximen, einschließlich einiger „Leckerbissen" wie: „Wenn ihr euch entkleidet, ohne dass ihr euch geschämt habt und nehmt eure Kleider (und) legt sie unter eure Füße wie kleine Kinder (und) trampelt darauf, dann werdet [ihr] den Sohn des Lebendigen sehen, und ihr werdet euch nicht fürchten", oder: „Das Königreich des Vaters gleicht einem Menschen, der einen mächtigen Menschen töten wollte. Er zückte das Schwert in seinem Hause (und) stach es in die Wand, damit er erfahre, ob seine Hand stark (genug) sei. (3) Dann tötete er den Mächtigen."[25] Der offenkundige Mangel an solider Theologie in diesem Werk machte es zu einer Randerscheinung in der frühen Kirche. Obwohl seine Entstehung und der beabsichtigte Zweck im Dunkeln liegen, wissen wir mit Sicherheit, dass es zwar von den gnostischen Sekten gebilligt, aber von den Kirchenvätern nicht ausreichend wertgeschätzt wurde, um als heilige Schrift angesehen zu werden.

---

25 www-theol.uni-graz.at/~heil/lvws0506/evth.pdf, *Thomasevangelium*, Logion 37 und 98.

Das hat jedoch viele moderne Gelehrte nicht davon abgehalten, das *Thomasevangelium* als eines der wichtigsten Dokumente der „frühen Christen“[26] zu preisen. Oft wird behauptet, dieses Evangelium sei den vier biblischen Evangelien gleichwertig und enthalte sogar echte Aussprüche von Jesus, die in der Bibel nicht zu finden sind. Diese historische Hypothese beruht auf der Annahme, Wissenschaftler könnten Schichten innerhalb des vorliegenden Dokuments unterscheiden, die aus einer früheren Zeit stammen; mit anderen Worten: Einige Experten behaupten, sie könnten Textteile unterscheiden, die verfasst wurden, bevor die kanonischen Evangelien geschrieben wurden. Diese Stücke zeigen Jesus angeblich als mystischen Philosophen und nicht als jüdischen Propheten, der im Begriff war, das Reich Gottes auf Erden einzuleiten. Der in diesem Evangelium dargestellte Jesus rettet die Menschen, indem er sie aufruft, die Wahrheit in sich selbst zu finden und als unkörperliche Geister in ein Königreich des Lichts aufzusteigen, und nicht indem er für ihre Sünden stirbt und von den Toten aufersteht, um neues Leben zu schenken.

Doch diese Deutung Jesu ist äußerst fragwürdig, denn sie läuft dem vorhandenen historischen Befund zuwider. Das einzige erhaltene Manuskript des vollständigen *Thomasevangeliums* wurde 1945 in einem geheimen Versteck ägyptischer Dokumente, genannt Nag Hammadi Bibliothek, gefunden. Obwohl der das *Thomasenvangelium* enthaltende Papyrus augenscheinlich im vierten Jahrhundert abgeschrieben wurde, sind sich die meisten Forscher einig, dass der Text selbst vermutlich im zweiten geschrieben wurde. Die Frage ist: Gehen bestimmte redaktionelle Teile auf eine frühere

26 In der Einleitung gehe ich auf die Debatte über die Defintion von „Christen“ im antiken Kontext ein.

Zeit zurück, indem sie einen Jesus der spirituellen Erleuchtung offenbaren anstelle eines zu erwartenden Königs und auferstandenen Herrn?

Zum wahren Stellenwert des Thomasevangeliums

Zum Bedauern derjenigen, die das gerne glauben wollen, stellen die frühesten Quellen – Markus, die Sprüchesammlung Q und die von Lukas und Matthäus genutzten unabhängigen Quellen – Jesus als Verkündiger eines bevorstehenden Gottesreichs im Kontext jüdischer Hoffnungen und Erwartungen dar. Genauso bekannte die früheste christliche Lehre über Jesus (erhalten als Bekenntnisformeln und Predigten innerhalb des Neuen Testaments), dass er der Herr und Christus sei, dessen Reich bald kommen würde, nun da er von den Toten auferstanden war.

Im Gegensatz zu dieser Sichtweise ist die gnostische Art von Glaubenssystem, das wir (zumindest teilweise) bei *Thomas* finden und demzufolge die Menschheit eine Erweckung zu geheimen Wahrheiten braucht, mit Sicherheit erst für das zweite Jahrhundert und noch später bezeugt. Deshalb geht der Trend unter seriösen Theologen heute eher dahin, Jesus als Prophet des palästinischen Judentums des ersten Jahrhunderts anzusehen, und nicht als Lehrer für innere Erleuchtung.

Wenn das *Thomasevangelium* mit ernstzunehmenden historischen Methoden betrachtet wird und nicht mithilfe von subjektiven literarischen Relektüren, ergibt sich von selbst, dass es genau das ist, was es zu sein scheint: ein rätselhaftes Schriftwerk aus dem zweiten Jahrhundert, in das Auszüge und überarbeitete Passagen aus den biblischen Evangelien auf eine Weise eingeflochten wurden, die die Gnostiker ansprechend fanden. Indem er diese entliehenen Bibelverse, deftig gewürzt mit mystischer Fantasie, hier und da einstreute, und das alles mit der Glaubwürdigkeit eines angeblichen „Zwillings“ untermauerte, hat hier ein anonymer Autor einen philosophischen Heiland produziert, der mit dem echten Zimmermann aus Galiläa wenig Ähnlichkeit hat. Diesem Jesus zufolge liegt das Problem der Menschheit in einem Mangel an Selbsterkenntnis und die Lösung in der weisen Auslegung verschiedener Maximen und Parabeln. Glücklicherweise bieten uns die vier biblischen Evangelien ein treffenderes Bild vom Herrn Jesus Christus.

Das Kindheitsevangelium nach Thomas

Bevor wir unsere Aufmerksamkeit wieder von fantasievollen Spekulationen ab- und uns dem eigentlichen Werk des Thomas zuwenden, sollten wir zunächst ein weiteres Evangelium entlarven, das angeblich aus seiner Feder stammt. Einige antike Autoren, die Jesus bewunderten, dachten sich, sein Zwillingsbruder sei eine großartige Quelle von Geschichten über die Taten des Heilands als kleiner Junge. In der Bibel wird sehr wenig über Jesu Jugend gesagt, deshalb war der Ansporn groß, diese Lücken zu schließen.

Um diesem Bedürfnis entgegenzukommen, eigneten sich mehrere unbekannte Autoren Thomas‘ Namen an und stellten eine Reihe von Erzählungen zusammen, die gemeinhin unter dem Namen *Kindheitsevangelium nach Thomas* bekannt geworden sind. Dieser Text ergötzt uns mit so wunderbaren Geschichten wie der, nach der der Junge Jesus seine wunderbaren Kräfte dazu einsetzte, seine verhassten Spielkameraden zu töten, oder wie er Tonspatzen zum Fliegen brachte, einen Jungen auferstehen ließ, als dieser nach einem Sturz vom Dach gestorben war, oder wie er auf magische Weise einen Holzbalken streckte, um für Josef einen handwerklichen Fehler auszugleichen (ANF, Vol. 8, *G.T.: First Greek Form*, www.early-christianwritings.com/text/infancythomas-a-mrjames.html). All diese Märchen spielen den historischen Jesus herunter und stellen ihn als göttliches Wunderkind dar. Diese theologische Tendenz ist ein Kennzeichen der Häretiker.

Wie wir schon beim *Thomasevangelium* gesehen haben, hat auch das *Kindheitsevangelium* mit dem echten Jünger, dessen Name als angeblicher Autor ausgeborgt wurde, absolut nichts zu tun. Auch wenn die Verknüpfung mit Thomas ausreichte, um rechtgläubige Christen zur gelegentlichen Lektüre dieser Texte zu veranlassen, wurden sie doch hauptsächlich von sektiererischen Gruppen benutzt. Wie kam dann die etablierte Kirche dazu, sich an Thomas zu erinnern?

THOMAS UND DIE KIRCHE IN INDIEN

Die assyrische Kirche

Ein kurzer Blick in einen Bibelatlas oder auf eine Karte von Paulus' Missionsreisen wird klar den Eindruck vermitteln, dass das Christentum sich von Jerusalem aus einzig in westlicher Richtung ausbreitete. Diese Vorstellung ist jedoch völlig unzureichend. Obwohl die andere Hälfte der Geschichte nicht so bekannt ist, steht fest, dass es sich zu Beginn auch ostwärts bis nach Persien, Indien und China ausdehnte, wo es über 1000 Jahre hinweg blühte, bevor es durch heftige Verfolgung abnahm. Nur ein kleiner Rest dieser Kirche hat bis heute überlebt: die assyrische Kirche des Ostens, auch bekannt als „Nestorianische Kirche". Diese christliche Gemeinschaft vertritt nicht einfach eine Variante römisch-katholischer oder ostkirchlicher Orthodoxie. Sie ist ein eigener Zweig des Christentums, der auf die Jerusalemer Gemeinde der

Apostelgeschichte zurückgeht – und dies hauptsächlich deshalb, weil sie sich auf die missionarische Arbeit des Apostels Thomas beruft.

Die Thomasakte

Unsere älteste Quelle historischer Information über Thomas stammt aus einem oben bereits erwähnten Dokument, der *Apostelgeschichte des Thomas* (ANF, Bd. 8, http://www.earlychristianwritings.com/text/actsthomas.html). Dies ist zwar ein problematischer Text, denn er steckt voller schillernder Legenden, gesetzlicher Moral und fragwürdiger Glaubenslehre. Dennoch wurde er, weil er einen der ursprünglichen Apostel als heldenhaften Wundertäter und erfolgreichen Evangelisten in fernen Ländern darstellt, von einigen orthodoxen Christen wertgeschätzt, oder wenigstens waren sie mit seinen Inhalten vertraut.

Die Geschichte beginnt damit, dass die Jünger auslosen, wer welches Land evangelisieren sollte. Obwohl die Aufgabe, nach Indien zu gehen, Thomas zufällt, weigert er sich, weil die Reise beschwerlich ist und das fremde Land voller Heiden. Aber Jesus ist nicht bereit, so schnell aufzugeben. Er verkauft seinen Zwillingsbruder Thomas als Sklaven an einen indischen Kaufmann. Dieser ist auf der Suche nach einem Zimmermann, der seinem König einen Palast bauen soll.

Als er in Indien ankommt, findet Thomas das Volk verarmt und elend vor. Statt König Gundaphoros‘ Mittel zum Bau des Palastes zu verwenden, verteilt er das gesamte Geld unter den Armen. Der König gerät natürlich außer sich, als er von dem Betrug erfährt, aber Thomas erzählt ihm von dem himmlischen Palast, der ihn erwartet, wenn er sich zu Christus bekehrt. Unbeeindruckt von dieser Zukunftshoffnung beschließt König Gundaphoros Thomas hinzurichten. Als jedoch der Bruder des Königs stirbt und vom Himmel zurückkehrt, erzählt er Gundaphoros, dass ihn tatsächlich ein Palast erwartet. Nun bekehrten sich die königliche Familie und die örtliche Bevölkerung zum Christentum, was zum Auslöser für weitere evangelistische Abenteuer und wunderbare Taten durch Thomas in Indien wird.

Schließlich, nach großem Erfolg beim indischen Volk, stirbt der Apostel als Märtyrer unter dem gottlosen König Misdeus. Thomas wird auf einen Berggipfel geführt, wo ihn die Soldaten mit Speeren töten. Aber dann entdeckt Mideus, dass sein Sohn von Dämonen besessen ist, und öffnet Thomas' Grabstätte, um einen Knochen zu finden, der den unreinen Geist vertreiben kann. Obwohl ein unbekannter Christ Thomas' Reliquien bereits zurück in den Westen überführt hat, reicht ein wenig Staub aus der Grabstätte dazu aus, den Prinzen von seinen Dämonen zu befreien. Misdeus tut Buße und bekehrt sich zu Christus, was beweist, dass Thomas sogar nach seinem Tod noch als Evangelist wirkte.

Edessa

Da die *Thomasakten* voller Legenden stecken, sagt der historische Hintergrund seiner Entstehung mehr über den Apostel aus als die fantastischen Einzelheiten, die uns in diesem Text begegnen. Die älteste erhaltene Version der *Thomasakten* liegt uns weder in griechischer noch in lateinischer Sprache vor, sondern auf Syrisch – einer antiken Variante der aramäischen Sprache, die Jesus selbst sprach.

Die meisten Wissenschaftler verbinden dieses Dokument mit der Großstadt Edessa (heute Urfa, Türkei), einem herausragenden intellektuellen Zentrum der Syrisch-sprachigen christlichen Gemeinde. Einer Legende zufolge empfing sogar König Abgar V. von Edessa einen Brief von Jesus mit dem

Versprechen, dass ein Botschafter mit dem Evangelium kommen würde; und Thomas erfüllte dieses Versprechen dann auch und schickte einen seiner Schüler zu Abgar, der daraufhin den christlichen Glauben annahm (Eusebius, *Kirchengeschichte* 1.13, www.unifr.ch/bkv/kapitel43-12.htm, siehe zu dieser Sage auch Kapitel 8). Edessa lag nicht weit entfernt von der biblischen Stadt Antiochia – etwa 300 km – und war über eine gute römische Straße und vom Heiligen Land aus einfach zu erreichen. Thomas hätte mit Leichtigkeit dorthin reisen können. Viele andere Christen taten es. Die Bewohner von Edessa haben womöglich durchaus eine antike Erinnerung an einen Apostelbesuch bewahrt.

Aber die Metropole Edessa war nur eine von vielen großen Städten im ursprünglichen Kerngebiet der assyrischen Kirche des Ostens. Heute liegt diese Region innerhalb der natürlichen Grenzen Syriens, der Türkei, von Irak und Iran und sogar Afghanistan. Obwohl diese Länder heute islamisch geprägt sind, hat die christliche Kirche, die dort einst eine Blütezeit erlebte, sich das tiefe Bewusstsein ihrer apostolischen Wurzeln bewahrt.

In der Antike wurde in dieser Region universell bezeugt, dass Thomas die östliche Kirche gegründet hatte (mit den Aposteln Thaddäus und Bartholomäus an seiner Seite, wie wir in Kapitel 8 sehen werden). Wegen der weit verbreiteten literarischen und archäologischen Befunde, die auf Thomas' Verbindung zu den Ländern östlich von Jerusalem hinweisen, ist die Behauptung, er habe die christliche Botschaft in diese Richtung getragen, wahrscheinlicher als jede andere Hypothese. Die eigentliche Frage lautet also: Wie weit nach Osten ist Thomas wirklich vorgedrungen?

Die Thomas-Christen von Indien: Norden

Zwei Traditionen beschreiben Thomas' Anwesenheit in Indien. Im Großen und Ganzen können wir sie wohl als nördlich und südlich bezeichnen. Die *Thomasakten* repräsentieren den nördlichen Blickwinkel, denn das fremde Königreich, das Thomas in der Geschichte besucht, wurde tatsächlich von einem historischen König namens Gundaphoros IV (manchmal auch Gondophares geschrieben) regiert. Viele antike Münzen bestätigen, dass eine Reihe von Königen mit diesem Namen im ersten Jahrhundert n. Chr. regierten also eben zu der Zeit, als Thomas als Evangelist in diesem Königreich unterwegs gewesen wäre. Heute gehört die Region zu Nordwestindien, Pakistan und Afghanistan, aber in der Antike war sie Teil des Parther-Reiches.

Der Kirchenhistoriker Eusebius aus dem vierten Jahrhundert gibt die Ansichten früherer Christen weiter, indem er schreibt: „Die heiligen Apostel und Jünger unseres Erlösers aber hatten sich über die ganze Erde zerstreut. Nach der Überlieferung hatte Thomas Parthien (als Wirkungskreis) erhalten, [...]." (*Kirchengeschichte* 3.1.1., www.unifr.ch/bkv/kapitel49.htm). Dieses indo-parthische Königreich war für die Römer auf jeden Fall erreichbar. Das Netzwerk aus Überlandhandelswegen, Seidenstraße genannt, verknüpfte Nordindien mit Rom, und dasselbe gilt für einen Seeweg, der die Mündungen der Flüsse Indus und Euphrat verband (von denen der Letztere die Grenze des Römischen Reiches nach Osten darstellte). Der nördliche Befund legt demnach die Vermutung nahe, dass Thomas, falls er tatsächlich „Indien" erreicht hatte, sich im Hoheitsgebiet des indo-parthischen Herrschers Gundaphoros IV aufhielt. Diese Region baute später lose Kontakte zu den Syrisch-sprachigen Christen von Edessa auf.

Die Thomas-Christen von Indien: Süden

Andererseits assoziieren einige sehr alte Überlieferungen Thomas mit der Südspitze Indiens, entlang der Malabar-Küste im heutigen Staat Kerala. Dieses Gebiet stand ebenfalls in Kontakt zum Römischen Reich über einen Seeweg, der nach Ägypten führte. Das Problem mit der Akzeptanz des historischen Werts dieser südlichen Berichte liegt allerdings darin, dass sie hauptsächlich auf mündlicher Überlieferung beruhen, weitergegeben über Generationen von Christen und nun in geistlichen Liedern erhalten. Weil diese Erzählungen beschreiben, wie Thomas einen Königspalast baute und durch einen Speerstich den Märtyrertod erlitt, glauben viele Wissenschaftler, dass die Lieder aus einer späteren Zeit stammen und, abgesehen von lokalen Einzelheiten, auf die *Thomasakten* zurückgehen.

Immerhin haben sie vermutlich die uranfängliche Erinnerung bewahrt, nach der das Christentum entlang der Malabar-Küste früh dort Fuß fasste. Weit zurückgehende Ahnentafeln priesterlicher Familien, zusammen mit gemeißelten Steinkreuzen aus dem frühen Mittelalter, untermauern die These, dass das Christentum sich in Indien sehr früh etablierte. Vom Apostel Thomas nimmt man an, dass er im großen Hafen von Muziris ankam, der einst als Haltepunkt auf der viel bereisten internationalen Handelsroute mit dem Römischen Reich diente. Schiffe konnten von Muziris aus über das Rote Meer ins römische Ägypten und wieder zurück fahren, somit war es einem Juden im ersten Jahrhundert durchaus möglich, von Jerusalem nach Alexandria zu reisen und von dort aus in wenigen Wochen die Südwestküste Indiens zu erreichen. Heute verteidigen die verschiedenen Gemeinden in der Malabar-Region, die sich selbst als „Thomas-Christen" bezeichnen, leidenschaftlich den Anspruch, durch einen Apostel gegründet worden zu sein.

Thomas in Indien auf dem Prüfstand

Ging Thomas also nach Indien oder nicht - und wenn ja, in welchen Teil? An dieser Stelle können wir nur von Wahrscheinlichkeiten reden, nicht von Sicherheiten. Es scheint in Indien spätestens Anfang des zweiten Jahrhunderts Christen gegeben zu haben. Eusebius berichtet, dass im zweiten Jahrhundert ein Missionar namens Pantaenus von Ägypten aus nach Indien ging und dort Gläubige vorfand (*Kirchengeschichte*, 5.10.3, www.unifr.ch/bkv/kapitel51-10.htm, siehe auch Hieronymus, NPNF2, Bd. 3, *Lives of Illustrious Men* 36]. Die Tradition, dass Thomas selbst nach Südindien reiste, basiert dagegen auf schwachen, mündlich überlieferten Informationen.

Sogar die nördliche Tradition ist fragwürdig. Es ist durchaus möglich, dass die *Thomasakten* in Edessa als fiktive Erzählung aufgeschrieben wurden, um den berühmten Apostel der assyrischen Kirche zu glorifizieren. Ein Gelehrter aus Edessa namens Bardaisan hatte kurz zuvor ein Geschichtswerk über Indien verfasst, das einige der historisch genauen Daten hätte enthalten können, die in den *Akten* zu finden sind. Da der Text deutliche Parallelen zu anderen fiktiven Werken über die Apostel aufweist, tun wir gut daran, ihn mit skeptischem Blick zu betrachten. Wir können bestenfalls sagen, dass Thomas' evangelistische Reise nach Indien (a) in vielen antiken Texten bezeugt wird und (b) über die vorhandenen Handelswege praktisch möglich war. Aus der Sicht des kritischen Historikers aber gibt es keine verlässlichen Beweise für einen Aufenthalt des Thomas aus den ersten 150 Jahren nach seiner Lebenszeit.

THOMAS‘ TOD

Die Tradition von Thomas‘ Märtyrertod wird heute mit einem Hügelchen namens St. Thomas Mount in der modernen Stadt Chennai an der indischen Ostküste in Verbindung gebracht. Die antiken Textzeugen berichten zwar, dass Thomas in Indien durch einen Speer zu Tode kam, aber dass dies in Chennai passiert sein soll, ist fromme Dichtung. Erst in den mittelalterlichen Quellen gibt es Hinweise auf einen Zusammenhang zwischen Thomas und der östlichen Region Indiens. Die portugiesischen Entdecker, die sich im 16. Jahrhundert um die Bekehrung der einheimischen indischen Christen zum Katholizismus bemühten, sind verantwortlich für die Kultstätte auf der Hügelkuppe in Chennai und den dort ausgestellten, angeblich vom Apostel stammenden Knochensplitter.

Die älteren und verlässlicheren Berichte deuten darauf hin, dass Thomas in einem anderen Teil Indiens starb und dass seine Gebeine im dritten Jahrhundert von Indien aus in die syrische Hauptstadt Edessa überführt wurden. Die Niederschrift der *Thomasakten* wurde vielleicht sogar durch die Errichtung einer so bedeutenden apostolischen Grabstätte in dieser Stadt angeregt. Dieser heilige Ort wurde unter den Christen bald verehrt. So schrieb zum Beispiel der liturgische Dichter Ephräm der Syrer Mitte des vierten Jahrhunderts ein Lied, in dem er schilderte, wie die „glorreichen Gebeine des Thomas“ den Teufel besiegten und ihn zum Jammern brachten: „Der Apostel, den ich in Indien tötete, ist mir nach Edessa zuvorgekommen“ (Ephräm der Syrer, *Ausgewählte nisibenische Hymnen (Carmina Nisibena)* XLII, www.unifr.ch/bkv/kapitel2459-1.htm).

Wenige Jahrzehnte später beschrieb eine spanische Ordensschwester namens Egeria (oder Etheria) ihre Pilgerreise nach Edessa, wo sie an eben jenem apostolischen Schrein betete, den Ephräm gepriesen hatte. „Wir erreichten Edessa im Namen Christi unseres Gottes“, schreibt sie, „und als wir ankamen, eilten wir schleunigst zur Kirche und Gedenkstätte des heiligen Thomas ... Die Kirche dort ist überaus großartig und neu erbaut, äußerst würdig, Haus Gottes zu sein.“ Egeria zufolge „liegt in der Gedenkstätte für Thomas den Apostel ... sein ganzer Leib“.[27] All das bestätigt die antike Verknüpfung von Thomas mit Edessa und der assyrischen Kirche des Ostens.

Im Mittelalter wurde Edessa allerdings von den Kreuzfahrern aus Westeuropa erobert. In jenen turbulenten Zeiten wurden die heiligen Gebeine des Thomas auf die griechische Insel Chios überführt, dann nach Ortona in Italien, wo sie seit 1258 liegen. Heute besitzt die Basilica di San Tomasso in Ortona eine Krypta, in der angeblich die Reliquien des Apostels ruhen.

Aber natürlich hat es der wichtigste Teil dieses heiligen Skeletts bis nach Rom geschafft: eben jener Finger, der sich in die Wunden Christi bohrte – so heißt es jedenfalls. Vermutlich können Sie inzwischen schon selbst beurteilen, dass die Widersprüchlichkeit der antiken Traditionen und auch der Transport von Thomas‘ Reliquien von einem Kontinent zum anderen es unwahrscheinlich machen, dass die Knochen in Santa Croce tatsächlich seine sind. Aber ist das überhaupt wichtig? Der echte Thomas hätte wohl nicht gewollt, dass wir auf seinen Finger starren, sondern dass wir unseren Blick auf denjenigen richten, auf den dieser Finger zeigte: auf seinen Herrn und Gott, den lebendigen Jesus Christus.

Obwohl Thomas einen Moment lang zweifelte, blieb er doch nicht in seinem Unglauben gefangen. Die besten uns

27 www.ccel.org/ccel/mcclure, *Pilgrimage of Etheria* 30,32.

vorliegenden Quellen erzählen uns, dass seine Begegnung mit dem auferstandenen Christus ihn zu einer Missionsreise in ferne östliche Länder bewegte. Es muss einen großen Glauben erfordert haben, sein sicheres Zuhause zurückzulassen und mit einer Botschaft ans Ende der Welt zu reisen, die ihm den Tod bringen könnte. Vielleicht sollte der größte Zweifler der Geschichte besser „unerschrockener Thomas" heißen!

Checkliste zu Thomas

Er war der Zwillingsbruder von Jesus.	x
Er schrieb gnostische Evangelien über Jesus.	x
Er reiste ostwärts nach Edessa.	√
Er reiste nach Nordindien.	(√)
Er reiste nach Südindien.	(x)
Er starb in Indien als Märtyrer.	(x)
Er starb auf St. Thomas Mount (Chennai).	x
Er wurde schließlich in Edessa begraben.	√
Sein Fingerknochen liegt in einem Schaukasten in Rom.	x
√ = ganz oder ziemlich sicher (√) = einigermaßen sicher (x) = einigermaßen sicher nicht x = ganz oder ziemlich sicher nicht	

KAPITEL 7

Jakobus

Als ich an meiner Doktorarbeit in Religionswissenschaft an der Universität von Virginia (UVa) arbeitete, wurde mir bald klar, dass die Einwohner von Thomas Jefferson eine hohe Meinung hatten. Alle nannten ihn „Mr. Jefferson", als ob man ihn jeden Moment bei einem Spaziergang über das Universitätsgelände antreffen könnte. Obwohl alle meine Dozenten einen Doktortitel hatten, mussten sie mit „Herr" oder „Frau" angesprochen werden, damit niemand auf die Idee käme, sich über den Universitätsgründer zu erheben.

Aber wie beliebt Thomas Jefferson auf dem Campus der UVa und darum herum auch sein mag, so ist doch seine Identität als vorwärtsdenkender Erzieher nur ein Teil seiner vielschichtigen Persönlichkeit. Man kann ihn auch als einen der größten Politiker in der Geschichte der USA sehen, als typischen vornehmen Herrn aus Virginia auf einer Farm oder als wissbegierigen Forscher und Erfinder. Aus einem weniger positiven Blickwinkel haben manche zeitgenössische Historiker ihr Augenmerk auf seine Sklavenhaltung im kolonialamerikanischen Kontext gerichtet. Jede dieser Rollen könnte die

Grundlage einer Biographie über Jefferson bilden. Offensichtlich gibt es nicht nur einen Thomas Jefferson. Viele verschiedene Anspruchsteller wetteifern um sein Erbe.

WER WAR JAKOBUS?

Dasselbe gilt für die biblische Figur des Jakobus, den Bruder des Herrn. Die frühen Christen und ebenso die Häretiker versuchten Jakobus zu vereinnahmen. Verschiedene Gruppen nutzten die Überlieferungen, die ihnen zur Verfügung standen – aus welchen Quellen auch immer – und bastelten sich jeweils die Art von Person in Bezug auf Jakobus zusammen, die ihnen am besten gefiel. Und die Tatsache, dass im Neuen Testament mehrere „Jakobusse" zur Verfügung standen, mit denen man arbeiten konnte, machte das Ganze nicht besser.

Die hebräische Version von Jakobus, *Ya'akov*, war bei den Juden im ersten Jahrhundert ein beliebter Name. Obwohl dieses Buch sich hauptsächlich mit der Frage beschäftigt, was mit den Aposteln nach der Apostelgeschichte passierte, müssen wir, was Jakobus anbelangt, zuerst einmal die Heilige Schrift aufschlagen, um herauszufinden, wer er eigentlich war. Versuchen wir also erst einmal, Jakobus zu begreifen, wie er uns in der Bibel begegnet, und danach können wir uns daran machen herauszufinden, welche der späteren Traditionen über ihn wohl der Wirklichkeit am nächsten kommen.

Fünf Jakobusse

Im Neuen Testament kommen drei eindeutig erkennbare Jakobusse vor, dazu zwei weniger bekannte. Sowohl in der Antike als auch heute entwickelten die Gelehrten unterschiedliche Theorien darüber, wie sie alle zusammen passten.

Zunächst einmal haben wir Jakobus, den Sohn des Zebedäus. Er und sein Bruder, der Apostel Johannes, wurden von Jesus die „Donnersöhne“ genannt (Mk 3,17). Um diesen Jakobus, oft „Jakobus der Ältere“ genannt, wird es im nächsten Kapitel gehen.

Der zweite Jakobus ist einer von Jesu Jüngern und war der Sohn des Alphäus (Mk 3,18). Aus Gründen, die wir gleich darstellen werden, wird er oft „Jakobus der Jüngere“ genannt. Diese Figur wird ebenfalls im nächsten Kapitel erwähnt.

Der dritte Jakobus ist der Mann, der in diesem Kapitel im Vordergrund stehen soll – der Bruder des Herrn. Für gewöhnlich wird er „Jakobus der Gerechte“ genannt, um ihn von Jakobus dem Älteren und Jakobus dem Jüngeren zu unterscheiden. Diese drei sind also die wichtigsten Jakobusse des Neuen Testaments.

Aber nun wird es interessant. In Markus 15,40 erfahren wir von einem weiteren Jakobus, der als *mikros*, also der Kleinere, Jüngere oder Geringere beschrieben wird. Dies ist die Quelle des Spitznamens „Jakobus der Jüngere“. Die frühe Kirchentradition setzte diesen Jakobus oft mit dem Sohn des Alphäus gleich und fasste die beiden in eine Figur zusammen. Allerdings sind sie womöglich in Wirklichkeit zwei verschiedene Männer, was bedeutet, dass der Mann, der in Markus 15,40 erwähnt wird, ein vierter Jakobus wäre.

Um das Ganze noch komplizierter zu machen, setzten verschiedene Kirchenväter wie Hieronymus und Augustinus „Jakobus den Kleinen“ aus Markus 15,40 nicht nur mit Jakobus, dem Sohn des Alphäus, gleich, sondern auch noch mit Jakobus dem Gerechten, dem Bruder des Herrn. Vielleicht fragen Sie sich jetzt: „Wie kann der Sohn des Alphäus Jesu Bruder sein? Müsste er nicht eigentlich der Sohn von Josef und Maria sein?“ Das stimmt natürlich. Die Auslegung, die ich hier darstelle, ist die römisch-katholische Sichtweise.

Diese Lesart geht davon aus, dass das Wort „Bruder“ im antiken jüdischen Denken auch Vettern einschließen konnte. Demnach wäre der Jakobus, den die Bibel als „den Bruder des Herrn“ bezeichnet (Mt 13,55; Gal 1,19), eigentlich der Cousin Jesu; demnach hätte Alphäus sein Vater sein können. Wie in Kapitel 5 erwähnt musste, nachdem die Lehrmeinung von Marias immerwährender Jungfräulichkeit sich in der Alten Kirche durchgesetzt hatte, Jesus‘ Bruder wegerklärt werden. Einige Kirchenväter versuchten dies zu erreichen, indem sie Jakobus den Gerechten mit dem Sohn des Alphäus gleichsetzten, von dem man annimmt, dass er Jesus‘ Onkel war. Heute glauben katholische Christen, dass Jakobus der Sohn des Alphäus = Jakobus der Jüngere aus Markus 15,40 = Jakobus der Gerechte, der „Bruder“ (aber eigentlich der Vetter) Jesu ist. Dieser eine Mann ist ein anderer als Jakobus der Ältere, der Bruder des Apostels Johannes.

Auch wenn ich es nicht gerne sage, aber es gibt tatsächlich einen fünften Jakobus im Neuen Testament. (Ich weiß schon, das hier ist sehr kompliziert, aber bleiben Sie dran.) Er ist der Vater des Jüngers Judas/Thaddäus, der in Lukas 6,16 und Apostelgeschichte 1,13 erwähnt wird. Glücklicherweise wissen wir sonst nichts über diesen Jakobus, also müssen wir auch gar nicht mehr dazu sagen.

Was ist nun also der Stand der Dinge? Römisch-katholische Ausleger, die sich auf Autoren der frühen Kirche stützten und sich dabei bemühten, Jesus nur ja keine leiblichen Brüder zuzuschreiben, lassen (wie oben erwähnt) drei Jakobusse zu einem einzigen werden und unterscheiden ihn von zwei anderen. Demgegenüber vertrete ich ebenso wie viele andere Protestanten den Standpunkt, dass das Neue Testament vier verschiedene Jakobusse erwähnt, Obwohl es möglich ist, dass der Sohn des Alphäus gleichzeitig der Mann ist, der in Markus 15,40 erwähnt wird, sollten wir wohl eher alle fünf Jakobusse als eigenständige Persönlichkeiten betrachten: den Älteren oder Sohn des Zebedäus; den Sohn des Alphäus; den Kleinen aus Markus 15,40; den Bruder Jesu und den unbekannten Vater des Jüngers Judas (nicht Iskariot).

Puh! Was für ein Durcheinander! Das war jetzt auf jeden Fall eine komplizierte Angelegenheit. Wir mussten aber unbedingt klären, auf welchem biblischen Jakobus das Augenmerk dieses Kapitels liegt. Er ist der erstgeborene Sohn von Josef und dessen Frau Maria, was ihn zum Bruder (oder, genau genommen, zum Halbbruder) von Jesus macht, dessen Mutter ja ebenfalls Maria war.

Was können wir aus der Bibel noch über Jakobus erfahren? Er war es, der eine so wichtige Rolle spielte, als es darum ging, den Stellenwert des jüdischen Gesetzes beim Konzil in Apostelgeschichte 15 zu bestimmen. Dieser Jakobus ist außerdem der Tradition nach Autor des Briefes, der seinen Namen trägt. Aber hat er außerdem noch etwas geschrieben? Wenn man den antiken Gnostikern glauben will, hat er weit mehr produziert als nur einen einzigen neutestamentlichen Brief. Unter den Gnostikern tritt sogar eine völlig neue Rolle für Jakobus zutage. Lassen Sie uns jetzt unsere Aufmerksamkeit der Figur des Jakobus in der nachbiblischen Tradition zuwenden.

DREI DENKANSÄTZE ZU JAKOBUS

Jakobus der Gnostiker?

Bei dem Glaubenssystem, das unter dem Namen „Gnostizismus“ bekannt ist, haben sich die Wissenschaftler mit der Definition schwer getan (siehe Einleitung). Aber selbst wenn wir davon ausgehen, dass die gnostische Lehre veränderlich und komplex war und sich inhaltlich manchmal mit derjenigen der rechtgläubigen Kirchenväter überschnitt, unterscheidet sich diese religiöse und philosophische Bewegung doch stark genug von der Botschaft der ganz frühen Christen, um unter einer eigenen Bezeichnung geführt zu werden. Die Kernaussage des Gnostizismus liegt darin, dass die Offenbarung geheimen Wissens der Menschheit dazu verhilft, der bösen, fassbaren Welt zu entkommen. Daher sind bei den Gnostikern für gewöhnlich die eng verwandten Schwerpunkte der *Gnosis* (Wissen) und der *Askesis* (körperliche Selbst-Disziplinierung) zu finden.

Womit wir wieder bei Jakobus wären. Wie wir schon bei Thomas gesehen haben, machte seine verwandtschaftliche Beziehung zu Jesus auch Jakobus zu einem hervorragenden Kandidaten für geheime Offenbarungen. Ebenso ließen die Überlieferungen, die Jakobus als Asketen beschreiben, der seinen Körper für spirituelle Zwecke disziplinierte, ihn attraktiv für die Gnostiker erscheinen. Die sektiererischen Gruppen fanden eine hervorragende Grundlage für ihr überhöhtes Bild von Jakobus im *Thomasevangelium*, wo es heißt: „Die Jünger sprachen zu Jesus: ‚wir wissen, dass du von uns gehen wirst. Wer ist es, der dann über uns herrschen wird?‘ Jesus sprach zu ihnen: ‚Wohin (auch immer) ihr gelangt sein werdet – zu Jakobus dem Gerechten sollt ihr gehen, um dessentwillen der Himmel und die Erde entstanden sind‘“.[28] Jakobus wurde verehrt, weil Jesus ihn angeblich zur verlässlichen Quelle für mystische Wahrheiten ernannt hatte.

Zahlreiche gnostische Schriften nehmen die Form geheimer Offenbarungen an, die Jakobus nach der Auferstehung von

---

28 http://www-theol.uni-graz.at/~heil/lvws0506/evth.pdf, *Thomasevangelium* 12.

seinem Bruder empfing. So erweckt das *Geheime Buch des Jakobus* den Anschein, eine Offenbarung von Jesus an Jakobus und Petrus zu sein, die Jakobus dann auf Hebräisch niederschrieb. Aber die himmlischen Geheimnisse sollten nicht überall herumerzählt werden. Jakobus ermahnt seine Leser, „ernsthaft bestrebt zu sein und sich zu bemühen, dieses Buch nicht vielen nachzuerzählen – dies, was der Heiland nicht wünschte, uns allen, seinen zwölf Jüngern, preiszugeben. Aber gesegnet seien, die im Laufe dieser Abhandlung durch Glauben gerettet werden".[29] Hier wird deutlich, welch hohen Wert die Gnostiker oft auf verborgene Weisheit und Rettung durch Wissen legten.

In ähnlicher Weise gebrauchen auch die beiden als *Erste* und *Zweite Apokalypse des Jakobus* bekannten Texte Jakobus als Sprachrohr, um rätselhafte Aussagen des Herrn zu übermitteln. Und sogar der in Kapitel 5 erwähnte Text, das *Protoevangelium des Jakobus*, enthält Themen, die in dieses Gesamtbild passen. Obwohl dieses Buch nicht ausschließlich gnostische Spekulationen enthält, so befürwortet es doch sexuelle Enthaltsamkeit, indem es sich sehr bemüht, Marias Jungfräulichkeit und Absonderung von der Welt unter Beweis zu stellen. Diese antiken Texte zeigen, dass Jakobus von manchen als Lehrer esoterischer Weisheit angesehen wurde, der mit Hingabe körperliche Selbstzucht übte.

Aber ist das wahr? Nun, ja und nein. Sogar bei einer oberflächlichen Lektüre des neutestamentlichen Jakobusbriefs wird deutlich, dass dieser zum Genre der „Weisheitsliteratur" zählt. Das bedeutet, dass er den Lebensweg des gerechten Menschen beschreibt, den Weg, den nur die wenigen beschreiten wollen, die weise sind. Der Segen Gottes wird auf solchen Menschen ruhen. In diesem Sinn können wir uns

29 www.earlychristianwritings.com, R. Cameron, *The Secret Book of James.*

Jakobus als „weisen Mann“ vorstellen, als einen Lehrer für jene, die sich entschließen, nach Weisheit zu streben. Die Art von Weisheit, die Jakobus anbietet, entspricht direkt der jüdischen Ethik. Was im Jakobusbrief nicht vorkommt, sind rätselhafte jenseitige Aussprüche von der Art, wie sie typischerweise in gnostischen Texten vorkommen. Jakobus‘ Weisheit hilft Menschen, die dem einen wahren Gott nachfolgen, in der gegenwärtigen Welt bestmöglich zu leben.

Außerdem war Jakobus‘ Ethik, auch wenn er sicherlich ein streng moralisches Leben führte, im Alten Testament verwurzelt, und nicht in einer philosophischen Ablehnung der sündhaften, materiellen Welt. Jakobus wurde aus gutem Grund auch „der Gerechte“ genannt. Seine Bekannten in Jerusalem bemerkten sein ehrenwertes Leben, das den Mustern eines rechtschaffenen Juden entsprach. Der lateinsprachige Kirchenvater Hieronymus nahm Auszüge aus Schriften des Historikers Hegesippus aus dem zweiten Jahrhundert auf, der sich mit dem Leben des Jakobus beschäftigt hatte. Hegesippus schreibt:

> „Nach den Aposteln wurde Jakobus, der Bruder des Herrn mit dem Zunamen der Gerechte, zum Leiter der Gemeinde von Jerusalem ernannt. Dieser war schon im Mutterleibe heilig gewesen. Er nahm weder Wein noch starken Trank zu sich, verzehrte kein Fleisch, rasierte sich niemals und salbte sich auch nicht mit Salbe oder badete. Er allein genoss das Vorrecht, das Allerheiligste zu betreten, da er wahrhaftig keine Gewänder aus Wolle trug, sondern nur Leinen, und er ging allein in den Tempel und betete für die Leute, dermaßen, dass man sich von seinen Knien sagte, sie seien so hart wie die Knie von Kamelen.“ (NPNF2, Bd. 3, *Lives of illustrious Men 2)*

Dieser Abschnitt zeigt, dass der historische Jakobus einen strengen Lebensstil pflegte. Er tat dies aber nicht aus einem gnostischen Misstrauen gegenüber dem Materiellen heraus. Und Jakobus plädierte auch gewiss nicht für den Zölibat. 1. Korinther 9,5 zufolge hatte er eine Ehefrau, was in seiner Kultur der Norm entsprach. Jakobus war ein der Tradition verbundener Mann, der für Israel betete und fastete, und kein Mystiker, der sich selbst von irdischer Beschmutzung reinhielt. Die Texte, die ihn mit dem Gnostizismus in Verbindung bringen, passen nicht zu den restlichen Quellen. Wir haben keinen guten Grund anzunehmen, Jakobus hätte mit gnostischer Spiritualität zu tun gehabt. Somit fällt die Person eines gnostischen Jakobus durch die historische Prüfung.

Jakobus der Ebionit?

Neben den Gnostikern wetteiferte in der Antike mit den Judenchristen, die Jesus angenommen hatten, aber dem Gesetz des Mose weiterhin nahestanden, eine zweite Gruppe um das Erbe des Jakobus. Je nachdem wie nahe sie dem Gesetz standen, konnte man diese Leute entweder als rechtgläubig oder als häretisch betrachten. Manche antike Gläubige fanden einen Weg, soziale Muster des Judentums in das Leben der frühen Kirche einzubinden, und indem sie dies taten, leisteten sie einen wesentlichen Beitrag zur Kirchengeschichte. Diese Christen lebten in und um Antiochia, oft mit Verbindungen nach Edessa und der syrischen Kirche, wie im vorigen Kapitel beschrieben.

Andererseits gab es auch judenchristliche Sektierer, die in Jesus nicht mehr sahen als einen großen Propheten. Obwohl sie sich mit seiner Botschaft identifizierten, verstanden sie ihn als gewöhnlichen Menschen, den Gott in besonderer Weise bevollmächtigt hatte, die wahre Bedeutung des

Gesetzes zu lehren. Die Kirchenväter gebrauchten für diese Form des Judenchristentums den Begriff „Ebioniten“. Im Speziellen bezeichnet dieser Name die judenchristlichen Sekten, die in der Antike östlich des Sees Genezareth und des Jordans blühten. Diese Bewegung wurde als häretisch verdammt, weil sie die Göttlichkeit Jesu leugnete und die Einhaltung des Gesetzes als heilsnotwendig betrachtete.

Die Ebioniten sahen Jakobus als ihren Helden und Gründer. Weil sie gegenüber Paulus skeptisch waren, schätzten sie Jakobus, da dieser den Heidenapostel, der anscheinend skrupellos das ganze Alte Testament beiseiteschob, offenbar ablehnte. Obwohl diese Karikatur von Paulus überzogen ist, war Jakobus‘ Theologie sicherlich projüdisch geprägt. In Apostelgeschichte 15 wird berichtet, dass er die Werkgerechtigkeit zwar ablehnte, aber dennoch aus Respekt vor dem mosaischen Gesetz ein paar jüdische Vorschriften behalten wollte (V. 13-21).

Die Texte, die in ebionitischen Kreisen gelesen wurden, gingen allerdings weit darüber hinaus und stellten Jakobus als Wächter über alles Jüdische dar. So spielt Jakobus zum Beispiel eine herausragende Rolle in einer Sammlung von fiktionalen Erzählungen, den *Clementinischen Homilien* oder auch *Pseudo-Klementinen*. Einer dieser Texte gibt an, ein Brief des Petrus an Jakobus zu sein, in dem Petrus Jakobus drängt, den wahren Glauben vor Paulus‘ Verfälschungen zu schützen. „Denn einige derer, die unter den Heiden sind, haben meine gesetzestreue Predigt verschmäht“, verkündet Petrus dem Jakobus, „und sich an die gesetzlose und nichtige Predigt dessen gehängt, der mein Feind ist“ (ANF, Bd. 8, *Epistle of Peter to James* 2). Paulus als den „Feind“ zu bezeichnen ist nun wirklich drastisch! Als Antwort auf diese Mahnung verspricht Jakobus, Petrus‘ Predigtschriften nur an den weiterzugeben, „der gut und fromm ist, der zu lehren wünscht und der beschnitten ist und treu“ (*E.P.J.* 4). Beachten Sie, wie die ebionitische Ausgabe von Jakobus die Beschneidung mit wahrer, treuer Frömmigkeit gleichsetzt. Lehren wie diese veranlassten die Kirchenväter, die Ebioniten als Häretiker zu betrachten.

Was sollen wir nun mit dieser Rolle für Jakobus anfangen? War er tatsächlich ein judenchristlicher Radikaler, der Paulus‘ Evangelium der Gnade ablehnte? Wenn wir uns dieser Frage zuwenden, können wir nicht leugnen, dass zwischen den Ansichten von Jakobus und Paulus eine gewisse Spannung bestand. Wie so oft in der Theologie kristallisierte sich die Wahrheit aus dem Wechselspiel zwischen zwei Glaubenslagern heraus. So wird zum Beispiel die sehr bekannte Aussage in Jakobus 2,24, dass „ein Mensch aus Werken gerechtfertigt wird und nicht aus Glauben allein“ für gewöhnlich als Widerstand gegen eine Art paulinischen Extremismus verstanden, der behauptete, dass gute Werke im christlichen Leben unnötig seien. Was Paulus betrifft, so hatte er gewiss wenig übrig für die Leute, die er als die „aus der Beschneidung“ betitelte. Mit dem Brief an die Galater wandte er sich gegen sie, und wir dürfen auch nicht vergessen, dass Paulus die Judaisierer „einige von Jakobus“ nannte (Gal 2,12).

Dennoch sah Paulus in Jakobus eine „Säule“ der Jerusalemer Gemeinde, der ihm den „Handschlag der Gemeinschaft“ gab (2,9). Letztlich fanden die beiden Männer beim Jerusalemer Konzil, von dem in Apostelgeschichte 15 berichtet wird, einen Weg, ihre Ansichten in Einklang zu bringen. Somit ist es zwar angemessen zu behaupten, dass Jakobus versuchte, seine Theologie durch eine jüdische Linse zu praktizieren; ihn als Anhänger der Werkgerechtigkeit darzustellen oder zu behaupten, er habe die Göttlichkeit Jesu geleugnet, geht jedoch über den Befund aus den Texten des ersten Jahrhunderts hinaus.

Obwohl Jakobus ein Christ des ersten Jahrhunderts war, betete er Jesus als Herrn der Herrlichkeit an (Jak 2,1) und sah in ihm den nahenden Richter der Welt (5,7-8). Ihm waren auch Heiden in der Gemeinde willkommen und er verlangte nicht, dass sie sich beschneiden ließen (Apg 15,5.19). Demnach war Jakobus kein Ebonit. Genau wie der gnostische Jakobus hält auch diese Persona der historischen Überprüfung nicht stand.

Jakobus als Bischof von Jerusalem

Die dritte Gruppe, die Jakobus für sich beanspruchen wollte, war die etablierte christliche Gemeinschaft, deren Leiter wir als die Kirchenväter bezeichnen. Unter diesen Gläubigen entwickelte sich rasch eine als Monepiskopat bekannte Form der Kirchenleitung. Dieser Begriff bezeichnet die Praxis von Gemeinden, die von einem Bischof pro Gemeinde oder städtischem Bezirk geleitet wurden. Diesem standen Presbyter zur Seite, die ihm halfen, die Last des seelsorgerlichen Dienstes zu tragen. Natürlich achteten die frühchristlichen Bischöfe darauf, in „apostolischer Nachfolge" zu stehen. Das bedeutet, dass sie ihre Ordination über frühere Bischöfe bis zu einem der ursprünglichen Apostel Christi zurückverfolgen konnten. Daher wurde es wichtig, die ersten Bischöfe in jeder älteren Stadt zu benennen – und für Jerusalem ging man allgemein davon aus, dass Jakobus der Gründerbischof gewesen war.

Der Kirchenhistoriker Eusebius beschreibt Jakobus als „den Bruder des Herrn, welchem von den Aposteln der bischöfliche Stuhl in Jerusalem zugewiesen worden war" (*Kirchengeschichte* 2.23.1, www.unifr.ch/bkv/kapitel48-23.htm). Dann führt Eusebius einen Auszug aus denselben Schriften von Hegesippus an, die wir weiter oben bereits als Zitat bei Hieronymus angeführt haben. Dieses Geschichtsbuch aus dem zweiten Jahrhundert macht die beachtenswerten Aussagen, dass Jakobus (1) von Geburt an Gott geweiht war, (2) auf Alkohol und Fleisch verzichtete, (3) sich nicht die Haare schnitt, (4) seinem Körper keinen Luxus gönnte, (5) das „Heiligtum" in leinenen Gewändern betrat, (6) so oft im Tempel betete, dass die Haut an seinen Knien so hart war wie die eines Kamels, und (7) „Stütze und Halt des Volkes" und „gerecht" genannt wurde (*Kirchengeschichte* 2,23,4-7). Weil dieser Auszug von einem frühen und vertrauenswürdigen Historiker stammt, ist er ein wichtiger Textzeuge zu Jakobus. Lassen Sie mich erklären, was das bedeutet.

Wir haben bereits gesehen, dass Jakobus kein asketischer Gnostiker war. Wie sollen wir dann seinen enthaltsamen Lebensstil erklären? Die meisten Wissenschaftler nehmen an, dass er ein nasiräisches Gelübde abgelegt hatte, ein uraltes jüdisches Hingabe-Versprechen an Gott (4Mo 6,1-21). Ein solcher Schwur hätte Jakobus veranlasst, nahe beim Tempel als dem Mittelpunkt seiner Frömmigkeit zu bleiben. Obwohl Jakobus' leinene Gewänder und Anwesenheit im „Heiligtum" den Anschein erwecken, er wäre ein Hohepriester gewesen, fehlte ihm eigentlich die dafür nötige Herkunft. Dennoch deutet die Darstellung darauf hin, dass er eine Art priesterlichen Dienst erfüllte, da er für Israel Fürbitte leistete.

Weil Jakobus so eng mit dem Tempel in Verbindung gebracht wird und von keiner Reise die Rede ist, verbrachte er wohl die letzten Jahre seines Lebens in Jerusalem. Eusebius behauptet sogar, er habe auf einem richtigen Bischofsstuhl gesessen, der dann über Generationen hinweg erhalten blieb (*Kirchengeschichte* 7.19.1), aber das ist unwahrscheinlich, weil besondere Stühle erst später in der Kirche eingeführt wurden.[30] Angesichts der Tatsache, dass Jakobus die Vorstellung eines prestigeträchtigen Ehrensitzes ablehnte (Jak 2,3), ist nicht davon auszugehen, dass er der Gemeinde von einem Bischofssitz aus vorgestanden hätte.

Dennoch scheint es, als wäre Jakobus der anerkannte geistliche Leiter der Christen in der Heiligen Stadt gewesen. Diese Rolle entspricht wohl am ehesten der historischen Wirklichkeit.

DAS ERBE DER FRÜHEN JERUSALEMER GEMEINDE

Wir sollten uns also Jakobus als gottesfürchtigen Judenchristen vorstellen, der die Urgemeinde in Jerusalem führte. Die meisten dieser Gläubigen waren ethnisch gesehen Juden und wollten sich deshalb vermutlich zu Jesus bekennen und gleichzeitig weiterhin das Gesetz Gottes befolgen (ganz ähnlich den modernen messianischen Juden). Obwohl anzunehmen ist, dass der Tempel in Jerusalem für sie ein wichtiger Versammlungsort war, kamen sie vermutlich ebenfalls in Häusern zusammen. Einige aus der Gemeinde trafen sich vielleicht sogar weiterhin im Haus von Markus' Mutter, wie

---

30 Ein Bischofsstuhl wurde in der alten Kirche *cathedra* genannt, wovon das Wort Kathedrale abgeleitet ist. Der Gebrauch eines speziellen Stuhls für den leitenden Pastor der Gemeinde muss bis zum späten zweiten Jahrhundert aufgekommen sein, denn um das Jahr 200 behauptete Tertullian, man könne „sogar noch die Lehrstühle der Apostel auf ihrer Stelle stehen" sehen (*Prozesseinreden gegen die Häretiker* 36). Bald wurde die Praxis, den Bischof auf einen erhöhten Stuhl zu setzen, durchgängig in den Kirchen eingeführt. Große Prediger wie Augustinus von Hippo saßen mit der aufgeschlagenen Heiligen Schrift auf dem Schoß, während die Gemeinde stand und zuhörte. Einige antike jüdische Synagogen (z.B. Delos in Griechenland oder Dura Europos in Syrien) wiesen ebenfalls einen auffälligen Stuhl für den vollmächtigen Leiter auf, „Moses Lehrstuhl" genannt. Jesus gebraucht diesen Begriff sogar in Matthäus 23,2, obwohl er im Kontext des ersten Jahrhunderts wohl lediglich als metaphorische Umschreibung zu verstehen war.

in Kapitel 2 beschrieben. So ging es jahrzehntelang weiter, wobei Jakobus beständig als Leiter zur Verfügung stand und wann immer möglich mit den Aposteln zusammenarbeitete.

Doch im Jahr 66 kam es zur Katastrophe. Jüdische Revolutionäre rebellierten gegen Rom und lösten damit einen blutigen Krieg aus, der in der Zerstörung des Tempels gipfelte. Eusebius zufolge flohen die Jerusalemer Christen vor den Turbulenzen jener Zeit und ließen sich in der Region jenseits des Jordan nieder (*Kirchengeschichte* 3.5.3) In dieser entlegenen Gegend verloren sie den Kontakt zur stetig wachsenden Kirche und wurden gesetzlicher in ihrem Heilsverständnis. Bald verachteten sie Paulus' Botschaft der Gnade und sahen Jesus als menschlichen Propheten, nicht als fleischgewordenen Gott. So wurde aus ihnen die häretische Sekte, die von den Kirchenvätern „Ebioniten" genannt wurde.

Obwohl sie nach und nach von der Bühne der Geschichte verschwanden, sollten wir beachten, dass die jüdische Ausprägung ihres Glaubens die Syrisch-sprachigen antiken Gemeinden von Edessa und Persien durchaus beeinflusste. In gewissem Sinne können wir also sagen, dass das Erbe der Jerusalemer Gemeinde bis heute in der assyrischen Kirche des Ostens erhalten geblieben ist, die wir in Kapitel 6 kennengelernt haben.

JAKOBUS' TOD UND BEGRÄBNIS

Wo war Jakobus während dieser Unruhen? War er bei der Flucht über den Jordan der anderen Gläubigen aus Jerusalem dabei? Die historischen Quellen nehmen ausnahmslos das Gegenteil an: dass Jakobus, kurz bevor die Gemeinde aus Jerusalem floh, getötet wurde. Ein nicht-christliches Zeugnis zu diesem Ereignis stammt von dem jüdischen Historiker Flavius Josephus. Er berichtet, dass in dem Jahr, das wir heute 62 n. Chr. nennen, der Hohepriester Ananus den Hohen Rat einberief und „den Bruder Jesu, genannt Christus, dessen Name Jakobus war, vor sie [die Ratsmitglieder] brachte, und einige andere, und nachdem er sie als Gesetzbrüchige angeklagt hatte, lieferte er sie aus, dass sie gesteinigt würden“ (aus: *Antiquitates Iudaicae*, auch unter dem Titel *Jüdische Archäologie* bekannt, ccel.org/ccel/josephus/complete, *Antiquities* 20.9.1). Weil dies ein früher Text ist und der Autor mit niemandem ein theologisches Hühnchen zu rupfen hatte, wird er unter Wissenschaftlern als vermutlich echt anerkannt.

Doch spätere christliche Berichte fügen Einzelheiten hinzu, die möglicherweise ebenfalls korrekt sind. Die Erzählung von Hegesippus beschreibt, wie die Juden Jakobus für seine Frömmigkeit respektierten, dass sie aber auch verlangten, er möge ihnen von Jesus erzählen. Jakobus durfte an einer erhöhten Stelle im Tempel stehen, damit alle seine Worte hören konnten. Als er aber verkündete, Jesus säße in Herrlichkeit zur Rechten Gottes, erkannte die Obrigkeit, dass es ein Fehler gewesen war, Jakobus das Wort zu erteilen, und warf ihn hinunter. Nachdem er bei dem Sturz nicht gestorben war, steinigten ihn die Leute, bis er am Ende mit einer Keule, die von Wäschern zum Schlagen von Stoff benutzt wurde, einen schweren Hieb auf den Kopf bekam (*Kirchengeschichte*, 2.23.8-18, www.unifr.ch/bkv/kapitel48-23.htm).

Zwar ist es nicht einfach festzustellen, was genau geschah oder die beiden Berichte unter einen Hut zu bringen, aber wir können annehmen, dass Jakobus‘ Predigt in Jerusalem zu irgendeiner Art von Verfahren und Verurteilung führte und dass die feindselige Stimmung den Volkszorn mobilisierte, was von der Obrigkeit nicht verhindert wurde.

Was geschah mit Jakobus‘ Leichnam? Wie bei Juden in der Antike üblich werden die ersten Gläubigen sich um ein angemessenes Begräbnis für ihn gekümmert haben. In dem Bericht von Hegesippus heißt es, Jakobus sei an dem Platz beigesetzt worden, an dem er gesteinigt wurde, und dass in der Nähe des Tempels eine „Gedenkstätte“ errichtet wurde. Diese Aussage ist umso verblüffender in Anbetracht eines archäologischen Fundes neueren Datums aus Jerusalem. Im Jahr 2002 tauchte im Besitz des israelischen Antiquitätensammlers Oded Golan ein unscheinbares Ossuar (ein Kasten mit den Knochen einer verstorbenen Person darin) aus Kalkstein auf. In das Ossuar war eine erstaunliche aramäische Inschrift eingraviert: „Jakobus, Sohn Josefs, Bruder Jesu“. Als dieses Artefakt zutage trat, brach in der archäologischen Welt ein Sturm der Kontroverse los. Konnte dies das früheste reale Zeugnis für Jakobus sein – und sogar für Jesus selbst? Viele Wissenschaftler bejahten die Frage.

Was die Geschichte aber kompliziert machte, war die Tatsache, dass der Besitzer des Kastens verdächtigt wurde, ein Fälscher zu sein, der Geld damit verdiente, dass er alte Gegenstände mit biblischen Erzählungen verknüpfte. Oded Golan wurde schließlich vor einem israelischen Gericht der Prozess gemacht, von dem er aufgrund mangelnder Beweise jedoch nicht verurteilt wurde. Bis heute besteht in der Gemeinde der Wissenschaftler keine Einigkeit über das Jakobus-Ossuar. Einige betrachten es als geschickte Fälschung, während andere führende Fachleute – einschließlich Hershel Shanks, dem Herausgeber der anerkannten Fachzeitschrift *Biblical Archaeological Review* – an die Echtheit des Kastens glauben. Dabei ist natürlich zu beachten, dass selbst wenn er aus dem ersten Jahrhundert stammt, die Namen verbreitet genug waren, um anzunehmen, dass es sich nicht um das

Ossuar des biblischen Jakobus handelt. Es wird also weiter gerätselt.

Letztlich sollte aber die Frage, ob Jakobus der Bruder des Herrn war, nicht allzu wichtig genommen werden. Woher wir das wissen? Weil Jesus selbst keinen großen Wert darauf legte. Als seine Jünger ihn einmal informierten, dass Mitglieder seiner Familie vor der Haustür auf ihn warteten, brachte Jesus zum Ausdruck, was ihm wirklich wichtig war, indem er sagte: „Wer sind meine Mutter und meine Brüder?“ Seine sehr deutliche Antwort auf die eigene Frage sollten wir uns alle einprägen: „Wer den Willen Gottes tut, der ist mein Bruder und meine Schwester und meine Mutter“ (Mk 3,31-35). Anders ausgedrückt: Den Worten des Herrn Gehör zu schenken ist es, was uns wirklich zu Familienmitgliedern Jesu macht. Mir ist es lieber, diese Art von Bruder zu sein, als meinen Namen in Stein eingraviert zu bekommen.

Checkliste zu Jakobus

Er war der Sohn Marias und der Halbbruder Jesu.	√
Er war identisch mit Jakobus, dem Sohn des Alphäus, und Jakobus dem Jüngeren.	(x)
Er schrieb Werke und empfing Weisheit für gnostische Sekten.	(x)
Er war dem Apostel Paulus völlig feindlich gesinnt.	x
Er praktizierte einen streng moralischen Lebensstil.	√
Er leitete bis zu seinem Tod eine judenchristliche Gemeinde.	√
Er wurde durch gemeinschaftliche Steinigung getötet.	√
Seine Knochen wurden im „Jakobus-Ossuar" aufbewahrt.	(√)
√ = ganz oder ziemlich sicher (√) = einigermaßen sicher (x) = einigermaßen sicher nicht x = ganz oder ziemlich sicher nicht	

KAPITEL 8

Die anderen Apostel

Gottes Gemeinde ist wie der menschliche Körper – und das bedeutet, dass einige Teile unter der Kleidung verborgen bleiben müssen! Diese etwas erstaunliche Bemerkung stammt nicht von mir, sondern aus der Bibel: „Die uns die weniger ehrbaren [Glieder] am Leib zu sein scheinen, die umgeben wir mit größerer Ehre; und unsere nichtanständigen haben größere Anständigkeit; unsere anständigen aber brauchen es nicht", stellt der Apostel Paulus fest (1Kor 12,23-24). Auf diese Weise erkennt Paulus an, dass manche Leute für den Leib Christi wichtige Dinge tun, ohne dafür jemals irdische Anerkennung zu erfahren. Denken Sie an die Sängerin, die bei der Lobpreisgruppe alles gibt, aber dennoch niemals auf einer CD zu hören sein wird. Der Sprachgewandte, der andere mit treffenden Worten ermutigt, aber selbst nie ein Buch veröffentlichen wird. Der Pastor, der sich um gebrochene Menschen kümmert, aber niemals als Hauptredner bei einer angesagten Konferenz auftreten wird. Sogar einige der Apostel waren so – wie zum Beispiel Andreas, der heute wenig geachtet wird, der aber seinen Bruder Petrus zu Christus führte und dadurch die Welt veränderte. Dass Sie nicht berühmt sind, bedeutet nicht, dass Sie nicht zählen.

Seien wir ehrlich: Wenige Christen könnten alle zwölf Jünger Jesu aufzählen. Versuchen Sie es einmal und schauen Sie, wie weit Sie kommen. Wahrscheinlich werden Sie auf halbem Weg stecken bleiben. Aber machen Sie sich bitte wegen dieser Wissenslücke kein schlechtes Gewissen! Der Grund, warum wir – bis auf ein paar Ausnahmen – nicht viel über die Zwölf wissen, ist der, dass die Bibel selbst uns nicht viel über sie erzählt.

SIEBEN WEITERE JÜNGER

Die Jünger Jesu werden in Matthäus 10,2-4, Markus 3,16-19, Lukas 6,14-16 und Apostelgeschichte 1,13 aufgezählt. Alle Namen in diesen Listen passen zusammen bis auf einen: Ein Jünger namens Thaddäus wird bei Matthäus und Markus erwähnt, während das zweibändige Werk des Lukas einen Mann namens „Judas, den Sohn des Jakobus" nennt. Viele Bibelwissenschaftler nehmen an, dass Judas/Thaddäus ein und derselbe Mann ist (eine Frage, mit der wir uns weiter unten noch näher befassen werden). Abgesehen von Judas Iskariot, der Selbstmord beging, nachdem er den Herrn verraten hatte, und den vier Jüngern, denen in diesem Buch eigene Kapitel gewidmet sind (Matthäus, Johannes, Thomas und Petrus), waren sieben weitere Jünger mit Jesus unterwegs: Andreas, Jakobus, der Sohn des Zebedäus, Philippus, Bartholomäus, Jakobus, der Sohn des Alphäus, Judas Thaddäus und Simon der Zelot. (Zusätzlich wurde der Jünger Matthias als Ersatz für Judas gewählt, Apg 1,26, aber die Bibel erzählt uns nichts über ihn und die kirchliche Überlieferung hat ihn meistens mit Matthäus verwechselt, deshalb werden wir in diesem Buch nicht versuchen, sein Leben nachzuvollziehen.)

Auch wenn die sieben zusätzlichen Jünger in der Bibel im Vergleich zu den markanteren fünf als Figuren schwer fassbar bleiben, müssen alle zwölf sehr wichtig für Gottes Plan gewesen sein, denn in Offenbarung 21,14 lesen wir, dass im Neuen Jerusalem „die Mauer der Stadt zwölf Grundsteine [haben wird] und auf ihnen die zwölf Namen der zwölf Apostel des Lammes" zu sehen sein werden. Jesus selbst sagte, dass die zwölf Jünger über die Stämme Israels regieren werden (Mt 19,28, Lk 22,30). Es lohnt sich also zu fragen: Wer sind diese sieben weiteren Jünger? Und was taten sie nach dem biblischen Bericht der Apostelgeschichte? Im Folgenden wollen wir für jeden Einzelnen herausfinden, was die kirchliche Überlieferung über ihn zu sagen hat.

Andreas

Wie jeder Golfer weiß, beheimatet die windgepeitschte Küste Ostschottlands den *Royal and Ancient Golf Club of St. Andrews*. Der Club wurde im Jahr 1754 gegründet und gilt als Wiege dieser ehrwürdigsten und frustrierendsten aller Sportarten. Aber warum heißt der Club St. Andrews? Was haben schottische Aristokraten in Knickerbockern und Burlington-Socken mit einem jüdischen Fischer aus Galiläa zu tun? Wahrhaftig nicht viel, aber die Geschichte von Andreas ist dennoch interessant.

Der Bibel zufolge war Andreas der Bruder des Simon Petrus und sein Partner in dem Fischereiunternehmen mit Sitz in Kapernaum am See Genezareth (Mk 1,16-20). Andreas hatte sogar die Ehre, seinen Bruder Jesus Christus vorzustellen (Joh 1,40-42) – ein Moment von ziemlich hohem historischem Wert, wenn man es genau bedenkt! Aber über diese

Aussagen und ein paar andere beiläufige Erwähnungen hinaus erfahren wir weiter nichts über Andreas' Leben.

An diesem Punkt springt die Tradition ein und liefert den Rest der Geschichte. Die *Andreasakten*, ein Werk in griechischer Sprache aus dem zweiten Jahrhundert, bieten einen detaillierten Bericht über Leben und Tod des Apostels. Es sind vereinzelt mehrere Fragmente in verschiedenen Sprachen und Versionen erhalten, aber der Großteil dieses Schriftstücks ist verloren gegangen. Der Text wurde in der Antike weithin gelesen, nicht nur von rechtgläubigen Christen, sondern auch von Häretikern. Weil jedoch in die Erzählung bestimmte zweifelhafte Lehren eingeflochten sind, wurde sie von der römischen Kirche letztlich als unglaubwürdig abgelehnt. Der Text ist so offensichtlich legendenhaft, dass wir uns fragen müssen, ob daran überhaupt irgendetwas wahr ist. Diese Neigung zur Mythenbildung steigerte sich mit der Zeit sogar noch, indem fantastische Geschichten über Andreas' Wundertaten unter einem Kannibalen-Stamm Teil seiner Legende wurden (ANF, Bd.8, *Acts of Andrew and Matthias*, *Acts of Peter and Andrew*). Leider geben uns diese apokryphen Erzählungen wenig Aufschluss über das wirkliche Leben des Apostels.

Ein historischer Leckerbissen aus den *Andreasakten* könnte allerdings zutreffen: Andreas' evangelistischer Dienst in Griechenland. Diese Örtlichkeit wird von mehreren Kirchenvätern bestätigt wie Gregor von Nazianz (NPNF2, Vol. 7, *Against the Arians*, *Concerning Himself* 11) und Hieronymus (NPNF2, Vol. 6, *Letter* 59, *To Marcella* 5). Etwas spätere Übersetzungen verknüpfen Andreas außerdem mit Kleinasien. Dies wird möglicherweise durch eine Schrift von Origenes aus dem dritten Jahrhundert bestätigt, der behauptet, Andreas sei nach Skythien gereist, ein Land an der Kleinasien gegenüber liegenden Küste des Schwarzen Meers (Eusebius, *Kirchengeschichte*, 3.1.1-2).

Skythien wäre aus Gegenden innerhalb des Römischen Reichs mit dem Schiff erreichbar gewesen. Wir sollten allerdings nicht vergessen, dass Griechenland und Kleinasien genau die Gebiete waren, die Paulus bereiste. Wenn einer der ersten Jünger Christi in denselben Regionen missionierte wie Paulus, warum wurde er dann nicht in der Apostelgeschichte erwähnt oder in den paulinischen Briefen? Eine plausible Erklärung wäre, dass Andreas vielleicht erst nach Paulus' Tod nach Griechenland oder Kleinasien reiste.

Alles in allem verbinden die antiken Geschichten Andreas am stärksten mit Griechenland und besonders mit der Stadt Patras in Achaia, wo er der Tradition zufolge als Märtyrer starb. Gemäß der Leidensgeschichte im Anhang zu den *Andreasakten* erhielt Andreas vom dortigen römischen Statthalter namens Aegates den Befehl, Götzen anzubeten. Als Andreas sich weigerte, begann zwischen den beiden ein Streitgespräch über die Bedeutung des gekreuzigten Christus. Schließlich reichte es Aegates und er ließ Andreas verprügeln und an ein Kreuz binden, um sein Leiden zu verlängern. Aber als Andreas am Kreuz hing, sprach er so erhabene Worte, dass die Menge seine Freilassung forderte. Aegates war gezwungen zuzustimmen. Allerdings lehnte Andreas diese Rettungsversuche ab und ließ sich von Gott heimrufen. Aegates dagegen wurde so heftig vom Teufel gepeinigt, dass er aus der Höhe herunterfiel und starb (ANF, Bd. 8, *Acts and Martyrdom of the Holy Apostle Andrew*)

In späteren Versionen des Berichts über seinen Märtyrertod wird das Kreuz als X-förmig beschrieben. Später wurde das Andreaskreuz, auch Schragen genannt, zu einem bekannten Wahrzeichen auf dem britischen Union Jack, der

Nationalflagge Schottlands und vielen anderen. Mittelalterlichen Legenden zufolge wurden Andreas' Gebeine im vierten Jahrhundert nach Schottland überführt, um den Heiligen dazu zu bewegen, dem Land seinen besonderen Schutz zu gewähren. Ein alter Steinturm markiert in St. Andrews noch heute die Stelle, an der die Knochen ursprünglich niedergelegt wurden. Die Reliquien gingen während der Unruhen der Reformation verloren und nun ruhen neue Gebeine in einer Kathedrale in Edinburgh.

Natürlich sind verschiedene Teile des angeblichen Skeletts des Apostels auch in Griechenland geblieben und an weiteren Orten aufbewahrt, an denen Andreas heute verehrt wird. Die Russen beanspruchen Andreas sogar als Schutzheiligen wegen seiner Reisen nach Skythien, und der Schragen ist Teil der Flagge der russischen Marine. Aber all diese Verehrung basiert auf einer sehr schwachen Beweislage. Das einzige, was wir einigermaßen sicher über Andreas sagen können, ist, dass er vielleicht im späten ersten Jahrhundert mit der Botschaft von Jesus Christus nach Griechenland reiste.

Jakobus, Sohn des Zebedäus

Auch wenn dies nicht immer anerkannt wird, so hat doch Jakobus der Ältere bedeutende Spuren in unserer Welt hinterlassen, besonders in Gegenden, die von der spanischen Kultur geprägt sind. Viele Städte tragen seinen Namen in der hispanisierten Version „Santiago", wie zum Beispiel in Chile, Kuba und der Dominikanischen Republik. Und das alles, weil Jakobus angeblich in der Kathedrale von Santiago de Compostela begraben liegt, dem prächtigen spanischen Heiligtum, das Reisenden entlang der größten mittelalterlichen Pilgerstraße als Endziel dient.

Auch heute noch zieht *El Camino de Santiago* (der Jakobsweg) religiös Suchende aus der ganzen Welt an. Eine meiner

Studentinnen reiste neulich nach ihrem Abschluss auf diesem Weg. Die mühsame Wanderung sollte sie auf den Missionsdienst in Übersee vorbereiten, zu dem sie berufen war. Und wie alle Camino-Pilger besuchte sie die Krypta, in der angeblich die Gebeine des Jakobus ruhen. Aber tun sie das wirklich?

Wie wir bereits in Kapitel 7 festgestellt haben, war der Jünger, der in der Kirchengeschichte als Jakobus der Ältere bekannt wurde, der Sohn des Zebedäus und der Bruder von Johannes (Mt 4,21; Mk 3,17, Lk 5,10). Anders als von allen anderen Aposteln ist uns von ihm sehr wohl bekannt, was mit ihm nach dem Tod Christi geschah. Apostelgeschichte 12,1-3 berichtet: „Um jene Zeit aber legte Herodes, der König, Hand an einige von der Gemeinde, sie zu misshandeln; er tötete aber Jakobus, den Bruder des Johannes, mit dem Schwert. Und als er sah, dass es den Juden gefiel, ließ er weiterhin auch Petrus festnehmen." Dieses Ereignis, das sich etwa im Jahr 44 n. Chr. zutrug, bedeutet, dass Jakobus der Ältere unter den Aposteln der erste Märtyrer war. Jesus hatte kurz zuvor prophezeit, dass es so kommen würde: „Den Kelch [des Leidens], den ich trinke, werdet ihr trinken, und mit der Taufe, mit der ich getauft werde, werdet ihr getauft werden" (Mk 10,39).

Aber die frühe kirchliche Überlieferung verrät uns nicht viel über diesen Jakobus. Das früheste Zeugnis stammt von Clemens von Alexandrien, der im zweiten Jahrhundert lebte und eine Geschichte weitererzählt, die er über Jakobus' mutiges Zeugnis auf dem Weg zu seiner Hinrichtung gehört hatte. Der Mann, der ihn bewachen sollte, war so tief bewegt von der erstaunlichen Kühnheit des Apostels, dass er sich zu Christus bekannte und zusammen mit Jakobus in den Märtyrertod ging (Eusebius, *Kirchengeschichte* 2.9.1-3). Allerdings ist die Bekehrung der heidnischen Wachleute ein Bestandselement, das Märtyrergeschichten oft hinzugefügt wird. Somit handelt es sich hierbei wohl eher um eine fromme Ausschmückung des Berichts aus Apostelgeschichte 12 als um ein echtes historisches Ereignis.

Spätere apokryphe Werke erfinden weitere missionarische Bemühungen für Jakobus, aber diesen Schriften schenken Historiker wenig Glauben. Sehr viel mehr Einfluss gewannen dagegen jene Geschichten, die Jakobus mit Spanien verknüpften, wo er zu einem beliebten Schutzheiligen wurde. Ein Text aus dem neunten Jahrhundert mit dem Titel *Das Martyrologium des Usuard* bestätigt, dass zu dieser Zeit eine Kultstätte für die Gebeine des Apostels existierte. Eine andere mittelalterliche Legende berichtet, wie Santiago de Compostela zum Pilgerreiseziel wurde, nachdem ein Mönch namens Pelagius von einem Stern und himmlischer Musik zu Jakobus' Grabstätte geführt wurde.

Die Quellen hinter diesen Legenden sind allerdings zu spät entstanden, um von großem historischen Wert zu sein. Auch wenn Jakobus' angebliche Gebeine im mittelalterlichen Spanien viel Zuwendung erfuhren, und obwohl eine Quelle (die lateinische Version des *Breviarium Apostolorum* aus dem siebten Jahrhundert) sogar behauptet, dass er dort vor seiner Hinrichtung in Jerusalem missionierte, gibt es keine verlässlichen Beweise für eine Verknüpfung von Jakobus dem Älteren mit diesem Land. Im Grunde genommen wissen wir gar nichts über sein Leben, was über den Bericht in Apostelgeschichte 12,2 hinausgeht.

Philippus

Dem vierten Evangelium zufolge war Philippus einer von Jesus' ernsthaftesten Nachfolgern. Er lud Nathanael (= Bartholomäus? Siehe weiter unten) zu dessen erster Begegnung mit dem Heiland ein (Joh 1,45-51), und er bat auch Jesus, ihm mehr vom himmlischen Vater zu zeigen – worauf Jesus antwortete: „So lange Zeit bin ich bei euch, und du hast mich nicht erkannt, Philippus? Wer mich gesehen hat, hat den Vater gesehen“ (14,8-9).

Der Glaube dieses Jüngers wurde bei der Speisung der Fünftausend auf die Probe gestellt (6,5-6) und er diente als Mittler, als eine Gruppe von Heiden Jesus kennenlernen wollte (12,21-22). Über diese Ereignisse hinaus wissen wir nichts über Philippus aus der Bibel.

Aber vielleicht erinnern Sie sich, dass das achte Kapitel der Apostelgeschichte einen Philippus beschreibt, der ein großer Evangelist in Samaria war. Dieser Mann brachte sein Publikum dazu, seine Aufmerksamkeit von Simon dem Zauberer ab- und dem wahren Evangelium zuzuwenden, und er evangelisierte den äthiopischen Eunuchen, indem er mit ihm aus dem Buch Jesaja las. War dies nicht der Apostel Philippus? Wer die Bibel genau liest, wird feststellen, dass er jemand anderes war.

In Apostelgeschichte 6,1-6 erfahren wir, dass die ersten Jünger sieben vertrauenswürdige Männer damit beauftragten, die Lebensmittelausgabe an arme Witwen zu beaufsichtigen; und ein neuer „Philippus“ wird als einer dieser sieben genannt. Später erfahren wir, dass dieser Philippus vier jungfräuliche Töchter hatte, die in Cäsarea weissagten (21,8-9). Daher müssen wir unterscheiden zwischen Philippus dem Apostel, der Christus als Jünger nachfolgte, und Philippus dem Evangelisten, der später die gute Nachricht verkündete – obwohl die kirchliche Überlieferung diese wichtige Trennung nicht immer vollzogen hat.

Der antike Historiker Eusebius war einer von vielen, die diese beiden biblischen Figuren verwechselt haben. In seiner *Kirchengeschichte* zitiert er Polykrates, Bischof von Ephesus im späten zweiten Jahrhundert, mit der Aussage, Philippus sei einer „der zwölf Apostel [gewesen], der in Hierapolis entschlafen ist“ (*Kirchengeschichte* 5.24.2). Von diesem Philippus heißt es allerdings, er sei der Vater von zwei „bejahrten, im jungfräulichen Stande verbliebenen Töchtern, während eine andere Tochter, die im Heiligen Geiste wandelte, in Ephesus ruht“. (Anscheinend war über das Schicksal der vierten Tochter nichts bekannt.) Hier können wir sehen, dass Polykrates die beiden Philippusse eindeutig gleichsetzte, und Eusebius widersprach ihm darin nicht. Andere antike Überlieferungen blieben ebenfalls bei diesem Fehler.

Der Hinweis auf Hierapolis in diesem Textabschnitt ist ebenfalls bemerkenswert. An anderer Stelle in seiner *Kirchengeschichte* zitiert Eusebius aus einem Text aus dem zweiten Jahrhundert, der ebenfalls die phrygische Stadt Hierapolis als Philippus‘ Ruhestätte nennt (*Kirchengeschichte* 3.31,4-6). Wenige Seiten weiter behauptet Eusebius, Papias, der Bischof von Hierapolis, wisse, wo in seiner Stadt Philippus‘ Grabstätte zu finden sei (*Kirchengeschichte* 3.39.8-9).

Eine anonyme Schrift mit dem Titel *Philippusakten* stellt ebenfalls verschiedene apostolische Unternehmungen dar, die in Hierapolis ihren Höhepunkt finden (ANF, Bd. 8). Dieser Text beschreibt sehr anschaulich Philippus‘ Märtyrertod um das Jahr 98 herum – obwohl sein Einzug ins Paradies durch den Herrn verzögert wird, weil der sterbende Märtyrer, statt seinen Feinden zu vergeben, Gottes Gericht über sie herabruft, da sie ihn kopfüber mit Haken durch die Knöchel gekreuzigt haben! Trotz solcher fantasiereichen Details sind Texte dieser Art aufgrund ihrer Häufigkeit als ausgesprochen starkes Zeugnis für die Überlieferung anzusehen, was Philippus‘ Anwesenheit in der Stadt Hierapolis angeht. Im Gegensatz dazu müssen bestimmte gnostische Texte, die Philippus anderen Teilen des Reiches zuordnen, als historisch weitaus weniger verlässlich erachtet werden.

Interessanterweise hat eine archäologische Entdeckung aus neuerer Zeit die nicht-gnostischen Textzeugnisse bestätigt. In den Ruinen des antiken Hierapolis (unweit des heutigen Pamukkale, Türkei) sind immer noch die Reste einer Märtyergrabstätte aus dem fünften Jahrhundert erkennbar. Das Gebäude war einmal ein überkuppeltes Bauwerk mit schönem Marmor und Mosaiken. Obwohl es Philippus zu Ehren errichtet wurde, scheint es nie seine Knochen enthalten zu haben. Aber im Jahr 2011 stießen die Archäologen keine 40 Meter entfernt in einer benachbarten Kirche überraschend auf das eigentliche Grab des Philippus aus dem ersten Jahrhundert. Diese beiden Bauten sind auf einem antiken Bronzestempel abgebildet, der für die Markierung von Brot für den liturgischen Gebrauch vorgesehen war. Die Szene auf dem Brotstempel stellt Philippus dar, wie er in Hierapolis zwischen dem überkuppelten Märtyrergrab und einer anderen Kirche mit einem Kreuz auf der Spitze steht – offenbar diejenige, in der sein Grab untergebracht war. Philippus' Knochen wurden allerdings nicht in seinem Grab gefunden. Die mittelalterliche Überlieferung besagt, dass die Reliquien vor langer Zeit nach Rom überführt wurden und nun in der Kirche der Zwölf Heiligen Apostel liegen, nur ein paar Querstraßen vom berühmten Trevi-Brunnen in Rom entfernt.

Obwohl die Echtheit dieser Knochen zweifelhaft ist, liegen uns dennoch solide antike Hinweise auf die Anwesenheit eines biblischen Philippus in Hierapolis vor. Nun stellt sich die Frage, welcher Philippus es war – der Apostel oder der Evangelist? Jeder von den beiden käme in Frage – weil sie so bald verwechselt wurden. Aber nun, da das Grab aus dem ersten Jahrhundert in Hierapolis sicher als das des Philippus identifiziert wurde, muss das frühe Zeugnis des örtlichen Bischofs sich als maßgeblich erweisen. Bischof Papias – der sich intensiv mit allem beschäftigte, was die Apostel betraf – erklärt, dass er nicht nur von der Grabstätte wusste, sondern auch Philippus' prophetische Töchter kannte (*Kirchengeschichte*, 3.39.9). Diese Töchter hatten ihm von einer gewissen Frau erzählt, die von den Toten auferweckt worden war (an anderer Stelle wird sie mit der in Apostelgeschichte 13,1 erwähnten Frau des Manaën gleichgesetzt). Da Papias mit den geisterfüllten Töchtern persönlich bekannt war, muss es sich um den in der Apostelgeschichte erwähnten Evangelisten Philippus handeln, nicht um den Apostel aus den Evangelien, dessen Märtyrergrab in Hierapolis verehrt wurde.

Dies wiederum bedeutet, dass wir sehr wenig darüber sagen können, wie es dem Jünger Jesu namens Philippus erging. Der Kirchenvater Clemens von Alexandria gab das Zeugnis eines früheren Fachmanns wieder, der behauptete, Philippus der Apostel sei überhaupt nicht als Märtyrer gestorben (*Teppiche (Stromateis)* 4.9.71.3 www.unifr.ch/bkv/kapitel225-1.htm). Höchstwahrscheinlich trifft das zu. Es ist sogar denkbar, dass Philippus das Heilige Land nie verlassen hat. Aber was immer diesem Nachfolger Jesu widerfuhr, so können wir in einem Punkt gewiss sein: Sein inniger Wunsch, die Herrlichkeit des Herrn zu sehen, ist inzwischen erfüllt worden.

Bartholomäus

Die hintere Wand der Sixtinischen Kapelle in Rom ist mit einem der großartigsten Kunstwerke der Welt verziert: dem *Jüngsten Gericht* von Michelangelo. Zu den faszinierendsten Bildern in diesem Fresko gehört die Darstellung eines kahlköpfigen, muskulösen Mannes, der ein Messer in der einen Hand hält und seine abgezogene Haut in der anderen. Die meisten Historiker nehmen an, dass Michelangelo seine eigenen erschöpften Züge in die herabhängende Haut einarbeitete, um den Tribut zu symbolisieren, den das kolossale Kunstwerk von ihm gefordert hatte. Ob das nun zutrifft oder nicht, so steht doch außer Frage, dass es sich bei dem hier abgebildeten Heiligen um Bartholomäus handelt, von dem es heißt, er sei den Märtyrertod durch Häutung bei lebendigem Leibe gestorben. Aber erlitt dieser Apostel tatsächlich einen so qualvollen Tod?

Der Apostel namens Bartholomäus wird in den synoptischen Evangelien immer mit Philippus zusammen genannt (z.B. Mt 10,3). Im Gegensatz dazu erwähnt das Johannesevangelium Bartholomäus überhaupt nicht. Dafür nennt dieses Evangelium einen gewissen „Nathanael von Kana", einen engen Freund des Philippus (Joh 1,45-49; 21,2). Aus diesem Grund betrachten viele Theologen Bartholomäus und Nathanael als dieselbe Person. Über ihn rief der Herr Jesus aus: „Siehe, wahrhaftig ein Israelit, in dem kein Trug ist!" (Joh 1,47).

Obwohl die apokryphen Texte über Bartholomäus ihm verschiedene Orte zuschreiben, an denen er gedient haben soll, verbindet ihn die stärkste Traditionslinie – wie den ungläubigen Thomas und Judas Thaddäus – mit missionarischer Arbeit in Indien (z.B. ANF, Bd 5, *Hippolytos on the Twelve Apostles* 6). Aber wie wir bereits in Kapitel 6 gesehen haben, gingen die alten Römer bei der Beschreibung östlicher Geographie wenig präzise vor. Der Begriff „Indien" konnte ein großes Gebiet abdecken. Manchmal bezog er sich auf das parthische (oder persische) Reich. Darin waren Regionen eingeschlossen, die dem heutigen Pakistan, Afghanistan und Iran entsprechen. Mit anderen Worten: Bartholomäus wird mit den syrischen und persischen Völkern östlich des Römischen

Reiches in Verbindung gebracht. Diese Länder sind nicht weit von Armenien entfernt, wo bald andere Legenden über die Person des Bartholomäus entstanden. Allerdings können wir, wie bei Thomas, nicht mit Sicherheit davon ausgehen, dass Bartholomäus' evangelistischer Dienst das Gebiet des heutigen Staates Indien erreichte.

Unter den antiken Quellen, die Bartholomäus' Dienst dem parthischen oder „indischen" Kontext zuschreiben, ist als wichtigster *Das Martyrium des Heiligen und Ruhmreichen Apostels Bartholomäus* (ANF, Bd. 8) zu nennen. Der Text beginnt mit der Feststellung, dass Indien aus drei Teilen besteht; und zu der am weitesten entfernten Region, einem Land umgeben von Ozeanen und Dunkelheit, reiste „der heilige Bartholomäus, Apostel Christi, und ließ sich dort nieder". Allerdings erwähnt dieses Dokument, wie andere aus der Antike, den Tod des Apostels durch Häutung mit keinem Wort. Stattdessen „zerriss der [böse] König das purpurne Gewand, in das er gekleidet war, und befahl, den heiligen Apostel Bartholomäus mit Ruten zu schlagen und, nachdem er so gegeißelt worden war, zu enthaupten". Erst nach 600 n. Chr. fließt mit der kirchlichen Überlieferung aus Armenien die Häutung in die Geschichte mit ein.

Heute stehen in einem entlegenen Teil der Osttürkei noch immer die Ruinen eines mittelalterlichen armenischen Klosters auf dem angeblichen Schauplatz von Bartholomäus' grausamem Märtyrertod (wobei weitere Orte ebenfalls den Anspruch erheben, der wirkliche Schauplatz zu sein). Die Legende von der Häutung schlug sich schnell in anderen christlichen Texte nieder und tauchte schließlich in Westeuropa im *Breviarium Apostolorum* aus dem siebten Jahrhundert auf sowie in den Schriften des spanischen Theologen Isidor von Sevilla.

Der sensationelle mittelalterliche Bestseller mit dem Titel *Legenda Aurea (Goldene Legende)* trug dazu bei, dass die Geschichte von Bartholomäus sich noch weiter verbreitete. Nachdem sie sich nun in der westlichen Vorstellung fest eingebettet hatte, wurde die Häutung des Bartholomäus zu einer oft dargestellten Szene in der Kunst des Spätmittelalters und der Renaissance. Dennoch findet das Ereignis in den ersten sechs Jahrhunderten der christlichen Kirche keine Bestätigung.

Somit können wir mit dem geringsten Grad an Wahrscheinlichkeit über Bartholomäus nur Eines sagen, nämlich dass er sich entlang derselben Spur ostwärts bewegte wie Thomas und Judas Thaddäus. Die These von seiner Verbindung mit Indien wird durch das Zeugnis des ägyptischen Gelehrten Pantaenus aus dem zweiten Jahrhundert gestützt, dessen Reisen unter indischen Christen zeigte, dass „Bartholomäus, einer der Apostel, diesen gepredigt und ihnen die Schrift des Matthäus in hebräischer Sprache hinterlassen haben [soll], die denn damals noch erhalten gewesen sei" (*Kirchengeschichte*, 5.10.3, siehe auch NPNF2, Bd. 1, Hieronymus, *Lives of Illustrious Men* 36). Dieser frühe Textzeuge legt die Vermutung nahe, dass Bartholomäus womöglich Indien bereist hatte, oder, was wahrscheinlicher ist, dass ein judenchristliches Evangelium in Zusammenhang mit Bartholomäus entlang der Südküste Indiens bekannt war, der Pantaenus einen Besuch abstattete.

Die indische Christenheit stand allerdings in engem Kontakt zu den Kirchen Syriens und Persiens. Zusammengenommen zeigen die verschiedenen Quellen, dass Bartholomäus in der östlichen Syrisch-sprachigen Gemeinde (heute bekannt als Assyrische Kirche des Ostens) als wegweisende Figur betrachtet wurde. Von dort aus breitete sich seine Legende bis in die Nähe

Armeniens aus, wo er als Schutzpatron und Gründer adaptiert wurde.

Sein Märtyrertod durch Häutung ist dagegen nicht verlässlich belegt; und selbst die Geschichte von seinem Martyrium durch konventionellere Methoden riecht sehr nach einer Legende. Obwohl es wahrscheinlich ist, dass Bartholomäus den Osten Persiens evangelisierte und er vielleicht sogar bis nach Indien kam, kann über ihn sonst nichts mit historischer Zuverlässigkeit gesagt werden.

Jakobus, Sohn des Alphäus

Der historische Befund über das nachbiblische Leben des als Jakobus, Sohn des Alphäus, bekannten Jüngers hängt davon ab, ob er mit einem anderen biblischen Jakobus gleichzusetzen ist. Wie wir gesehen haben, betrachtete die antike Kirchentradition den Jünger, der als Sohn des Alphäus bezeichnet wird, und Jakobus den Kleinen aus Markus 15,40 und Jakobus, den Bruder Jesu, der den nach ihm benannten neutestamentlichen Brief verfasste, als identisch. So ist beispielsweise in einem, dem Kirchenvater Hippolytus aus dem dritten Jahrhundert zugeschriebenen (obwohl eigentlich später entstandenen), Werk zu lesen: „Jakobus, Sohn des Alphäus, wurde, als er in Jerusalem predigte, von den Juden zu Tode gesteinigt und wurde dort neben dem Tempel bestattet" (ANF, Bd. 5, *Hippolytus on the Twelve Apostles* 9).

Eindeutig hielt dieser Autor, wer immer er war, Jakobus, den Sohn des Alphäus, für denselben Mann wie Jakobus den Gerechten. Aber diese Sichtweise ist wahrscheinlich nicht korrekt – was wiederum bedeutet, dass wir über den Sohn des Alphäus überhaupt nichts wissen. Die frühchristlichen Geschichten, in denen von „Jakobus" die Rede war, hatten andere neutestamentliche Persönlichkeiten mit demselben Namen im Sinn.

Von den im Neuen Testament auftretenden Jakobussen ist der Bruder des Herrn der einzige, über den wir mehr sagen können. Im Gegensatz dazu ist der Sohn des Zebedäus für uns als historische Gestalt praktisch verloren. Ganz gewiss ging er nicht nach Spanien. Das Einzige, was wir von ihm wissen, ist, dass er unter Herodes Agrippa als Märtyrer starb (Apg 12,2). Und genau wie wir keine Biographie für den Sohn des Zebedäus haben, stehen wir auch ohne echtes Wissen über den Sohn des Alphäus da. Diese beiden Jünger namens Jakobus sind nach ihrer biblischen Erwähnung und der Berichterstattung über sie einfach aus der dokumentierten Geschichte verschwunden.

Judas Thaddäus

Die genaue Identität dieser biblischen Gestalt wird heiß diskutiert. Wie wir bereits angemerkt haben, erwähnen sowohl Markus als auch Matthäus einen Jünger namens Thaddäus. Lukas dagegen nennt ihn Judas. Die meisten Kommentatoren erklären diese Diskrepanz damit, dass dieser Jünger wahrscheinlich unter zwei Namen bekannt war. Er wurde Judas Thaddäus genannt, was so viel bedeutet wie Judas der Beherzte. Da der Name Judas durch die Verknüpfung mit dem verräterischen Jünger beschmutzt worden war, entschieden sich die Evangelisten Matthäus und Markus, nur diesen Spitznamen zu gebrauchen, um den Mann genau zu bestimmen (Mt 10,3; Mk 3,18).

Lukas dagegen – der immer historisch genauer und wissenschaftlich arbeitete – führt in seinen Werken den offiziellen Namen *Ioudas* auf. In ähnlicher Weise unterscheidet Johannes 14,22 diesen Judas von dem Verräter, indem er ihn „Judas, *nicht der Iskariot*“ nennt. Wenn wir aber alle Hinweise zusammen betrachten, sieht es so aus, als sei Judas

Thaddäus eine einzige Person gewesen – einer der zwölf Jünger des Herrn.

Es gibt natürlich einen neutestamentlichen Brief von jemandem namens Judas. Handelt es sich bei dem Verfasser um den Jünger Judas Thaddäus? Katholische Überlieferungen zu „St. Judas", einem beliebten Heiligen für hoffnungslose Fälle, setzen tatsächlich den Briefschreiber mit dem Jünger Christi gleich.

Obwohl das nicht absolut unmöglich ist, erscheint es doch etwas weit hergeholt. Das Problem liegt darin, dass der Autor des Briefes sich selbst „Judas, ... Bruder des Jakobus" nennt (V. 1). Allerdings wird Judas Thaddäus in Lukas 6,16 und Apostelgeschichte 1,13 als „Sohn des Jakobus" bezeichnet. Daher ist wohl eher anzunehmen, dass der Judasbrief von einem anderen Mann geschrieben wurde, einem Bruder von Jesus und Jakobus namens *Ioudas* (und Mt 13,55 bzw. Markus 6,3 belegen, dass der Herr tatsächlich einen Bruder dieses Namens hatte).

Das bedeutet, dass der Jünger Judas Thaddäus jemand anderes war: einer der Jünger, aber weder ein Bruder Jesu noch ein biblischer Autor.

Wenn also Judas Thaddäus kein neutestamentliches Dokument geschrieben hat, was tat er dann für seinen Heiland nach der Apostelgeschichte? Die antiken kirchlichen Überlieferungen über diese Figur weisen tendenziell Richtung Osten, in die syrischen und persischen Gebiete, die wir bereits mit Thomas und Bartholomäus in Verbindung gebracht haben. So reist Judas Thaddäus zum Beispiel in der apokryphen *Simon- und-Judas-Passion* mit Simon dem Zeloten nach Babylon, wo sie ein Streitgespräch mit den persischen Magern führen. Die Charaktere durchleben eine Reihe von Abenteuern, bis sie schließlich durch die Hände der Priester des

Sonnengottes den Märtyrertod sterben. Aber weil dieser Text aus dem vierten Jahrhundert anscheinend frühere fiktive Erzählungen über andere Apostel neu erzählt, messen ihm moderne Wissenschaftler geringen historischen Wert bei.

Eine weitere Geschichte, die Judas Thaddäus mit der syrischen und persischen Kirche verbindet, wird von Eusebius erzählt (*Kirchengeschichte* 1.13). Der kranke Herrscher der syrischen Stadt Edessa, König Abgar V, sendet hier Jesus eine Nachricht mit der dringenden Bitte, zu ihm zu kommen und ihn zu heilen. Obwohl Jesus mit dem Hinweis auf die anderen mit seinem Auftrag verbunden Pflichten höflich ablehnt, verspricht er, sehr bald einen seiner Jünger zu schicken (und in einer späteren Version der Legende erlaubt der Herr sogar dem Boten des Königs, ein Bild von seinem Gesicht zu malen). Nach der Himmelfahrt beauftragt Thomas jemanden namens Thaddäus, Abgar zu heilen. Eusebius macht sehr deutlich, dass diese Person nicht einer der Zwölf ist, sondern zu den 72 Jüngern gehört, die Jesus nachfolgten (Lk 10,1-24). Dennoch hat die Kirchentradition manchmal diesen Thaddäus von Edessa (oder Mar Addai, wie er auf Syrisch genannt wird) mit dem Jünger Judas Thaddäus verwechselt. Wahrscheinlich gab es einen antiken christlichen Leiter namens Thaddäus, der mit Edessa assoziiert wurde, und da Judas Thaddäus denselben Namen hatte, wurden die beiden Figuren zu einer gemacht.

In Anbetracht der Tatsache, dass solche Legenden sich in der Syrisch-sprachigen Kirche stark ausbreiteten, können wir über den Jünger Judas Thaddäus nicht mehr sagen, als dass er, wie Thomas und Bartholomäus, möglicherweise ostwärts Richtung Edessa reiste und in den Regionen von Syrien und Persien dem Herrn diente. Da aber bestimmte Männer mit ähnlichen Namen fälschlicherweise mit ihm gleichgesetzt wurden – entweder der Briefschreiber Judas oder Thaddäus von Edessa – ist es ebenso gut möglich, dass der biblische Apostel Judas Thaddäus niemals seine Heimat verließ. Letzten Endes haben wir nur sehr wenig gesicherte Informationen über ihn.

Simon der Zelot

Wenn Sie es kompliziert fanden, die fünf Jakobusse des Neuen Testaments zu einem Bild zusammenzufügen, werden Sie entsetzt sein zu hören, dass es *neun* verschiedene Simons in der Bibel gibt. Aber keine Angst: Wir werden hier nicht versuchen, sie alle auseinander zu sortieren.

Der eine Mann, auf den wir unser Augenmerk richten werden, wird bei Lukas Simon der Zelot genannt und bei Markus und Matthäus Simon der Kananäer. Obwohl dies auf den ersten Blick nach einer weiteren Fehlbenennung aussieht, ist die Lösung hier recht einfach. Der Begriff „Kananäer" ist nichts weiter als ein aramäisches Lehnwort, das „Zelot" bedeutet. Im antiken Israel waren die Zeloten eine revolutionäre politische Partei, die beim jüdischen Aufstand gegen Rom im Jahr 66 n. Chr. eine herausragende Rolle spielte. Eine solche Verbindung mag für einen Nachfolger des Friedensfürsten, der uns geboten hat, die andere Wange hinzuhalten, überraschend erscheinen. Doch zur Zeit von Jesu Wirken auf der Erde war ein „Zelot" nicht zwangsläufig jemand, der wie in den 60er-Jahren einen bewaffneten Widerstand plante. Übermäßiger Eifer kam zwar im ersten Jahrhundert durchaus vor und konnte auch politische Auswirkungen haben; mitunter bezeichnete das Wort aber auch eine jüdische Gruppe, die eine starke Hingabe an den Herrn und sein Gesetz lebte (z. B. Apg 21,20; Gal 1,14). Im Grunde genommen kann man es so sehen, dass Simons enthusiastisches Wesen vielleicht sogar ganz gut zu Jesu eigener geistlicher Einstellung passte (Joh 2,17).

Die kirchliche Überlieferung hat Simon überall hin verteilt. Er taucht in Jerusalem auf, in Samaria, Ägypten, Nordafrika, Edessa, Persien, Babylon, in der östlichen Schwarzmeerregion und sogar in Britannien. Darüber hinaus stammen diese Texte hauptsächlich aus dem vierten und aus späteren Jahrhunderten, also genau aus der Zeit, als die Verehrung der Gräber der Apostel in der Kirche ausuferte. Anscheinend wusste eigentlich niemand genau, wohin Simon gegangen war, somit zählte er zu den wenigen ursprünglichen Aposteln, die im Frühmittelalter noch zu vergeben waren. Welcher Stadt es auch gelingen mochte, eine Verbindung zu ihm aufzubauen, sie würde das Vorrecht genießen, sich auf ihre apostolischen Ursprünge berufen zu dürfen.

Wie wir bereits gesehen haben, platziert die *Simon-und-Judas-Passion* aus dem vierten Jahrhundert ihn in Babylon, aber dieser Bericht ist sicher fiktiv. An anderer Stelle wird er nicht an einen so entlegenen Ort gesandt, sondern stattdessen mit einem gewissen Symeon gleichgesetzt, der die Nachfolge von Jakobus als Bischof von Jerusalem antrat (*Kirchengeschichte* 3.11.1-2; siehe auch ANF, Bd. 5, *Hippolytus on the Twelve Apostles* 11). Dieser Mann wurde für den Bruder/Cousin Jesu namens Simon gehalten, der in Matthäus 13,55 und Markus 6,3 erwähnt wird. Man nimmt an, dass die Familie Jesu nach Jakobus‘ Tod diesen Simon dazu auswählte, seinen Platz einzunehmen. Die Gleichsetzung von Simon dem Zeloten mit Simon/Symeon von Jerusalem ist allerdings fragwürdig, weil der Zelot einer der Zwölf war, während die Brüder Jesu nicht zu seinen Nachfolgern gehörten (Joh 7,5). Die Bibel bietet an keiner Stelle Grund zu der Annahme, dass diese beiden Gestalten dieselbe Person waren.

Somit ist Simon der Zelot neben Philippus und den beiden Jakobussen der vierte Jünger, dessen Aktivitäten im

Anschluss an die Apostelgeschichte völlig im Dunkeln bleiben. Über Andreas, Bartholomäus und Judas Thaddäus ist nicht viel mehr bekannt. Bleibt uns nur, wohl begründete Vermutungen anzustellen, in welchen Regionen sie dienten. Obwohl Apostelgeschichte 1,8 bestätigt, dass Jesu Jünger (Judas Iskariot natürlich ausgenommen) „bis an das Ende der Erde“ evangelisieren würden, verrät uns die nachfolgende Geschichte eigentlich nicht, wie es sieben von den elf treuen Aposteln erging. Aber auch wenn die erwähnten Glieder am Leib Christi unseren Augen verborgen sind, werden wir zweifellos von ihren großen Taten erfahren und von solchen, die von heldenhafter Hingabe an Christus zeugen, wenn am Ende alles offenbart wird.

Einige der ersten Jünger hinterließen aber doch leichter erkennbare Spuren auf den Pfaden der Geschichte: Matthäus, Johannes, Thomas und Petrus. Mit Blick auf die ersten drei haben wir die antiken Überlieferungen bereits untersucht. Wie Sie vermutlich wissen, sind über den vierten sogar noch mehr Geschichten erhalten. Simon Petrus – „Fels der Kirche“ und Apostelfürst – soll als nächster unsere Aufmerksamkeit in Anspruch nehmen.

Checkliste zu den anderen Aposteln

Andreas evangelisierte in Griechenland.	(√)
Jakobus der Ältere reiste nach Spanien.	x
Jakobus der Ältere liegt in Santiago de Compostela begraben.	(x)
Philippus (der Apostel) reiste nach Hierapolis.	(x)
Bartholomäus evangelisierte im östlichen, Syrisch-sprachigen Teil der Welt.	√
Jakobus, der Sohn des Alphäus, war dieselbe Person wie Jakobus, der Bruder des Herrn.	(x)
Judas Thaddäus evangelisierte im östlichen, Syrisch-sprachigen Teil der Welt.	(√)
Simon der Zelot war der zweite Bischof von Jerusalem.	(x)
√ = ganz oder ziemlich sicher (√) = einigermaßen sicher (x) = einigermaßen sicher nicht x = ganz oder ziemlich sicher nicht	

KAPITEL 9

Petrus

Wenn Sie sich entscheiden müssten, welche die wichtigsten Worte waren, die jemals gesprochen wurden, welche zehn Aussagen würden dann in Ihrer Top-Ten-Liste auftauchen? Vielleicht wären einige von ihnen politischer Art, wie zum Beispiel diese aus der amerikanischen Unabhängigkeitserklärung: „Wir halten die nachfolgenden Wahrheiten für klar an sich und keines Beweises bedürfend, nämlich: dass alle Menschen gleich geboren; dass sie von ihrem Schöpfer mit gewissen unveräußerlichen Rechten begabt sind; dass zu diesem Leben, Freiheit und das Streben nach Glückseligkeit gehöre.“ (http://www.verfassungen.net/us/unabhaengigkeit76.htm) Ganz sicher hatten diese Worte für zahlreiche Menschen Freiheit zur Folge. Aber selbst wenn es ein paar politische oder geistreiche Worte auf Ihre Liste schafften, würden doch die meisten wohl religiöser Art sein müssen; denn nichts hatte einen beständigeren Einfluss auf die Menschheit als die Religion, und zwar sowohl zum Guten als auch zum Schlechten. Unter den religiösen Zitaten müsste – und das ist übrigens meine erste Wahl – Matthäus 28,6 erscheinen: „Er ist nicht hier, denn er ist auferweckt worden.“ Schließlich war es die Auferstehung Jesu Christi, die weltweit den christlichen Glauben in Bewegung setzte und alles, was ihn ausmacht.

Ganz dicht dahinter würde ein anderer Vers aus Matthäus den zweiten Platz belegen: „Aber auch ich sage dir: Du bist Petrus, und auf diesem Felsen werde ich meine Gemeinde bauen, und des Hades Pforten werden sie nicht überwältigen. Ich werde dir die Schlüssel des Reiches der Himmel geben; und was immer du auf der Erde binden wirst, wird in den Himmeln gebunden sein, und was immer du auf der Erde lösen wirst, wird in den Himmeln gelöst sein“ (Mt 16,18-19). Sie können sich vermutlich denken, warum diese Aussage so wichtig ist. Diese Worte führten zu der Überzeugung, der Papst sei das Oberhaupt der römisch-katholischen Kirche – einer 2000 Jahre alten Institution, deren Einfluss auf die Weltgeschichte unermesslich gewesen ist. Der Fischer aus Galiläa namens Petrus hat indirekt über mehrere Zeitalter hinweg das Leben von Millionen von Menschen auf der ganzen Welt berührt, indem er zum „ersten Bischof von Rom“ ernannt wurde.

PETRUS‘ BEDEUTUNG IN DER FRÜHEN KIRCHE

Selbst Christen, die nicht an das römische Papsttum glauben, müssen über Petrus‘ herausragende Rolle in der Bibel staunen. Er wird in den synoptischen Evangelien 75 Mal erwähnt, 35 Mal bei Johannes und im ganzen Neuen Testament insgesamt 181 Mal. Wie die beiden Brüder Jakobus der Ältere und der Apostel Johannes, gehörte Petrus zu Jesus‘ engsten Vertrauten.

Aber es war Petrus, den Jesus beauftragte, die junge Kirche zu leiten. In Lukas 22,31-34 verkündet Jesus beim Letzten Abendmahl, dass Satan Petrus sichten wird wie den Weizen und ihn dazu bringen will, seinen Herrn zu verleugnen. Dennoch wurde Petrus – nachdem er sein Versagen bereut hatte – mit der Aufgabe betreut, christliche Gläubige zu stärken.

Entsprechend wird Petrus in Johannes 21,15-17 dreimal gefragt, ob er Jesus aufrichtig liebe. Auf seine Antwort hin –„Ja, Herr, du weißt, dass ich dich lieb habe“ – wurde er auf drei verschiedene Arten beauftragt, die Herde Gottes zu hüten.

Man muss nicht römisch-katholisch sein, um Petrus‘ grundlegende Bedeutung in der frühen Kirche zu erkennen. Wir brauchen nur auf die Worte Christi selbst zu achten. Aufgrund von Aussagen wie dieser konnte der Apostel Paulus verkünden, dass Gottes Hausgemeinschaft „aufgebaut [ist] auf der Grundlage der Apostel und Propheten, wobei Christus Jesus selbst Eckstein ist“ (Eph 2,20).

Aber obwohl Petrus in der Bibel so eine wichtige Rolle spielt, ist die Biographie, die uns in Bezug auf ihn vorliegt, nicht so detailliert, wie wir es uns vielleicht wünschen würden. In der Apostelgeschichte dringt er weiter vor als die anderen Jünger, von denen die meisten im zweiten Kapitel verschwinden, sobald der Heilige Geist herabgekommen war. Anders als sie bleibt Petrus auch in der nachfolgenden Erzählung eine wichtige Gestalt. Aber auch er geht uns etwa nach der Hälfte des Buches verloren. Nach Kapitel 15, wo er seine Rede beim Jerusalemer Konzil hält, wird Petrus nicht mehr erwähnt. Dieses Konzil fand vermutlich im Jahr 49 statt. Alle Aussagen zu Petrus‘ späteren Aktivitäten müssen daher aus vagen Andeutungen in anderen biblischen Büchern hergeleitet oder aus außerbiblischen Überlieferungen über den Apostel herausgezogen werden.

Lassen Sie uns also unsere Aufmerksamkeit nun diesen Quellen zuwenden. Zunächst wollen wir den ersten und zweiten Petrusbrief auf Hinweise über das Leben ihres Autors untersuchen und dann sehen, was wir aus den Schriften – und von dem „Felsen"! – der frühen Kirche lernen können.

ÜBERALL UNTERWEGS

Wie wir bereits in Kapitel 2 erfahren haben, war Petrus mit einer wohlhabenden Frau namens Maria bekannt, der Mutter von Markus, deren Zuhause die Ausgangsbasis für die Aktivitäten der Apostel in Jerusalem war (Apg 12,12). Ihr Haus war es, zu dem Petrus sich nach seiner wunderbaren Befreiung aus dem Gefängnis im Jahr 44 n. Chr. aufmachte. Wir wissen nicht genau, was Petrus als Nächstes tat. Er ging einfach „hinaus und zog an einen anderen Ort" – keine schlechte Idee für jemanden, der kürzlich aus dem Gefängnis ausgebrochen war und miterlebt hatte, wie sein Apostelkollege Jakobus getötet wurde.

Aber zu irgendeinem Zeitpunkt zwischen seiner Befreiung und der Entstehung von Paulus' Brief an die Galater im Jahr 48 oder 49 besuchte Petrus Antiochia, wo er mit Paulus über den Stellenwert des jüdischen Gesetzes für die Gemeinde debattierte (Gal 2,11-14; Apg 15,1-2). Dies zeigt uns, dass Petrus außerhalb Palästinas aktiv dem Herrn diente, auch wenn er rechtzeitig zu dem wichtigen Konzil in Apostelgeschichte 15 in die Heilige Stadt zurückkehrte. Und Apostelgeschichte 9,32ff zufolge diente Petrus außerdem „überall im Land" (LUT) in all den neuen Gemeinden in Judäa, Galiläa und Samaria zu verschiedenen Zeiten. Soweit wir also aus dem Neuen Testament schließen können, verbrachte Petrus die 30er- und 40er-Jahre im östlichen Mittelmeerraum, hauptsächlich in Jerusalem.

Der Existenz der beiden Petrus-Briefe haben wir es zu verdanken, dass wir überhaupt etwas über seinen Dienst in weiter entfernten Regionen wissen. Konservative Theologen datieren diese Briefe auf die frühen 60er-Jahre, was bedeuten würde, dass wir aus der Bibel nichts darüber wissen, was Petrus vielleicht in den 50er-Jahren getan hat.[31] Ein mögliches Problem bei der Nutzung der Petrus-Briefe als Hinweise auf seine Aufenthaltsorte ist dabei die Tatsache, dass fast alle liberalen Theologen sich einig sind, dass diese beiden Werke zu einem späteren Zeitpunkt von anderen Leuten geschrieben wurden, die sich als Petrus ausgaben.

Das klingt vielleicht merkwürdig, aber die Theorie ist nicht so weit hergeholt, wie sie auf den ersten Blick erscheinen

31 Einige Kirchenväter behaupten, Petrus sei zu dieser Zeit bereits in Rom gewesen. Hieronymus schreibt beispielsweise, dass Petrus im Jahr 42, „nachdem er Bischof in der Gemeinde von Antiochia gewesen war und denen in der Zerstreuung gepredigt hatte … im zweiten Jahr des Claudius nach Rom vor[drang], um Simon Magus niederzuwerfen, und […] dort 25 Jahre lang den priesterlichen Stuhl inne[hatte].“ (NPNF2, Bd. 3, *Lives of Illustrious Men* 1). Ähnlich behauptet Eusebius, dass „unter der Regierung des Klaudius die allgütige und so barmherzige, alles beherrschende Vorsehung sofort Petrus, den gewaltigen und großen unter den Aposteln, der infolge seiner Tüchtigkeit der Wortführer aller anderen war, nach Rom [führte]“ (*Kirchengeschichte*, 2.14.6). Aber wenn das zuträfe, wäre es ziemlich merkwürdig, dass Petrus in den ausführlichen Grüßen am Ende von Kapitel 16 von Paulus‘ Brief an die Römer, im Jahr 57 verfasst, nicht erwähnt wird. Wir werden uns alle Hinweise genau ansehen müssen, um herauszufinden, wann genau – oder vielleicht sogar ob überhaupt – Petrus in Rom eintraf. Es ist auch möglich, dass Petrus Rom immer wieder verließ und zurückkam, möglicherweise über einen Zeitraum von 25 Jahren hinweg zwischen den frühen 40er- und den späten 60er-Jahren. Was seine Anwesenheit in Antiochia betrifft, wissen wir, dass er zumindest einmal in den späten 40ern dort war, obwohl wir nicht genau wissen, zu welchem Zweck. Das hat aber die Leute in Antakya, Türkei, nicht davon abgehalten, eine Kirche zu verehren, die zum Gedenken an Petrus‘ erste Predigt in Antiochia in die Flanke eines Berges hineingehauen wurde!

mag. Es wurden tatsächlich zahlreiche Texte von Petrus-Imitatoren in der Antike verfasst, somit könnten diese beiden Briefe theoretisch zwei Beispiele für solche Schriften sein. Andererseits wird der Apostel Petrus in den Anfangsversen beider Briefe ausdrücklich als Autor genannt. Dass ein Autor eine falsche Identität angäbe und sich selbst als Petrus darstellte, würde aus meiner Sicht die Wahrhaftigkeit der Bibel verletzen.

Aber selbst wenn wir den Aspekt der biblischen Unfehlbarkeit beiseitelassen, erfordert eine gute wissenschaftliche Arbeitsweise, dass Theorien über Fälschungen, die hinter historischen Texten lauern könnten, auf einer geradezu überwältigenden Beweislage basieren müssen, um gegen eine schlichte Verfasserangabe anzukommen. Viele konservative Theologen haben festgestellt, dass derartige Beweise für den ersten und zweiten Petrusbrief nicht vorliegen. Obwohl auf beiden Seiten der Debatte plausible Argumente vorgebracht worden sind, wird sich dieses Buch denen anschließen, die bei beiden Briefen für die Verfasserschaft des Petrus plädieren.[32]

Der erste Petrusbrief

Der erste Petrusbrief richtete sich an die Gemeinden mehrerer zusammenhängender Provinzen in Kleinasien (1,1). Einige Theologen nehmen an, dass Petrus diese Gegenden vielleicht auf seinen Reisen besucht hat, was erklären würde, warum er den Gläubigen dort schreibt. Das ist durchaus

32 Die eigentlichen Argumente sind zu komplex, um sie hier ausführlich darzustellen, da wir uns hauptsächlich mit den nachbiblischen Texten beschäftigen wollen. Viele Bücher sind erschienen, die in hervorragender Weise die Debatte zur Verfasserschaft der Petrusbriefe darstellen. Besonders profitiert habe ich persönlich von Karen H. Jobes' Arbeit zu Petrus (2006) und der von Gene L. Green über Judas und den zweiten Petrusbrief (2008) im *Baker Exegetical Commentary on the New Testament.*

möglich, obwohl es nicht bewiesen werden kann. Ein konkreterer biographischer Hinweis kommt in Kap. 5,13, wo Petrus abschließend erklärt: „Es grüßt euch die Miterwählte in Babylon." Was meint Petrus mit *in Babylon*? Diverse Theorien sind vorgebracht worden, unter anderem die Vermutung, Petrus könnte tatsächlich nach Babylon am Fluss Euphrat gereist sein.

Es gibt allerdings keine echten Beweise dafür und es ist recht weit hergeholt. Moderne Kommentatoren dagegen sind fast einmütig der Ansicht, dass der Ausdruck ein verschlüsselter Hinweis auf die christliche Gemeinde in Rom ist. Da Babylon im Alten Testament (z. B. in 2. Könige und Jeremia) der Ort des Exils war, sagt Petrus hier wahrscheinlich, dass die römischen Christen herzliche Grüße sandten, weil sie sich mit den Empfängern des Briefes als Mitvertriebene aus der wahren himmlischen Heimat identifizieren konnten. Babylon war außerdem berüchtigt für seine Gottlosigkeit und könnte deshalb als Bild für Rom stehen (wie auch in Offenbarung 14,8). Was dieser Vers uns also über Petrus verrät, ist, dass er wahrscheinlich von Rom aus schrieb, obwohl der genaue Zeitraum schwierig festzulegen ist.

Der zweite Petrusbrief

Es gibt kein neutestamentliches Buch, das mehr Schwierigkeiten bei der Zuschreibung zum angegebenen Autor bereitet als der zweite Petrusbrief. Noch stärker als der erste ähnelt der zweite Brief den gefälschten petrinischen Schriften aus späterer Zeit. Zusätzlich scheinen die allerersten Kirchenväter diesen Brief nicht gekannt zu haben; und als er schließlich auftaucht, wird er mit Skepsis betrachtet, bevor er schließlich doch als echt anerkannt wird. Wenn man genauer hinsieht, ist die Vorstellung, dass Petrus tatsächlich der Verfasser ist, aber nicht so absurd, wie manche Wissenschaftler behaupten. Sein ganz anderer griechischer Sprachstil im Vergleich zum ersten Petrusbrief kann durch die Hypothese von einem redaktionellen Team erklärt werden, die wir im Zusammenhang mit Markus' Rolle als Übersetzer dargelegt haben.[33]

Wenn wir davon ausgehen, dass Petrus tatsächlich den wesentlichen Inhalt seines Briefes einem Schreiber zur Verfügung stellte, ist seine Bemerkung in Kap. 1,14 interessant: „Ich weiß, dass das Ablegen meines Zeltes bald geschieht, wie auch unser Herr Jesus Christus mir kundgetan hat." Dies bezieht sich vermutlich auf Jesu Ankündigung an Petrus in Johannes 21,18: „Als du jünger warst, gürtetest du dich selbst und gingst, wohin du wolltest; wenn du aber alt geworden bist, wirst du deine Hände ausstrecken, und ein anderer wird dich gürten und hinbringen, wohin du nicht willst." Wie wir gleich sehen werden, beschreibt dieser Ausdruck einen gewaltsamen Tod. Zusammengenommen zeigen diese beiden Verse, dass Petrus von seiner bevorstehenden Hinrichtung wusste, als er seine zweite Epistel verfasste. Daher deuten die beiden Petrusbriefe darauf hin – wenn es auch nicht ausdrücklich gesagt wird – dass ihr Autor in Rom als Märtyrer starb.

PETRUS' MÄRTYRERTOD

Wenn wir die Möglichkeit eines Märtyrertodes in Rom für Petrus in Betracht ziehen, sollten wir uns zunächst das Johannes-

33 Der Schreiber beim ersten Petrusbrief war Silvanus (5,12), aber wir wissen nicht, wer beim zweiten Petrusbrief diese Aufgabe übernahm. Das Problem der unterschiedlichen griechischen Sprachstile wurde nicht erst von modernen Kommentatoren bemerkt. Der Kirchenvater Hieronymus bemerkte, dass „der zweite [Petrusbrief] ... wegen der Andersartigkeit vom ersten im Stil als nicht von ihm stammend betrachtet werden [soll]" (NPNF2, Bd. 3, *Lives of Illustrious Men* 1).

evangelium näher ansehen, bevor wir uns den außerbiblischen Textzeugen zuwenden. In Johannes 13,36-38 fragt Petrus: „Herr, wohin gehst du?", worauf Jesus antwortet: „Wohin ich gehe, dorthin kannst du mir jetzt nicht folgen; du wirst mir aber später folgen." Bestürzt platzt Petrus daraufhin heraus: „Herr, warum kann ich dir jetzt nicht folgen? Mein Leben will ich für dich lassen." Aber Jesu Antwort ist unmissverständlich: „Dein Leben willst du für mich lassen? Wahrlich, wahrlich, ich sage dir, der Hahn wird nicht krähen, bis du mich dreimal verleugnet hast." Beachten Sie, dass der Herr in diesem Gespräch sagt, dass Petrus „später" (nicht jetzt) in seine Fußstapfen treten wird – und im Zusammenhang erkennen wir, dass Petrus' Jüngerschaft ihn den hohen Preis seines Lebens kosten wird. Anders gesagt ist dies die Vorhersage eines Märtyrertodes.

Die zweite wichtige Stelle ist Johannes 21,18-19, die, wie wir weiter oben bemerkt haben, die Prophezeiung enthält, an die Petrus wohl dachte, als er davon sprach, „dass das Ablegen" seines irdischen Körpers sehr „bald" geschehen würde. Dieser johanneische Text (Wortlaut siehe oben) ist faszinierend, weil er tatsächlich die typische, eine Kreuzigung beschreibende Sprache gebraucht. Der Ausdruck „die Arme ausstrecken" war die übliche Wendung für das Ausstrecken der Arme an einem römischen Kreuz. Außerdem wird der alternde Petrus nach richterlicher Anordnung geführt, nicht länger, wie als junger Mann, frei zu gehen, wohin er wollte.[34] Dass der

34 Das griechische Verb *zonnumi* bedeutet wörtlich „gürten oder in eine Binde oder einen Gürtel einwickeln", was vermutlich in diesem Zusammenhang bedeutet, dass jemand in Ketten oder Fesseln gelegt wird oder sogar, dass er in entflammbaren Stoff gehüllt wird, um lebendig verbrannt zu werden (ein römischer Brauch, der von mehreren antiken Quellen bezeugt wird). Daher ist es zumindest möglich, dass Petrus bei seinem Tod nicht nur an ein hölzernes Kreuz genagelt, sondern auch angezündet würde. Das würde zu den Berichten über die Christenverfolgung unter Nero in seinem Zirkus und seinen Gärten passen.

Apostel Johannes und die Schreiber, die ihm halfen, Jesu Aussage in Johannes 21,18 als Vorhersage einer Kreuzigung verstanden, wird an dem erklärenden Kommentar in Vers 19 recht deutlich: „Das sagte Jesus, um anzudeuten, durch welchen Tod er Gott verherrlichen würde.“ Zu der Zeit, als das Johannesevangelium entstand, wusste die Urkirche, dass Jesu Prophezeiung über Petrus tatsächlich eingetroffen war; die eingeschobene Bemerkung hebt Jesu Fähigkeit hervor, die Zukunft vorauszusagen.

Mit dem Kopf nach unten an einem römischen Kreuz?

Da den frühen Christen bekannt war, dass Petrus in die Fußstapfen seines Heilands getreten war und dieselbe Todesart erlitten hatte, dauerte es nicht lange, bis die ersten fiktiven Erzählungen auftauchten, die angeblich die ganze Heldengeschichte erzählten. Diese Geschichten sind voll von Heiligen und besiegten Häretikern und geben Anlass, sie kritisch zu hinterfragen. Aber nur weil die Texte nach Legenden, ja sogar nach Horrorgeschichten klingen, bedeutet das keineswegs, dass sie nicht einen wahren historischen Kern haben können. Die Kunst liegt darin, die Dichtung von der Wahrheit zu unterscheiden!

Im frühen zweiten Jahrhundert begann sich eine mündlich überlieferte Sammlung volkstümlicher Geschichten hin zu einer erzählerischen Niederschrift zu entwickeln, die heute als die *Petrusakten*[35] bekannt ist. Abgesehen von packenden Episoden wie die von dem Duell zwischen Petrus und dem Häretiker Simon dem Zauberer, in der Petrus den fliegenden Simon zerschmettern und verbrennen lässt (Kapitel 31-32), finden wir auch einen detaillierten Bericht von Petrus‘ Martyrium (Kapitel 33-41). Kaiser Nero ist der Schurke im Hintergrund der Geschichte, was beweist, dass die Christen im zweiten Jahrhundert glaubten, dass Petrus unter der Regierung dieses Herrschers starb.

---

35 Earlychristianwritings.com/actspeter.html

Im Verlauf der Geschichte sehen wir, wie Neros Schergen nach Petrus‘ Hinrichtung verlangen, weil er ihre Frauen und Geliebten überzeugt hat, sexuell enthaltsam zu werden. An diesem Punkt wird zum ersten Mal ausdrücklich behauptet, dass Petrus gekreuzigt wurde – und auch, dass er dabei mit dem Kopf nach unten hing. Die *Petrusakten* erwähnen allerdings nicht die frommen Bedenken, die so oft als Grund dafür zitiert werden, dass Petrus kopfüber ans Kreuz gehängt wurde: das Gefühl, nicht würdig zu sein, genauso zu sterben wie sein Herr. Diese Erklärung taucht erst in einer viel jüngeren, um das Jahr 370[36] entstandenen Ausgabe der Geschichte auf, die einem gewissen „Hegesippus“ zugeschrieben wird, aber der ursprüngliche Grund für die Forderung nach einer Kreuzigung mit dem Kopf nach unten war eine ganz andere.[37] Für Gnostiker veranschaulicht diese Über-Kopf-Position den aus ihrer Sicht wichtigen Vorgang der spirituellen Inversion der Menschheit.

Keine dieser Erklärungen ist in irgendeiner Weise glaubwürdig. Es ist gut möglich, dass Petrus kopfüber gekreuzigt wurde, denn die Römer taten das bekanntermaßen manchmal. Da sich die Geschichte von seinem Martyrium in den *Petrusakten* im frühen zweiten Jahrhundert entwickelte, handelt es sich hierbei womöglich um einen echten Augenzeugenbericht. Wer von den Römern gekreuzigt wurde, hatte allerdings für gewöhnlich nicht die Möglichkeit, Wünsche zur Methode der eigenen Pfählung zu äußern. Es ging darum, die Gekreuzigten auf groteske Weise zu beschämen und nicht darum, ihnen Wünsche zu erfüllen. Von

36 Tertullian.org/fathers/hegesippus_03_book3.htm, Ende Abschnitt II

37 Bald nach der Erklärung von „Hegesippus“ trägt Hieronymus dieselbe Idee vor (NPNF2, Bd. 3, *Lives of Illustrious Men* 1). Diese Werke entstanden 200 Jahre nach den *Petrusakten*, sind also vermutlich als späterer Versuch zu betrachten, der Überlieferung von Petrus‘ umgekehrter Kreuzigung einen geistlicheren Touch zu verleihen.

daher ist die Kopfüber-Kreuzigung des Petrus historisch glaub würdig, aber nicht aus geistlichen Gründen irgendwelcher Art.

Nero und die Christen

Die Erwähnung Neros in den *Petrusakten* ist eine der Stellen, an denen die Legenden über Petrus' Märtyrertod mit der Geschichtsschreibung zusammenlaufen. Nachdem im Jahr 64 ein schrecklicher Brand Rom verwüstet hatte, wurde der dekadente Kaiser Nero verdächtigt, das Feuer absichtlich gelegt zu haben, um in der Stadt Raum für seinen prächtigen neuen Palast zu schaffen und sie zu seinen Ehren neu zu gestalten. Beunruhigt über die gemeinen Gerüchte suchte Nero sich einen Sündenbock, und die Christen – von der Bevölkerung weithin verachtet – schienen ein gefundenes Fressen zu sein. Die grausame Verfolgung der römischen Gemeinde durch den Kaiser wird durch den folgenden bekannten Auszug aus einem Werk des Geschichtsschreibers Tacitus bestätigt:

> Daher wurden zuerst diejenigen ergriffen, die Geständnisse ablegten, sodann auf ihre Angabe hin eine gewaltige Menge Menschen, die weniger wegen der ihnen zur Last gelegten Brandstiftung als wegen ihres allgemeinen Menschenhasses als überführt galten. Mit denen, die zum Tod bestimmt waren, trieb man noch Hohn: in Felle wilder Tiere eingenäht wurden sie von Hunden zerfleischt oder mussten ans Kreuz geschlagen und angezündet nach Einbruch der Dunkelheit als nächtliche Beleuchtung brennen.
>
> Seine eigenen Gärten hatte Nero zu diesem Schaustück hergegeben, und gab ein Zirkusspiel, wobei er sich im Kostüm eines Wagenlenkers unter

> das Volk mischte oder auf dem Wagen stand. So strafbar daher auch jene Menschen waren und so sehr sie die äußersten Strafen verdient hatten, regte sich doch Mitleid, weil sie nicht dem Nutzen der Allgemeinheit, sondern der Grausamkeit eines Einzigen geopfert würden.[38]

Dieses Zitat erwähnt natürlich Petrus nicht namentlich. Wir erfahren aber, dass einer der Orte, an denen Nero die Christen zu seinem sadistischen Vergnügen peinigte, der Zirkus in seinen kaiserlichen Gärten war, der *Circus Gaii et Neronis*, der außerhalb der eigentlichen Stadt lag und somit als einzige römische Rennbahn der Zerstörung durch den Brand entgangen war. Wir werden uns diesem Bau und seinem Bezug zu Petrus in Kürze wieder zuwenden.

In den Jahren nach dem Großen Brand von Rom bezeugen viele christliche Texte und Autoren Petrus' Tod in der Hauptstadt während der Regierungszeit Neros. Wir haben bereits gesehen, dass dies auf die *Petrusakten* aus dem zweiten Jahrhundert zutrifft. Als weitere zeitgenössische Textzeugen sind zu nennen:

» *Erster Clemensbrief* 5: „Wegen Eifersucht und Neid haben die größten und gerechtesten Männer, Säulen waren sie, Verfolgung und Kampf bis zum Tode getragen. Stellen wir uns die guten Apostel vor Augen: einen Petrus, [...] nachdem er so sein Zeugnis (für Christus) abgelegt hatte, angelangt ist an dem ihn gebührenden Orte der Herrlichkeit" (www.unifr.ch/bkv/kapitel4-5.htm). Hier äußert Clemens, ein Bischof Roms im ersten Jahrhundert, seine

38 Übersetzung nach G.F. Strodtbeck, bearbeitet von E.Gottwein, Quelle: http://www.gottwein.de/Lat/tac/ann1544.php

Überzeugung, dass Petrus in seiner Stadt den Tod erlitt. Zwar wird hier der griechische Partikel, der auch „Martyrium erleiden" bedeuten kann, korrekt mit „Zeugnis ablegen" übersetzt, doch deutet der Kontext darauf hin, dass Clemens an Verfolgung und gesetzlich angeordnete Hinrichtung dachte.

» *Die Himmelfahrt des Propheten Jesaja* 4.2-3: „Und nachdem es mit ihr zu Ende gekommen ist, wird Beliar, der große Fürst, der König dieser Welt, der sie beherrscht hat, seit sie besteht, herabkommen, und er wird aus seinem Firmament herabsteigen in der Gestalt eines Menschen, eines ungerechten Königs, eines Muttermörders ... [Dieser König wird] die Pflanzung, die die zwölf Apostel des Geliebten gepflanzt haben, verfolgen, und von den Zwölfen wird einer in seine Hand gegeben werden."[39] Bei diesem Text handelt es sich um eine apokalyptische Schrift aus dem frühen zweiten Jahrhundert. Er stellt Nero dar, den man verdächtigte, seine Mutter Agrippina auf hinterlistige Weise ermordet zu haben. Er wird als auferstandener Antichrist dargestellt, der zur Erde zurückkehrt, um in Gestalt des Dämons Beliar die Gemeinde zu verfolgen (siehe 2Kor 6,15). Der einzige von den zwölf ursprünglichen Aposteln, der jemals mit Nero in Verbindung gebracht wurde, ist Petrus, daher scheint dieser Text das Ereignis prophetisch zu interpretieren.

» Dionysius von Korinth, *Brief an die Römer*: „Denn beide [Petrus und Paulus] haben in unserer Stadt Korinth die Pflanzung begonnen und uns in gleicher

39 http://homepage.ruhr-uni-bochum.de/Michael.Luetge/Himmelsr.html#_Toc256247448

Weise in Italien gelehrt und zu gleicher Zeit den Martertod erlitten“ (Eusebius, *Kirchengeschichte* 2.25.8). In seinem um das Jahr 170 verfassten Brief an die Gemeinde in Rom will der Bischof die beiden Gemeinden auf Grundlage der Tatsache vereinen, dass beide von Petrus und Paulus die Botschaft empfangen hatten.[40] Dionysius glaubte eindeutig, dass die beiden berühmtesten Apostel in Italien den Märtyrertod erlitten hatten. Sein Appell, diese beiden Gründerfiguren als Grundlage für Einheit zu sehen, war vermutlich für die römischen Christen von besonderer Bedeutung, weil kurz vor der Entstehung dieses Textes in Rom für Gedenkstätten Petrus und Paulus errichtet worden waren (siehe unten).

» Irenäus von Lyon, *Gegen die Häresien* 3.1.1.: „Matthäus verfasste seine Evangelienschrift bei den Hebräern in hebräischer Sprache, als Petrus und Paulus zu Rom das Evangelium verkündeten und die Kirche gründeten. Nach deren Tode zeichnete Markus, der Schüler und Dolmetscher Petri, dessen Predigt für uns auf. Ähnlich hat Lukas, der Begleiter Pauli, das von diesem verkündete Evangelium in einem Buch niedergelegt“ (www.unifr.ch/bkv/kapitel649.htm). Wir haben uns mit diesem Text bereits in dem Kapitel über Markus beschäftigt. Dort haben wir festgestellt, dass er Markus‘ schriftlichen Bericht über Jesus als Gedächtnisstütze für die frühe Kirche sah, die notwendig wurde, nachdem die mündlichen Predigten von Petrus und Paulus

40 Dass Petrus in Korinth diente, ist nicht breit bezeugt, aber ein Jahrhundert nach seinem Tod scheint der Bischof von Korinth davon ausgegangen zu sein. Das würde jedenfalls erklären, dass es in der Gemeinde eine Fraktion gab, die sich zu Petrus hingezogen fühlte (1Kor 1,12; 3,22).

durch ihren Tod aufhörten. Obwohl bei Irenäus nicht ausdrücklich von Martyrium die Rede ist, behauptet er, dass Petrus und Paulus gemeinsam in Rom wirkten und dann gemeinsam „von der Bühne abgingen“ (dies ist nämlich die wörtliche Bedeutung des hier verwendeten griechischen Begriffs für Tod). Diese Aussage wird weitgehend als Hinweis auf das gemeinsame Martyrium der beiden Apostel in Rom verstanden.

» Tertullian, *Die Prozesseinreden gegen die Häretiker* 36: „Ist aber Italien in deiner Nachbarschaft, so hast du Rom [...]. O wie glücklich ist doch diese Kirche, in welche die Apostel die Fülle der Lehre mit ihrem Blute überströmen ließen, wo Petrus in der Weise des Leidens dem Herrn gleich gemacht [...]“ (www.unifr.ch/bkv/kapitel96-35.htm). Tertullian, der zu Beginn des dritten Jahrhunderts schrieb, sagt, dass Petrus‘ Leiden dem des Herrn ähnlich war, das bedeutet, dass er am Kreuz starb. Und auch hier heißt es, dass dieses Ereignis sich in Rom zutrug.

In Anbetracht all dieser historischen Zeugnisse können wir bestätigen, dass ein Bezug zu Rom für den Apostel Petrus solide belegt ist. Er diente dort für die Dauer eines unbestimmten Zeitraums, womöglich zwei Jahrzehnte lang oder mehr. Es gibt eigentlich keinen Grund anzunehmen, warum die Berichte über seine Ankunft während der Regierungszeit des Claudius in den 40ern nicht zutreffen sollten, obwohl wir natürlich nicht davon ausgehen müssen, dass er die ganze Zeit in der Hauptstadt blieb und niemals irgendwo anders hinreiste.[41] Der Apostel Paulus berichtet, dass Petrus ein Wanderprediger war (1Kor 9,5). Wo immer er seine pastorale Arbeit verrichtet haben mag: Petrus' fruchtbare Dienstjahre gipfelten in seinem Tod durch Kreuzigung auf Veranlassung von Nero.

Der Große Brand von Rom ereignete sich im Juli des Jahres 64 oder vielleicht ein wenig später, und wir können uns vorstellen, dass es vielleicht eine Weile dauerte, bis das Chaos sich gelegt hatte und die Christen gefasst und bestraft werden konnten. Daher ist vermutlich der Tod des Petrus auf das Jahr 65 zu datieren oder vielleicht ein wenig später (wenn auch nicht viel später, da Nero im chaotischen Jahr 68 starb). Was den genauen Ort betrifft, an dem die Kreuzigung stattfand, wäre wohl der von Tacitus erwähnte Circus der wahrscheinlichste Ort, an dem man einen prominenten Christen wie Petrus hingerichtet hätte. Und wie sich später herausstellte, ist

---

41 Dass Lukas in der Apostelgeschichte überhaupt nichts zu Petrus' Anwesenheit in Rom sagt, lässt vermuten, dass er womöglich nicht viele Informationen über seinen Dienst dort hatte. Das wäre wahrscheinlicher, wenn Petrus Rom nur in unregelmäßigen Abständen besucht hätte, im Gegensatz zu der Vorstellung von ihm als feste Instanz mit Daueraufenthalt, die alle römischen Christen verehrten. Zumindest ist anzunehmen, dass Petrus in den 50ern nicht in der Stadt war, als Paulus seinen Brief an die Römer mit zahlreichen persönlichen Grüßen schickte, und auch nicht gleich zu Beginn der 60er, als Lukas gemeinsam mit Paulus in Rom war. Vermutlich hätten diese beiden Missionare zusammengearbeitet, wenn er dort gewesen wäre, und Lukas hätte davon berichtet. Es wäre aber auch möglich, dass der in Galater 2,11-14 beschriebene Konflikt zwischen Petrus und Paulus einen so starken Riss in der Beziehung zwischen den beiden Männern verursachte, dass sie überein kamen, ihre Dienste in verschiedenen Kreisen auszuüben. Wie wir in unserem Kapitel über Jakobus gesehen haben, scheinen die judenchristlichen Berichte die antike Erinnerung an die Spannungen zwischen den petrinischen und paulinischen Heilsvorstellungen wachzuhalten. Dennoch zeigen die beiden Petrusbriefe, dass seine Theologie der von Paulus eigentlich sehr ähnlich war; und 2. Petrus 3,15 bezeichnet Paulus sogar als „unser geliebter Bruder". Lukas' Schweigen zu Petrus' Wirken in Rom lässt daher vermuten, dass Petrus sich nicht zur selben Zeit in der Hauptstadt aufhielt wie Paulus – jedenfalls nicht, als im Jahr 62 die Apostelgeschichte geschrieben wurde.

die verworrene Geschichte von Petrus‘ sterblichen Überresten untrennbar mit Neros Circus verbunden, der einmal auf dem Vatikanfeld in Rom stand. Diesem Feld werden wir nun einen Besuch abstatten.

PETRUS‘ BESTATTUNG

Das Vatikanfeld (*Ager Vaticanus)* war ursprünglich eine von der ummauerten Stadt Rom aus gesehen jenseits des Tiberflusses gelegene sumpfige Niederung, eingebettet zwischen zwei Hügeln, dem Vatican und dem Gianicolo oder Janiculum. Im ersten Jahrhundert nach Christus machte der Kaiser Gaius, besser bekannt als Caligula, aus den üppigen Gärten seiner Mutter am Fuß des Vatikanhügels den Standort für einen neuen Circus, ein rechteckiges Bauwerk mit Zuschauersitzen für Veranstaltungen wie Wagenrennen. Caligula dekorierte die *Spina* in der Mitte, um die die Pferde herumliefen, mit einem gestohlenen ägyptischen Obelisken. Der Pfeiler aus Granit wurde später von diesem Ort entfernt und in der Mitte des Petersplatzes aufgestellt, wo er heute immer noch steht.

Neben dem Circus (den Nero später ausgestaltete), über eine breite Straße hinweg, die in die Stadt führte, befand sich ein Friedhof, der besonders von armen Einwanderern aus dem Osten benutzt wurde. Soweit wir das im Nachhinein feststellen können, baten – als Neros sadistische Verfolgung der Christen nachließ – ein paar mutige Gläubige die Gerichtsbeamten um Petrus‘ Leichnam (wie man es auch für Jesus getan hatte)[42] und begruben ihn dann auf dem nahegelegenen Friedhof.

Im Laufe der Jahre schossen aber in der Gegend nach und nach immer mehr kostspielige Grabmäler aus dem Boden, so dass sich das Gebiet in eine Nekropole verwandelte, in eine Stadt der Toten. Wir wissen, dass einige dieser teuren Gräber Christen gehörten, denn ein Mosaik, das eines von ihnen schmückt, zeigt Christus, der sich wie ein Sonnengott in einem Pferdewagen zum Himmel erhebt.

Siegeszeichen

Als diese späteren Grabmäler nach und nach die einfache Ruhestätte in Vergessenheit geraten ließen, die die Christen als Grab des Petrus in Erinnerung hatten, wurde ein kleiner Innenhof angelegt, so dass die wichtige Stelle erkannt und erhalten werden konnte. Der Ort, an dem sich das eigentliche Grab befand, war durch eine Nische in einer rot verputzten Wand markiert, mit zwei dekorativen Säulen, die eine Steinplatte wie eine Art Baldachin stützten. Ein kirchlicher Leiter in Rom namens Caius, der um das Jahr 200 n. Chr. schrieb, verkündete voller Stolz: „Ich kann die Siegeszeichen der Apostel zeigen. Du magst auf den Vatikan gehen oder auf die Straße nach Ostia, du findest die Siegeszeichen der Apostel, welche

42 Siehe Matthäus 27,57-60 und Johannes 19,38-42 zum sorgfältigen und respektvollen Begräbnis Jesu. Ein weiterer Textzeuge für den Brauch der frühen Christen, die Leichname ihrer verehrten Toten einzufordern, ist der Brief des Ignatius von Antiochien, den er auf seinem Weg nach Rom schrieb, wo er selbst den Märtyrertod erleiden sollte, nur 50 Jahre nach Petrus' Zeit. Ignatius schreibt, er hoffe, dass die wilden Tiere in der Arena ihn vollständig verschlingen werden, damit er niemandem zur Last fiele, der ihn nachher beerdigen wolle (*Brief an die Römer* 4, www.unifr.ch/bkv/kapitel9-4.htm, siehe auch *Martyrium des Heiligen Polykarp* 17-18, www.unifr.ch/bkv/kapitel1680-16.htm). Mitunter ließen sich die Christen sogar zu nächtlichem Diebstahl oder Bestechung hinreißen, um an die sterblichen Überreste ihrer Märtyrer zu gelangen (Eusebius, *Kirchengeschichte* 5.1.61).

diese Kirche gegründet haben“ (*Kirchengeschichte*, 2.25.6).[43] Die Nische in der roten Wand, die früher mit Säulen und einem Baldachin dekoriert war, ist wiederentdeckt worden. Antike Stempel auf den Ziegeln einer Entwässerungsrinne in einer Anlage in der Nähe bestätigen, dass dieses *Tropaion* oder Siegeszeichen um das Jahr 160 errichtet wurde. Das heißt, dass die örtlichen Christen schätzungsweise innerhalb eines Jahrhunderts nach Petrus‘ Tod – also nur eine Generation entfernt von Leuten, die den Apostel in ihrem jugendlichen Alter mit eigenen Augen gesehen haben könnten – das Grab mit einem unverwechselbaren Denkmal kenntlich gemacht hatten.[44]

Nachdem das Tropaion auf dem Vatikan errichtet worden war, geriet der Ort nie wieder in Vergessenheit, und selbst heute ist er wohlbekannt. Das liegt daran, dass unter Kaiser Konstantin, der im frühen vierten Jahrhundert an die Macht kam und anfing, den Bau von Kirchen finanziell zu fördern, eine stattliche Basilika errichtet wurde, damit Petrus‘ Grab in

---

43 Caius schrieb diese Worte als Antwort an einen Mann namens Proclus, der, um die apostolische Gültigkeit einer bestimmten theologischen Ansicht in Kleinasien zu stützen, die Anwesenheit von Philippus‘ Grab in Hierapolis (wie im letzten Kapitel erwähnt) gepriesen hatte. Caius sticht dann seinen Gegner mit dem Argument aus, dass Rom über eine noch bessere Sammlung apostolischer Grabstätten in der Nähe verfüge. Wir sehen also, dass in dieser Zeit berühmte Gräber eine wichtige Rolle für die Identität der Christen spielten – und auch ein Grund für Rivalität waren!

44 Wer sich die Gräber der Nekropole und den ursprünglichen Standort des Petrusdenkmals ansehen möchte, kann sich die sehr schöne Website des Vatikans mit einer multimedialen Darstellung anschauen, die dem Besucher einen virtuellen Rundgang um den ehrwürdigen Ort ermöglicht: www.vatican.va/various/basiliche/necropoli/scavi_english.html. (Denken Sie daran, dass dieser Friedhof sich ursprünglich im Freien befand, auch wenn er heute tief unter mehreren Schichten kirchlicher Bauten begraben ist.) Sollten Sie die Möglichkeit haben, Rom zu besuchen, können Sie für einen Rundgang durch die Nekropole eine Sondererlaubnis einholen, indem Sie den Online-Anweisungen des vatikanischen Ausgrabungsbüros (Ufficio Scavi) folgen.

gewichtigerer Weise in Erinnerung behalten würde. Die antiken Bauleute legten ein großes Podest auf dem Vatikanhügel an und erweiterten es nach außen hin mithilfe massiver Stützmauern.

Auf der neu entstandenen Fläche wurde eine Kirche errichtet, die schnell zur Anlaufstelle der westlichen Christenheit wurde – und natürlich wurde der Altar dieser Kirche direkt über dem Tropaion aufgestellt. Alt St. Peter, wie sie später genannt wurde, blieb beinahe 1200 Jahre bestehen, bis zur Zeit der italienischen Renaissance. Dann aber war die Kirche baufällig und vom Einsturz bedroht. Die Päpste der Renaissance rissen sie ab und erbauten im Lauf des 16. Jahrhunderts ein neues Gotteshaus, abgeschlossen von der wunderschönen Kuppel des Künstlers und Architekten Michelangelo.

Eine riesige lateinische Inschrift rund um die Innenseite der Kuppel verkündet: „Du bist Petrus, und auf diesem Felsen werde ich meine Gemeinde bauen. Ich werde dir die Schlüssel des Reiches der Himmel geben." Und direkt unter dieser Kuppel – unter dem prachtvollen Baldachin über dem Bronzealtar von Bernini, dem derzeit genutzten Hochaltar, den aufeinander folgenden mittelalterlichen Altären, dem Fußboden und dem Fundament von Alt St. Peter und dem von Caius erwähnten Tropaion – liegt das Grab eines armen Mannes aus dem ersten Jahrhundert.

Aber handelt es sich dabei wirklich um das Grab des Petrus?

Nach Hinweisen graben

Erst im frühen 20. Jahrhundert – zu einer Zeit, als die vatikanischen Behörden zeigen wollten, dass die katholische Kirche fortschrittlich war und zur modernen Wissenschaft keine Berührungsängst hatte – wurden umfangreiche archäologische

Untersuchungen unter dem Hochaltar des Petersdoms unternommen. Obwohl professionelle Archäologen die Arbeit durchführten, wurde das Projekt von einem Nichtexperten beaufsichtigt: Monsignore Ludwig Kaas (1881-1952), einem deutschen Priester und hochrangigen Politiker, dessen Kapitulation gegenüber den Nazis im Jahr 1933 Adolf Hitler zur Macht verholfen hatte. Anschließend wurde er in eine weniger gefährliche Position innerhalb der vatikanischen Bürokratie nach Rom geschickt. Nachdem man ihm die Verantwortung für die bauliche Struktur des Petersdoms übertragen hatte, überzeugte er seinen alten Freund Papst Pius XII, mit der Freilegung der antiken Nekropole zu beginnen. Bei diesen Arbeiten wurde das von Caius erwähnte Tropaion entdeckt – und noch etwas anderes.

Ohne das Wissen der Archäologen kam Kaas oft nach Feierabend, wenn alle anderen nach Hause gegangen waren, zur Ausgrabungsstelle und nahm menschliche Knochen mit, um sie bei sich zu Hause aufzubewahren. Eines Nachts im Jahr 1942 nahm Kaas mithilfe eines vatikanischen Handwerkers Knochen aus einem mit Marmor verkleideten Repositorium in einer mit antikem christlichem Graffiti über Petrus verzierten Mauer. Diese menschlichen Überreste wurden in eine Holzkiste gelegt und aufbewahrt. Aber als Kaas im Jahr 1952 starb, wurde die Kiste von allen vergessen außer von dem Handwerker, dessen forschende Hand die Gebeine entnommen hatten.

Monsignore Kaas‘ Nachfolgerin als Aufseherin über die Ausgrabungsarbeiten war eine herausragende Archäologin namens Margherita Guarducci. Eines Tages im Jahr 1953, als sie gerade neben demselben Arbeiter an jener Graffiti-Mauer stand, der mehr als ein Jahrzehnt zuvor das Repositorium geleert hatte, fragte sie sich laut, was wohl früher in diesem Hohlraum gelegen hatte. Der Mann führte sie umgehend zu der Holzkiste und zeigte ihr die Knochen. Da jedoch anfangs niemand diese Knochen für wichtig gehalten hatte und sie außerdem aus dem Mauerrepositorium kamen und nicht aus der Erde selbst, nahm Guarducci an, dass sie wohl aus einer späteren Zeit stammen mussten.

Die forensischen Untersuchungen konzentrierten sich dann auf die Knochen aus allen umliegenden Gräbern; aber zur Enttäuschung der Forscher stellte sich heraus, dass keiner der Funde von Petrus stammen konnte. Ein weiteres Jahrzehnt verging, bis die Knochen aus dem Repositorium endlich einer wissenschaftlichen Analyse unterzogen wurden. Die Ergebnisse waren wirklich bemerkenswert: Die Holzkiste enthielt das nahezu vollständige (wenn auch weitgehend verweste) Skelett eines kräftigen Mannes, der im fortgeschrittenen Alter verstorben war. Spuren an diesen Knochen zeigten, dass sie einmal begraben und später in einen purpurfarbenen, mit Goldfäden durchzogenen Stoff gewickelt waren. Anfangs verwarf Guarducci die Möglichkeit, dass diese Reliquien die des Petrus sein könnten. Warum lagen sie nicht in einem Grab in der Erde? Aber dann fiel ihr ein Stück aus der roten Wand mit eingeritztem Graffiti ein, das in dem Hohlraum gefunden worden war. Nach Guarduccis Interpretation bedeutete die unvollständige Inschrift „Hier liegt Petrus“.

Konnte es nicht sein, dass Kaiser Konstantins Bauleute die Gebeine in das Mauerrepositorium gelegt hatten, als der Schrein für die neue Kirche gebaut wurde, und dass dann ein Arbeiter hineingelangt und in das Mauerwerk der angrenzenden Wand die Inschrift gekritzelt hatte, damit niemand es vergessen würde? Aufgeregt wandte sich die angesehene Archäologin an Papst Paul VI. und setzte ihn von ihrer Annahme in Kenntnis. Nach weiteren Untersuchungen wurde der Welt am 26. Juni 1968 das abschließende Urteil verkündet:

Die echten Knochen des Heiligen Petrus waren gefunden! Diese Gebeine, eingeschlossen in durchsichtige Kästen, wurden wieder in das ursprüngliche Repositorium in der Graffiti-Wand gelegt, wo sie heute immer noch liegen.

Wessen Knochen?

Sind dies nun tatsächlich die Knochen des Apostelfürsten? Aufgrund einer komplexen Reihe von Ereignissen seit Petrus' erstem Begräbnis – einschließlich nicht nur der verworrenen Umstände in Zusammenhang mit Kaas und Guarducci, sondern auch der möglichen kurzzeitigen Aufbewahrung der Knochen in einer anderen Katakombe im dritten Jahrhundert sowie der Plünderung der Basilika durch Muslime im Jahr 846 n. Chr. – können wir nicht mit vollkommener Sicherheit davon ausgehen, dass es sich bei den rätselhaften Knochen, die nun unter dem Hochaltar liegen, um die von Petrus handelt. Wir sollten uns außerdem ein wenig darüber wundern, dass man die Knochen aus dem ursprünglichen Grab herausholte und in ein unscheinbares Loch in der Wand legte. Obwohl dieses Vorgehen plausibler erscheinen würde, hätte man versucht, während einer Phase der Verfolgung die kostbaren Reliquien zu verstecken (was eher anzunehmen ist, als dass es das Werk von Konstantins Bauleuten hätte sein können, wie Guarducci meinte), stärkt dies keineswegs unsere Zuversicht, dass wir tatsächlich heute im Besitz der echten Knochen sind. Der Ort von Petrus' Grab ist zwar sicher lokalisiert worden, dass seine Knochen aber wirklich erhalten geblieben sind, ist – wenn auch nicht unmöglich – doch überaus fraglich.

AUF DIESEM FELSEN

In diesem Kapitel haben wir unsere ganze Aufmerksamkeit den textlichen und architektonischen Anhaltspunkten zu Petrus‘ späterem Leben gewidmet. Aber unsere zeitaufwändige Reise hat sich gelohnt, selbst wenn wir nichts anderes dabei gewonnen haben als einen kurzen Blick auf die Verwandlung eines einfachen Fischers aus Galiläa in den ersten von 266 prächtigen päpstlichen Fürsten. Die historischen Ereignisse um die antike Gestalt des Petrus betreffen alle Christen unserer Zeit, auch jene, die die Obergewalt des römischen Pontifikats nicht anerkennen.

Obwohl Jesus, als er seinem tonangebenden Jünger die Worte zusprach: „Du bist Petrus, und auf diesem Felsen werde ich meine Gemeinde bauen“ (Mt 16,18), eigentlich nicht die Einrichtung des Papsttums im Blick hatte, war die Vorhersage nicht einfach bedeutungslos. Jesus sagte an dieser Stelle etwas Wichtiges – weder über Petrus‘ Glauben, noch über sein verbales Bekenntnis in Vers 16, sondern eindeutig über Petrus selbst. Der Herr erkannte in seinem Jünger *Petros* die *petra* oder den Fels der Kirche. Nur weil katholische Exegeten auf dieser Aussage ein kolossales Bauwerk errichtet haben (sowohl theologisch als auch im wörtlichen Sinne!), bedeutet das nicht, dass wir Jesu offensichtliches Wortspiel an dieser Stelle leugnen sollten.

Wenn also Petrus wirklich der Fels der Gemeinde ist, in welchem Sinne ist dies dann zu verstehen? Wir haben keine soliden Beweise, dass er von sich selbst als einer papstähnlichen Gestalt dachte oder dass er einen nennenswerten Zeitraum mit einem langfristig angelegten Dienst in Rom verbrachte. Was wir aber wissen, sowohl aus der Apostelgeschichte als auch aus der nachbiblischen Überlieferung, ist, dass Petrus als Eckpfeiler diente, um den herum andere anfangen konnten, den christlichen Glauben aufzubauen. Der Inhalt seiner Briefe, die in Apostelgeschichte 2 aufgeführten Predigten und das Material seines Evangeliums wie von Markus aufgezeichnet, zeigen alles in allem Petrus als das starke Fundament der ersten Gemeindegeneration.

Aber wir sollten nicht vergessen, dass Petrus nicht als großer Held seinen Anfang nahm. Er war ein einfacher Mann, der versuchte, seinen Lebensunterhalt zu bestreiten, als Jesus vorbeikam. Aber derselbe Jünger, der unter Flüchen und Schwüren erklärte: „Ich kenne den Menschen nicht!" (Mt 26,74), verkündete später kühn einer Menschenmenge in Jerusalem: „Das ganze Haus Israel wisse nun zuverlässig, dass Gott ihn sowohl zum Herrn als auch zum Christus gemacht hat, diesen Jesus, den ihr gekreuzigt habt" (Apg 2,36).

Weil er trotz der Tyrannei eines Kaisers an diesem riskanten Glauben festhielt, wurde Petrus an ein römisches Kreuz gehängt wie schon sein Herr vor ihm. Die Erhöhung des Herrn Jesus Christus war es, die Petrus verkündigen wollte, im Leben wie im Tod – und die Welt, die dies beobachtete, fand diese Kühnheit unwiderstehlich. Wer hätte vorhersagen können, dass ein so einfacher Mann die Geschichte derart verändern würde? Gott allein kann aus so schwachem Material einen festen Felsen machen. Vielleicht war es eben das Bewusstsein der eigenen geistlichen Verwandlung, die ihn dazu veranlasste, Gläubige „als lebendige Steine" zu beschreiben, die „als ein geistliches Haus" aufgebaut werden (1Petr 2,5). Ich für meinen Teil fühle mich geehrt, ein Ziegel in dem gewaltigen Haus sein zu dürfen, das auf den Mühen eines jüdischen Fischers namens *Petros* ruht.

Checkliste zu Petrus

Er reiste weit, um das Evangelium zu verkünden.	√
Er diente in Rom und stand den Christen als Leiter zur Verfügung.	√
Er kam zum ersten Mal zur Regierungszeit des Claudius nach Rom.	√
Er starb am Kreuz im Circus des Nero oder den umgebenden Gärten.	√
Er wurde kopfüber gekreuzigt.	√
Er wurde in einem Grab beigesetzt, das sich heute unter dem Altar des Petersdoms befindet.	√
Seine Knochen wurden aus der mit Graffiti beschriebenen Mauer herausgeholt.	(√)
Er betrachtete sich selbst als herausragende Autorität in der römischen Gemeinde.	(x)
√ = ganz oder ziemlich sicher (√) = einigermaßen sicher (x) = einigermaßen sicher nicht x= ganz oder ziemlich sicher nicht	

KAPITEL 10

PAULUS

Der Dienst des Apostels Paulus war so kraftvoll und fruchtbar, dass man leicht vergisst, dass dieser Mann früher „Drohung und Mord" gegen die ersten Christen „schnaubte" (Apg 9,1). Als der Märtyrer Stephanus für seinen Glauben gesteinigt wurde, stand Paulus in der Nähe und billigte die Tat. Als Paulus aber auf seiner berühmten Reise nach Damaskus dem auferstandenen Christus begegnete, wurde er in einen neuen Menschen verwandelt. Nun wurde der Name, den er verfolgt hatte, selbst zum Inhalt seiner Botschaft. Für den Rest seines Lebens – die nächsten drei Jahrzehnte – diente Paulus seinem Herrn als einer der mutigsten Zeugen, die die Gemeinde je gekannt hat. Ja, das Christentum würde es in seiner heutigen Gestalt nicht geben, hätte dieser hingebungsvolle Evangelist nicht gelebt, gedient und seine inspirierten Schriften verfasst.

Eine 180-Grad-Wende wie diese kommt klassischerweise in vielen großen Erzählungen vor. Das ist sogar der Stoff, aus dem Hollywood-Kassenschlager gemacht sind. Der Außenseiter findet Annahme. Der Sünder findet Erlösung. Der Arme findet große Reichtümer. Der Ruhelose findet sein Ziel. Erst wenn der Protagonist so eine dramatische Wende vollzieht und einen neuen Weg einschlägt, kann die Geschichte zu einem passenden Ende geführt werden.

Es ist daher irgendwie merkwürdig, dass wir in Paulus' Fall nicht genau wissen, wie die Geschichte unseres Helden endet. Wie die alten Westernfilme schließt die Apostelgeschichte damit, dass Paulus in den Sonnenuntergang „reitet", nachdem er seine Aufgabe, der Hauptstadt des Reiches das Evangelium zu bringen, ausgeführt hat. Aber ein solches Ende ist nicht so befriedigend, wie wir es vielleicht gern hätten. Die Spur, in die die Erzählung auf der Straße nach Damaskus einmündet, endet damit, dass der führende Evangelist der Kirche in Rom wegen seines Glaubens in Ketten liegt. Er hat seine 180-Grad-Wende vollzogen ... einen neuen Weg eingeschlagen ... die größte Stadt der Welt erreicht. Aber am Ende stehen wir da und fragen uns: Wie genau ging es nach den Ereignissen in der Apostelgeschichte weiter mit dieser großen Gestalt der Christenheit?

PAULUS IN ROM

Ehe wir die nachbiblischen Überlieferungen über Paulus bewerten können, sollten wir uns Klarheit darüber verschaffen, an welchem Punkt die biblische Geschichte ihn zurücklässt. Paulus' Leben zu rekonstruieren, ist eine schwierige Aufgabe und beinhaltet die Auseinandersetzung mit zahlreichen wissenschaftlichen Ansichten zu der Frage, wie die zeitliche Abfolge der paulinischen Briefe in den von der Apostelgeschichte vorgegebenen Rahmen einzupassen sei. Dennoch sind sich alle einig, dass Paulus schließlich um das Jahr 60 herum in Rom ankam. Lukas schildert anschaulich und detailliert, wie Paulus und seine Begleiter vor der Insel Malta Schiffbruch erlitten, bevor sie schließlich die italienische Küste bei Puteoli erreichten. Diese kleine Hafenstadt – heute bekannt unter dem Namen Pozzuoli, ein idyllischer Vorort der gewaltigen Großstadt Neapel – war einmal ein wichtiger Handelshafen für die Getreideschiffe aus Alexandria, die das italienische Volk mit Nahrung versorgten. Puteoli war an die südliche Verbindungsstraße nach Rom angeschlossen, die Via Appia, eine Hauptader im imperialen Straßennetz. Die Route von Puteoli aus die Appische Straße hinauf war einer der Hauptzugänge für Besucher, die auf dem Seeweg aus östlichen Ländern nach Rom reisten. Heute herrscht auf der alten Straße, auf der Paulus als Gefangener in Ketten reiste, starker Autoverkehr. Dennoch verläuft die Straße an drei christlichen Grabkomplexen (Katakomben) vorbei, durch ein Tor in der alten Stadtmauer und in die Stadt Rom selbst hinein.

Paulus' Adresse in Rom

Aber wo kam Paulus unter, nachdem er in Rom angekommen war? Obwohl uns die Bibel seine Adresse in Rom nicht nennt, können ein paar unverbindliche Vermutungen geäußert werden. Die historischen Zeugnisse lassen vermuten, dass die Christen im ersten Jahrhundert nicht gleichmäßig über die Stadt verteilt waren, sondern eng beieinander in bestimmten Gebieten wohnten.[45] Weil es sich hauptsächlich um griechisch-sprachige Einwanderer von niedrigem sozio-ökonomischem Status handelte, scharten sie sich oft in den weniger begehrten

45 Diese Erkenntnis verdanke ich einem der am besten recherchierten und wissenschaftlich wertvollsten Bücher, die mir jemals zum Thema „frühchristliches Rom" begegnet sind: Peter Lampe, *Die stadtrömischen Christen in den ersten beiden Jahrhunderten. Untersuchungen zur Sozialgeschichte*. Mohr [WUNT 2/18, Tübingen 1987].

Randgebieten der Stadt, in den ungesunden, niedrig gelegenen Bezirken, zusammen.

Eins der christlichen Hauptviertel war die Gegend um das Tor, durch das die Appische Straße führte, ein Gebiet, das für seine verarmten Arbeiter und zahlreichen Fremden bekannt war, einschließlich einer großen Anzahl an jüdischen Kaufleuten und Bettlern.[46] Das noch bemerkenswertere jüdische Viertel war jedoch das namens *Trans Tiberim*, weil es jenseits der ummauerten Stadt auf der anderen Seite des Tiber lag. Obwohl es dem heute angesagten Künstlerviertel Travestere entspricht, war diese Gegend in der Antike ein verwahrlostes Ghetto für arme Einwanderer und Hafenarbeiter. Eben diese belebte und übervölkerte Gegend hatten sich viele Juden – und nach ihnen die Christen – zu ihrem Zuhause gemacht. Das *Trans Tiberim* war als christliches Viertel sogar so bekannt, dass, nachdem beim Großen Brand im Jahr 64 die meisten Stadtteile niedergebrannt waren, die Einwohner dieses Gebietes auf der anderen Seite des Flusses – einer der wenigen vom Feuer verschonten Orte – als zweifellos schuldige Brandstifter bestraft wurden.

Eine sehr alte Überlieferung besagt, dass die heutige Kirche San Paolo alla Regola (in der Nähe von Travestere) an der Stelle steht, an der Paulus seinen Hausarrest verbrachte. Obwohl das nicht mit Sicherheit behauptet werden kann, liegt die Vermutung nahe, dass Paulus sich in der Nähe der jüdischen Gemeinde niedergelassen hätte, um unter seinen Landsleuten zu evangelisieren (Apg 28,17).

46 Unter den vielen befremdlichen Klagen, die von dem satirischen Schriftsteller Juvenal aus dem ersten Jahrhundert hervorgebracht werden, richtet sich eine gegen die Anwesenheit geldhungriger Juden in der Nähe der Porta Capena, durch die die Appische Straße führte. Obwohl sie früher als oft besuchter Lieblingsplatz von einem der ursprünglichen Könige Roms bekannt war, so Juvenal, ist sie nun von fremden Eindringlingen überlaufen (*Satire* 3.10-16).

Die Gegend war außerdem bekannt für ihre Ledergerbereien, so dass Paulus die Möglichkeit gehabt hätte, seinem Gewerbe als Zeltmacher nachzugehen, wie es seine Gewohnheit war (Apg 18,3; 20,34). Daher ist anzunehmen, dass Paulus wohl in einem dieser beiden Viertel wohnte, wobei Travestere eher in Frage kommt. Der Apostel lebte ungestört in seiner eigenen Mietwohnung und predigte sowohl Juden als auch Heiden das Evangelium (Apg 28,16; 30-31). Während eines Zeitraums von zwei Jahren schrieb er seine biblischen Briefe an die Epheser, Philipper, Kolosser und an Philemon. Danach – jedenfalls Lukas' historischer Erzählung zufolge – „ritt" Paulus in den Sonnenuntergang.

Aber nur weil Lukas seine Geschichte hier beendet hat, bedeutet das nicht, dass wir im Ungewissen bleiben müssen. Aufgrund von Hinweisen aus einigen anderen biblischen Dokumenten sowie den wiederhergestellten Quellen aus der antiken Geschichte und den Zeugnissen der Kirchenväter sind wir in der Lage, eine vorsichtige Antwort auf die Frage zu geben, die sich uns aufdrängt: Wie ging die Geschichte des Apostels Paulus zu Ende?

SPANIENPLÄNE

Wir wissen, dass Paulus Spanien nicht nur gerne besuchen wollte, sondern ernsthaft vorhatte, dorthin zu reisen. Im Jahr 57 schickte er einen Brief an die Gemeinde in Rom voraus und erklärte: „Ich [habe] seit vielen Jahren ein großes Verlangen, zu euch zu kommen, falls ich nach Spanien reise – denn ich hoffe, auf der Durchreise euch zu sehen und von euch dorthin geleitet zu werden, wenn ich euch vorher etwas genossen habe" (Röm 15,24). Dann, nach einer Beschreibung der Geldspende, die er für die Heiligen in Jerusalem zusammengetragen hat, beteuert Paulus nochmals: „Wenn ich dies nun vollbracht und diese Frucht ihnen versiegelt habe, so will ich über euch nach Spanien reisen“ (V. 28). Beachten Sie, dass Paulus lediglich einen Abstecher zu den römischen Christen im Sinn hatte. Sein eigentliches Ziel war Spanien! Paulus hatte vor, dorthin zu reisen, nachdem er sich bei einem Kurzbesuch in Rom von den Geschwistern dort geistlich und materiell hätte stärken lassen.

Die Kolonialisierung der Iberischen Halbinsel durch die Römer hatte bereits um das Jahr 200 v. Chr. begonnen. Als Paulus lebte, war die Provinz Hispanien stark romanisiert und hatte ihre neue Identität als Teil des Imperiums voll angenommen. Und sie lag eigentlich nicht weit entfernt von der Hauptstadt. Der römische Staatsmann und Naturforscher Plinius der Ältere behauptete, der am weitesten entfernte Teil von Spanien könne auf dem Seeweg von Roms Hafen in sieben Tagen erreicht werden, während man bis zum näher gelegenen Teil nur vier Tage brauche.[47] Für jemanden, der so viel unterwegs war wie Paulus, wäre eine viertägige Schiffsreise ein Kinderspiel gewesen. Es gibt keinen Grund anzunehmen, dass jemand, der so fest entschlossen war wie Paulus, diese Reise nicht von Rom aus hätte unternehmen können. Er hätte nur ein wenig Geld gebraucht und eine Freistellung von seinem Hausarrest – die er vermutlich bekam, als seine jüdischen Ankläger aus dem Osten nicht in der Hauptstadt erschienen waren, um Anklage zu erheben (siehe Apg 28,21).

Bis an die Enden der Erde

Aber warum Spanien? Paulus nennt zwar keinen konkreten Grund für seine feste Absicht, dorthin zu reisen, aber

---

47 Plinius, *Naturalis historia* 19.1.

die Symbolik dieses Landes in der griechisch-römischen Denkweise könnte uns einen Hinweis geben. In der Antike hielt man Spanien für das Ende der Erde. Wie die meisten Menschen in Europa bis zu Christoph Columbus‘ Zeiten glaubten die Römer, der Atlantik erstrecke sich von der Westküste Spaniens aus ins endlose Unbekannte. Aufgrund dieser verbreiteten kulturellen Sichtweise scheint Paulus den hispanischen Provinzen kosmische Bedeutung zugemessen zu haben.

In Römer 15,16-21 beschreibt Paulus seine Berufung und Lebensaufgabe als Missionar für die Unerreichten. Er verleiht seiner Absicht Ausdruck, „nicht da“ zu evangelisieren, „wo Christus genannt worden ist, damit ich nicht auf eines anderen Grund baue, sondern wie geschrieben steht: ‚Denen nicht von ihm verkündigt wurde, die werden sehen, und die nicht gehört haben, werden verstehen‘ (V. 20-21; siehe auch Apg 13,47). Paulus war klar, wenn er diese Worte in die Tat umsetzen wollte, müsste er die Region aufsuchen, die allgemein als Westgrenze des Imperiums in der Mittelmeerregion angesehen wurde: Hispanien – das Land, hinter dem nichts weiter lag als der leere Ozean.

Das Alte Testament hatte die Stoßrichtung dieses großartigen evangelistischen Dienstes sogar vorhergesagt. In Jesaja 66,19 verkündet Gott, dass eines Tages seine Herrlichkeit unter allen Nationen bekannt werden wird, sogar in Tarsis, einem Ort, der mit den „fernsten Küsten“ (GNB) verbunden wird, die „die Kunde von mir nicht gehört und meine Herrlichkeit nicht gesehen haben“ (siehe auch Psalm 72,8 und Jona 1,3). Die biblische Stadt Tarsis wird manchmal mit dem antiken Ort Tartessos an der spanischen Atlantikküste gleichgesetzt. Obwohl diese Entsprechung nicht mit absoluter Sicherheit bewiesen werden kann, scheint Paulus in Spanien sein persönliches Tarsis gesehen zu haben, das ferne Land, so weit im Westen, wie man irgend nur gelangen konnte. Daher betrachtete er seine Reise nach Spanien als Teil des göttlichen Plans, die rettende Botschaft von Jesus Christus zu allen Völkern der Erde zu bringen.

Paulus weist in Römer 15,19 darauf hin, dass er das Evangelium bereits von Jerusalem an den Rand Italiens gebracht hat. Nun möchte er nach Italien gelangen und von dort aus das Ende der Welt erreichen. Anscheinend war die spanische Mission für den global denkenden Apostel von großem symbolischem Wert.

Bis in den äußersten Westen

Sehr frühe Textzeugen aus der frühen Kirche lassen vermuten, dass Paulus Spanien tatsächlich erreichte. Der christliche Bischof Clemens von Rom behauptet: „... Herold (des Evangeliums) im Osten und Westen, holte er sich den herrlichen Ruhm seines Glaubens. Er hatte Gerechtigkeit der ganzen Welt gelehrt, war bis in den äußersten Westen vorgedrungen und hatte vor den Machthabern sein Zeugnis abgelegt" (*Erster Brief des Clemens an die Korinther* 5, www.unifr.ch/bkv/kapitel4-5.htm).[48] Mit „der ganzen Welt" und dem „äußersten Westen" kann Paulus nur Spanien gemeint haben, denn genau so würde jemand, der von Rom aus im späten ersten Jahrhundert schrieb, sich über die äußerste westliche Grenze der ihm bekannten Welt äußern.

Kirchliche Überlieferungen aus späterer Zeit stimmen mit Clemens überein, dass Paulus Spanien erreichte. In den *Petrusakten* zum Beispiel, entstanden im zweiten Jahrhun-

---

48 Möglicherweise wurde dieser Brief nicht vom echten Clemens verfasst, sondern von einem unbekannten Autor, der unter seinem Namen schrieb. Wie auch immer, er vertritt die Ansicht von Spanien als Paulus' Endziel um die Wende vom ersten zum zweiten Jahrhundert.

dert aus einer Sammlung früher entstandener Geschichten, lesen wir: „Und nachdem Paulus drei Tage lang gefastet und den Herrn gefragt hatte, was ihm zuträglich sei, sah er ein Gesicht, den Herrn selber, der zu ihm sprach: ‚Stehe auf, Paulus, und werde Arzt, [indem du selbst] zu ihnen [gehst], die in Spanien sind'".[49] In dieser Geschichte begleitet die ganze christliche Gemeinde von Rom Paulus zum Hafen und sagt ihm traurig Lebewohl, als er nach Westen abreist. In ähnlicher Weise erwähnt die als Muratorisches Fragment bekannte Kanonliste die „Reise des Paulus, als er von der Stadt – Rom – fort nach Spanien reiste" (ANF, Bd. 5, Caius, *Canon Muratorianus*).

Danach waren sich viele Kirchenväter, wie Hieronymus, Athanasius und Johannes Chrysostomus, einig, dass Paulus nach Spanien ging. Natürlich müssen wir nicht davon ausgehen, dass er den ganzen Weg an der Straße von Gibraltar vorbei segelte und auf den Atlantik hinaus. Die Mittelmeer-Stadt Tarraco (das heutige Tarragona), eine wichtige Hauptstadt des Römischen Reichs in einer der spanischen Provinzen, war nur eine viertägige Schiffsreise von Rom entfernt. Paulus verbrachte hier vermutlich eine kurze Zeit und versuchte eine Gemeinde zu gründen, jedoch mit geringem Erfolg. Das würde erklären, warum von den frühesten christlichen Geschichtsschreibern kein detaillierter Bericht über seine Arbeit in Spanien verfasst oder auch nur ausgedacht wurde.

49 Earlychristianwritings.com/actspeter.html, M.R. James, *Vercelli Acts* 1.

ABERMALS IM GEFÄNGNIS

Wenn Paulus‘ Spanien-Intitiative von kurzer Dauer war, stellt sich uns die Frage, was er als Nächstes tat. An diesem Punkt greifen manche Historiker zu biblischen Zeugnissen, um die Lücken zu füllen, während andere sich dagegen entscheiden. Nach Meinung von konservativen Wissenschaftlern sind die Pastoralbriefe (also 1. und 2. Timotheus und Titus) genau das, wofür sie sich ausgeben – von Paulus selbst verfasste Schreiben. Liberale Theologen gehen davon aus, dass die Pastoralbriefe von einem späteren Autor geschrieben wurden, der Paulus‘ Namen benutzte, um dessen Gedanken auch der nächsten Generation nahezubringen. Daher nutzen nur die konservativen Bibelforscher die Umstände der Entstehung der Pastoralbriefe als gültige Beweismittel für Paulus‘ Aufenthaltsort nach seiner Entlassung aus dem Gefängnis.[50]

Aber selbst wenn wir uns der konservativen Position anschließen, stehen wir im Dunkeln, was die Einzelheiten über jene Zeit angeht. Nur ein skizzenhaftes Bild tritt zutage. Paulus schrieb seinen ersten Brief an Timotheus, als sein jüngerer Schützling in Ephesus diente; und Titus war von Paulus auf der Insel Kreta zurückgelassen worden, als er dort seinen Brief empfing. Daher scheint es, als sei Paulus nach seiner erfolglosen Spanienreise in die Gegend um die Ägäis zurückgekehrt, die er so gut kannte. Dort machte er sich wieder

50 Die meisten Liberalen glauben noch nicht einmal, dass Paulus überhaupt entlassen wurde. Weil die Pastoralbriefe nicht als authentisch angesehen werden, gibt es keine Zeugnisse – wenigstens keine aus der Zeit vor Eusebius im vierten Jahrhundert – für irgendeine paulinische Missionstätigkeit nach seiner in Apostelgeschichte 28 geschilderten römischen Gefangenschaft. Dieser These zufolge wurde Paulus bald nach seinem zweijährigen Hausarrest in Rom einfach von den Behörden hingerichtet.

vertraut mit den jene Gemeinden im Osten betreffenden Fragen, was ihn veranlasste, Briefe an zwei Schlüsselfiguren der zweiten Generation zu schreiben – mit Weisungen, wie sie ihre jeweilige Gemeinde leiten sollten. Wann und von wo aus Paulus diese Briefe schrieb, kann allerdings nicht festgestellt werden.

Ein Brief aus dem Gefängnis

Was ist mit dem zweiten Timotheusbrief? Dieses Schreiben ist wichtig für unseren Zweck, weil es Paulus in Haft unter sehr beschwerlichen Bedingungen darstellt. Anders als bei seinem vorherigen Hausarrest, bei dem er einigermaßen komfortabel untergebracht war und ein gewisses Maß an Freiheit genoss, muss Paulus diesmal Leidvolles ertragen. Er fühle sich allein und verlassen, klagt der große Apostel: „Lukas ist allein bei mir" (2Tim 4,11). Dann bringt er zum Ausdruck, dass er sich mehr Gesellschaft wünscht und drängt Timotheus: „Nimm Markus und bringe ihn mit dir! Denn er ist mir nützlich zum Dienst." Paulus ist außerdem bekümmert, dass alle Christen in der Provinz Asia sich von ihm abgewandt haben, außer Onesiphorus, der nach Rom gekommen war und den unbekannten Ort suchte, an dem sein Freund gefangen war, bis er ihn gefunden hatte (2Tim 1,15-18).

Aber obwohl ihn das ermutigt, kann Paulus die Tatsache, dass sein Leben zu Ende geht, nicht aus seinem Bewusstsein verdrängen. „Denn ich werde schon als Trankopfer gesprengt", erklärt er, „und die Zeit meines Abscheidens steht bevor. Ich habe den guten Kampf gekämpft, ich habe den Lauf vollendet, ich habe den Glauben bewahrt; fortan liegt mir bereit der Siegeskranz der Gerechtigkeit, den der Herr, der gerechte Richter, mir als Belohnung geben wird an jenem Tag" (2Tim 4,6-8). Die tiefen Gefühle, die hier zum Ausdruck kommen – traurig und hoffnungsvoll zugleich – haben viele an der Geschichte der Kirche Interessierte dazu veranlasst, sich auf die Suche nach dem Ort zu machen, an dem sie geschrieben wurden.

In welchem Kerker?

Einer der berühmtesten Orte in Rom, die mit dem frühen Christentum in Verbindung gebracht werden, ist der sogenannte Mamertinische Kerker. Gemäß später Überlieferungen unbekannter Herkunft wurden sowohl Petrus als auch Paulus in diesem Kerker auf dem Forum Romanum neben dem Senatsgebäude gefangen gehalten. Von den Wächtern der beiden Apostel, Processus und Martinian, heißt es, dass, als sie zum wahren Glauben bekehrt wurden, durch ein Wunder plötzlich Wasser aus dem Boden unter der Gefängniszelle hervorquoll, sodass Petrus an ihnen die Taufe vollziehen konnte. Könnte dies wirklich der Ort sein, an dem der Apostel Paulus seinen letzten Brief an Timotheus verfasste?

Leider, auch wenn der Mamertinische Kerker noch heute als protzige Touristenattraktion besichtigt werden kann, gibt es keinen guten Grund anzunehmen, dass er jemals wirklich etwas mit Petrus oder Paulus zu tun hatte. Diese Legenden scheinen nicht eher als im siebten Jahrhundert entstanden zu sein, einer Zeit, als unzählige Mythen über Apostel und Märtyrer aus dem Boden schossen. Der Mamertinische Kerker (ursprünglich bekannt unter dem Namen Tullianum) wurde zwar für wichtige politische Gefangene genutzt, aber zwei „No-Names“ wie Petrus und Paulus wären dort wahrscheinlich nicht untergebracht worden. Der genaue Ort in Rom, an dem Paulus in trauriger Stimmung den zweiten Timotheusbrief verfasste, bleibt bis heute für uns im Dunkeln.

Aber dass er den Brief geschrieben hat, steht fest, und zwar aus einem bedrückenden, römischen Gefängnis. Wie genau kam es, dass Paulus in Rom endete, wo er seine zweite, strapaziöse Gefangenschaft erdulden musste? Viele Kommentatoren vermuten, dass er ein weiteres Mal für evangelistische Aktivitäten in den Provinzen verhaftet wurde. Das ist gewiss möglich. Ohne den Einfluss der Ankläger, die ihn in Jerusalem so heftig bekämpft hatten, wäre es allerdings verwunderlich, wenn die römischen Behörden in einer völlig anderen Region als der, in der Paulus beim ersten Mal verhaftet wurde, das Verfahren erneut in Gang gebracht hätten. Wäre ihnen dieser Fall überhaupt bekannt geworden? Es ist wohl nicht davon auszugehen, dass sie Zugang zum Datenbestand aller kriminellen Vergehen im gesamten riesigen Reich hatten. Nach einem zweijährigen Hausarrest, gefolgt von einem unbekannten Zeitraum, in dem Paulus seinen Dienst weiterführte, hätte man das Verfahren gegen ihn außerhalb Roms längst vergessen.

Wer also könnte diesen merkwürdigen Juden wieder in Ketten gelegt und in den Gewahrsam des obersten Gerichts zurückgeschickt haben? Eine Antwort ist nicht zu erwarten. Daher sollten wir die Möglichkeit in Betracht ziehen, dass Paulus aus eigenem Antrieb in die Hauptstadt zurückkehrte, wo ihn Kaiser Nero umgehend ins Visier nahm, einer der herrschsüchtigsten, boshaftesten und wahnsinnigsten Kaiser, die jemals über Rom herrschten.

PAULUS UND NERO

Während wir mit der These ringen, dass Paulus unter Nero verhaftet und hingerichtet wurde, sollten wir uns ansehen, welches Vergehen man dem Apostel genau zur Last war. Die Apostelgeschichte beschreibt, wie die jüdischen Anführer aus Jerusalem vehement gegen Paulus' Ansichten über das mosaische Gesetz auftraten. Das hätte aber die Behörden wohl kaum interessiert, denn es war kein Thema, mit dem die römischen Rechtsgelehrten sich befassten (Apg 25,18). Wegen welchen Vergehens könnte Paulus ins Gefängnis geworfen worden sein – zuerst in Jerusalem, dann in Cäsarea, dann schließlich in Rom?

Anfangs lag das Problem in der Unruhe, die Paulus durch seine theologischen Behauptungen ausgelöst hatte (Apg 21, 27-36). Das reichte, um Paulus verhaften zu lassen. Aber als nach einem mehrmonatigen Verfahren die Richter auf der Seite der Juden zu stehen schienen, wurde Paulus klar, dass sich die Situation zu seinen Ungunsten entwickelte. Er erkannte, dass es keine bessere rechtliche Strategie für ihn gab, als beim Kaiser vorzusprechen, das heißt, bei Kaiser Nero. Die Antwort des Richters kam rasch und in klaren Worten: „Auf den Kaiser hast du dich berufen, zum Kaiser sollst du gehen" (Apg 25,12).

Der rasende Nero

Allem Anschein nach war der Mann, bei dem Paulus Berufung eingelegt hatte, ein abartiger Geistesgestörter. Als adoptierter Sohn des früheren Kaisers Claudius kam Nero im Jahr 54 im Alter von 17 Jahren an die Macht. Eine Zeit lang regierte er friedlich. Aber nachdem er im Jahr 59 seine Mutter ermordet hatte, begab sich Nero auf eine Abwärtsspirale der Ausschweifung und des paranoiden Wahnsinns, die schließlich mit seinem Tod als Staatsfeind endete. Eine von Neros besonderen Obsessionen war die Wahrnehmung seiner kaiserlichen Würde, die ihn außerordentlich eitel machte und überempfindlich gegenüber dem geringsten Hauch von Nichtachtung. Er bestand darauf,

„Herr“ und „Retter“ genannt zu werden, und ihm wurden religiöse Ehren als Gottheit zuteil. Nach römischem Recht umfasste das Vergehen des Hochverrats ursprünglich militärischen Treuebruch und Unterstützung fremder Feinde. Unter Nero wurde der Begriff auf jegliche Gefährdung des kaiserlichen Herrscherrechts ausgedehnt. Daher löste der christliche Anspruch, einem anderen Herrn und Retter zu folgen, der bald ein herrliches, neues Reich einleiten würde, bei Nero Beunruhigung aus.

Die Armee des Paulus?

Die frühkirchlichen Texte, die von Paulus‘ Märtyrertod zeugen, liefern Beweise für genau diese Art politischen Verfolgungswahns seitens Nero. Wie wir bereits bei den anderen Aposteln gesehen haben, machte im zweiten Jahrhundert unter verschiedenen Gruppen von Gläubigen eine Sammlung überlieferter Geschichten die Runde. Diese frei schwebenden Geschichten erschienen vor dem Jahr 200 als einzelne Erzählung zusammengefasst unter dem Titel *Die Paulusakten*. Interessanterweise dreht sich viel von der Handlung nicht um den Apostel selbst, sondern um seine ergebenste Jüngerin, eine junge Schönheit namens Thekla, die ihre Heiratspläne aufgab, um Paulus zu folgen und an seiner Seite zu dienen. Diese Geschichte zeugt zwar von lebhafter Fantasie, aber die eigenständige Texteinheit, die Paulus‘ Märtyrertod beschreibt, enthält ein paar wichtige Hinweise zu Nero. An einer Stelle erfahren wir, dass von Neros Mundschenk Patroklus berichtet wird, er sei gestorben; was der Kaiser aber nicht weiß, ist, dass Paulus ihn durch die Kraft Christi geheilt hat. Als Nero dann verwundert feststellt, dass sein Mundschenk unversehrt vor ihm steht, findet die folgende Unterhaltung statt:

Patroklus, so bist du am Leben?
Und er sprach: Ich lebe, Caesar.
Und er sprach: Wer ist es, der dich leben machte?
Und der Knabe, voll des Glaubens im Geiste, sprach: Christus Jesus, der König der Zeitalter.
Und Caesar, voll Sorge, sprach: Wird der denn nun ewig König sein und alle Königreiche stürzen?
Spricht Patroklus zu ihm: Ja, er stürzt alle Königreiche, und nur er wird ewig sein und kein Königreich wird ihm entrinnen.
Und er schlug ihn ins Gesicht und sprach: Patroklus, bist nun auch du ein Soldat dieses Königs?
Und er sprach: Jawohl, Herr Caesar, denn er erweckte mich von den Toten.[51]

Ein Stück weiter in diesem Text, nachdem Paulus vor Nero geführt worden ist, um auszusagen, verlangt der Kaiser zu erfahren, warum Paulus eine Armee aus christlichen Soldaten in Gebieten aufstellt, die Rom gehören. Paulus antwortet kühn, dass er einem König diene, der überall Soldaten habe – nicht nur innerhalb des Römischen Reichs, sondern auf der ganzen Welt. Nero wird eingeladen, diesem König zu dienen und sich vor ihm zu verneigen, aber wenn nicht, solle er wissen, dass der Tag nahe, an dem Jesus die Welt durch Feuer richten werde. „Und als Caesar dies hörte", berichten die Paulusakten, „gab er Befehl, alle [christlichen] Gefangenen im Feuer zu verbrennen, Paulus aber zu enthaupten nach dem Gesetz der Römer." Zweifellos betrachteten die Gläubigen in der Antike, die an solchen spannenden Geschichten Gefallen fanden, Paulus' Märtyrertod als Folge seines staatsfeind-

51 Earlychristianwritings.com/actspaul.html, M.R. James, *Martyrdom* 2.

lichen Benehmens gegenüber dem höchsten Herrschers des Reiches.[52]

Wo kein Kläger ist, …

Aller Wahrscheinlichkeit nach lautete die gegen Paulus erhobene Anklage, als er zum ersten Mal in Ketten nach Rom geführt wurde, offiziell auf *Majestätsbeleidigung*. Obwohl eine Ruhestörung an einem anderen Ort das Gerichtsverfahren angestoßen hatte, wäre nur ein so schwerwiegendes Vergehen wie Hochverrat ausreichend gewesen, um zu veranlassen, dass der Gefangene in die Hauptstadt geschickt würde.

Da aber niemand antrat, um Anklage gegen ihn zu erheben, wurde der Fall zu den Akten gelegt, nachdem die erforderliche zweijährige Wartezeit verstrichen war. Niemand aus Jerusalem war bereit, nach Rom zu gehen und die Anklage fortzuführen, und so wurde Paulus freigelassen. Dem Gesetz nach ein römischer Bürger zu sein, war Paulus an dieser Stelle gewiss hilfreich. Bürger Roms besaßen nicht nur rechtlichen Schutz, dessen sich die Massen nicht erfreuten, sondern der Gerichtshof in Rom wäre einer derart hochgestellten Person sicher mit größerem Wohlwollen begegnet als einer Gruppe von Juden aus einer fernen Provinz, die sich über Theologie zanken wollten.

Dennoch war Paulus in einer prekären Situation, denn das Vergehen des Hochverrats wurde immer ernst genommen.

---

52 Der Vorwurf des Widerstands gegen den Kaiser durch die Behauptung, Jesus sei der wahre König, reicht zurück bis ganz an den Anfang des christlichen Glaubens. In Johannes 19,12 lesen wir: „Daraufhin suchte Pilatus [Jesus] loszugeben. Die Juden aber schrien und sagten: Wenn du diesen losgibst, bist du des Kaisers Freund nicht; jeder, der sich selbst zum König macht, widersetzt sich dem Kaiser." In die gleiche Richtung geht Apostelgeschichte 17,7, wo die Juden einen Schlägertrupp anheuerten, der die Christen beschuldigte, „gegen die Verordnungen des Kaisers [zu handeln], da sie sagen, dass ein anderer König sei: Jesus".

Obwohl die Anklage mangels eines Anklägers fallen gelassen wurde, war Paulus nach wie vor aktenkundig als potenzielle Gefahr für den Kaiser. Und wie es aussieht, gibt es gute Gründe anzunehmen, dass Nero sich letztlich doch der lauernden Gefahr für seine Herrschaft bewusst wurde.

Erschien Paulus vor Nero?

In Apostelgeschichte 27,24 beschreibt Paulus die Engelsvision, die er während des Sturms empfing, bei dem sein Schiff beschädigt wurde und dann auf dem offenen Meer umhertrieb. „Fürchte dich nicht, Paulus!", gebot ihm der Engel. „Du musst vor den Kaiser gestellt werden; und siehe, Gott hat dir alle geschenkt, die mit dir fahren." Aber obwohl ihm ein Prozess vor Nero vorhergesagt wird, wurde Paulus, wie wir bereits gesehen haben, zwei Jahre lang unter Hausarrest gehalten, ohne vor Gericht gestellt zu werden.

Später dagegen, als er seine zweite, schwierigere Gefangenschaft erdulden muss, klagt Paulus: „Bei meiner ersten Verteidigung stand mir niemand bei, sondern alle verließen mich" (2Tim 4,16). Da für die Zeit von Paulus' erster Haft in Apostelgeschichte 28 von keinem Verfahren berichtet wird und er an dem Punkt auch nicht vollkommen verlassen zu sein scheint, bezieht sich diese Aussage vermutlich auf eine Voruntersuchung vor dem obersten Gericht während Paulus' zweiter Haft. Obwohl der Kaiser beim ersten Verhör womöglich gar nicht anwesend war, wäre es nicht verwunderlich, wenn Nero irgendwann Paulus zu sich gerufen hätte, um seinen Fall direkt anzuhören.

Die historischen Quellen berichten, dass Nero nicht so viele Fälle selbst verhandelte wie seine Vorgänger. Dennoch war eine mögliche Gefährdung seiner kaiserlichen Autorität eine Angelegenheit, die stets seine Aufmerksamkeit auf sich zog. Im vorigen Kapitel über Petrus haben wir erfahren, wie Nero, dem Historiker Tacitus zufolge, versuchte, die Schuld für den Großen Brand des Jahres 64 den Christen in die Schuhe zu schieben. Die Verfolgung der Kirche ist auch durch den antiken Historiker Sueton belegt, der berichtet, dass unter Nero „Todesstrafen die Christianer [trafen], eine Sekte mit einem neuen und schädlichen Aberglauben“.[53] Somit verraten uns zwei verschiedene Quellen, dass Nero vom Christentum nicht nur wusste, sondern es auch verachtete.

Woher wusste er wohl von dieser Religion? Zugegebenermaßen könnten seine Ratgeber ihn darüber informiert haben. Aber warum sollte sich dieser paranoide Kaiser nicht eine Stunde Zeit genommen haben, einen römischen Bürger anzuhören, der vor sein Gericht gebracht worden war, einen prominenten Anführer der Christen, der ihn unmittelbarer über diese neue Gefahr für seine kaiserliche Hoheit informieren könnte? Die Annahme ist ganz und gar vernünftig; und angesichts der Worte des Engels in Apostelgeschichte 27,24 können wir durchaus annehmen, dass es sich so zutrug.

Wann geschah was?

Aber wann genau und unter welchen Umständen könnte dieses Verhör vor Nero stattgefunden haben? Vielleicht können wir die Chronologie von Paulus‘ letzten Lebensjahren folgendermaßen nachvollziehen: Nachdem er im Jahr 62 aus seinem Hausarrest entlassen worden war, versuchte er in Spanien eine Gemeinde zu gründen, blieb aber erfolglos. Bis zum Frühjahr

53 http://www.gottwein.de/Lat/suet/nero14.php, *Nero* 16.

63 war er in die Region ums Ägäische Meer zurückgekehrt[54], wo er sich wiederum intensiv für die jungen Hauskirchen in Kleinasien, Griechenland und Kreta einsetzte. Es ist zwar möglich, dass dieser Dienst Paulus erneut ins Gefängnis brachte, aber es gibt keinen vernünftigen Grund anzunehmen, dass die dortigen Beamten es für nötig erachtet hätten, ihn wieder festzunehmen oder sogar vor das kaiserliche Gericht nach Rom zurückzuschicken. Es ist wohl eher davon auszugehen, dass Paulus aus eigenem Entschluss nach Rom zurückkehrte.

Warum? Ein plausibler Grund könnte der Brand sein, der im Jahr 64 fast die ganze Stadt vernichtete. Paulus, besorgt um das Wohlergehen der Herde in Rom, eilte in die Hauptstadt und brachte vielleicht sogar einen finanziellen Beitrag mit, um die äußerst bedürftigen Brüder und Schwestern dort zu unterstützen. Gestützt wird diese Aussage durch den Kirchenhistoriker Eusebius aus dem vierten Jahrhundert, der nicht erwähnt, dass Paulus mit Gewalt nach Rom gebracht worden wäre. Eusebius sagt lediglich, dass der Apostel,

---

54 In 2. Timotheus 4,13 bittet Paulus um einen Mantel sowie um Bücher und Papiere, die er in Troas zurückgelassen hatte, einer Stadt an der Ägäis. Es ist schwer vorstellbar, dass es ihm dabei um Dinge ging, die er einige Jahre zuvor dort gelassen hatte, als er schon einmal in Troas war. Offenbar war Paulus in jüngerer Vergangenheit dorthin zurückgekehrt. Außerdem hatte er Milet besucht (2Tim 4,20) und Kreta (Titus 1,5) und er hatte einen Winter in der griechischen Stadt Nikopolis verbracht (Titus 3,12). All diese Ortsnamen bestätigen, dass Paulus sich in der Gegend um die Ägäis aufgehalten hatte. Indem er im Winter 63-64 in Nikopolis an der westgriechischen Küste Station machte, brachte Paulus sich in eine hervorragende Ausgangslage für die Reise nach Italien, nachdem im Sommer darauf das Feuer in Rom ausbrach. Ein Katzensprung über das Ionische Meer hätte ihn an die Appische Straße gebracht, die direkt nach Rom hinein führte. Die Entscheidung, den Winter in Nikopolis zu verbringen – einer Stadt, die ansonsten in den Berichten über Paulus' Missionsreisen nicht vorkommt – legt die Vermutung nahe, dass er vielleicht schon eine Rückreise nach Italien im Sinn hatte.

„nachdem [er] seine Sache vor Gericht verteidigt hatte[55], wiederum auf Missionsreisen gegangen sein [soll], um dann noch ein zweites Mal in die gleiche Stadt zurückzukehren und im Martyrium sein Leben zu beschließen. Damals nun schrieb er in Ketten den zweiten Brief an Timotheus, in dem er sowohl auf seine frühere Verteidigungsrede als auf sein baldiges Lebensende hinwies" (*Kirchengeschichte* 2.22.2. www.unifr.ch/bkv/kapitel48-22.htm). Eusebius' Wortwahl „in die gleiche Stadt zurückzukehren" weist darauf hin, dass diese Reise von Paulus freiwillig angetreten wurde. Das Verb selbst beinhaltet vom Sinn her nicht mehr als eine Ankunft, ohne irgendwelche Andeutungen, er könnte gezwungen oder genötigt worden sein. Daher ist die These von einer neuerlichen Verhaftung in den Provinzen weniger wahrscheinlich als eine freiwillige Reise nach Rom.

Das Urteil wird gefällt

Doch die Welt, in die der Apostel sich nun begab, war völlig aus dem Gleichgewicht geraten. Nero war seit Paulus' erstem Aufenthalt in der Stadt noch viel labiler geworden. Überall suchte man nach Schuldigen – und da die christliche Hauptgegend *Trans Tiberim* von den Flammen unversehrt geblieben war, stellten sowohl die Bevölkerung als auch die kaiserlichen Behörden unangenehme Fragen. In diesem Zusammenhang

55 Eusebius ist die erste historische Gestalt, die Paulus' Freilassung und nachfolgende Wiederverhaftung erwähnt. Allerdings interpretiert er die „erste Verteidigung" aus 2. Timotheus 4,16 in Zusammenhang mit dem zweijährigen Hausarrest in Rom, während ich vielen modernen Wissenschaftlern beipflichte, die sie als erstes Verhör im Rahmen von Paulus' zweitem Gerichtsverfahren sehen. Dennoch bekräftigt Eusebius' Text auf hervorragende Weise die These, dass Paulus entlassen wurde und dann wieder auf Missionsreise ging, bevor er nochmals gefangen genommen und dann hingerichtet wurde. Dass Eusebius die Wendung „er soll" gebraucht, weist darauf hin, dass er auf eine frühere Überlieferung zurückgriff, die ihm zur Verfügung stand.

ist es vorstellbar, dass einige der anerkannten Anführer der Gemeinde festgenommen und verhört wurden. Man musste sich wohl nicht viel Mühe geben, um herauszufinden, dass es nicht der göttliche Kaiser war, dem die Christen sich in erster Linie verpflichtet fühlten, sondern der wahre Herr des Universums.

Petrus – ein einfacher Mann ohne gesetzlichen Schutz – wurde unvermittelt den grausigen Foltermethoden ausgesetzt, die Nero für die Christen in seinem Circus auf dem Vatikanfeld vorgesehen hatte. Paulus dagegen war römischer Bürger. Sein Verfahren wegen Majestätsbeleidigung wäre nach den Vorschriften des römischen Gesetzes abgewickelt worden. Aber das Fundament für Paulus' Hinrichtung war schon während seiner ersten Haft gelegt worden. Er war eindeutig ein Unruhestifter aus den östlichen Provinzen, der keinerlei Hochachtung vor den alten Göttern Roms hatte – eine Eigenschaft, die von jedem echten Bürger Roms verlangt wurde. Somit sollte es uns nicht überraschen, dass Paulus, etwa im Jahr 65 oder 66, des Hochverrats für schuldig befunden wurde.

MARTYRIUM

Vom Alten Rom bis zu den Vereinigten Staaten von heute ist Hochverrat normalerweise als Verbrechen betrachtet worden, auf das die Todesstrafe steht. Daher war Paulus' Schicksal besiegelt, als er der Majestätsbeleidigung für schuldig befunden wurde. Als römischen Bürger hätte man ihn nicht gekreuzigt oder den wilden Tieren in der Arena zum Fraß vorgeworfen, sondern an ihm die humanere Todesstrafe der Enthauptung vollstreckt. Justizielle Handlungen wie diese wurden üblicherweise außerhalb der Stadtmauern an einer Hauptstraße in der Nähe eines Tores ausgeführt. Ein spezieller Henker, *Speculator* genannt (ursprünglich ein Späher, später aber ein hochrangiger Offizier in der Leibwache des Kaisers), vollstreckte das Urteil, indem er dem Verurteilten den Kopf abtrennte.

Als Werkzeug wurde normalerweise ein Schwert benutzt, kein Beil. In vielen Berichten über Martyrien ist von „Schwertern" die Rede. So führte sich zum Beispiel die berühmte christliche Adlige Perpetua das Gladiatorenschwert selbst an den Hals (*Die Passion der Heiligen Perpetua und Felicitas* 21, http://ivv7srv15.uni-muenster.de/mnkg/pfnuer/martyrium-felicitas.html); und als der römische Statthalter von Afrika einige andere Märtyrer zum Tode verurteilte, verkündete er, dass sie, weil sie „hartnäckig" am christlichen Glauben festhielten, „mit dem Schwerte hingerichtet werden" sollten (*Das Leiden der Scilitanischen Märtyrer*, https://www.unifr.ch/bkv/rtf/bkv66.rtf.] Seit dem Mittelalter ist Paulus in der christlichen Kunst mit einem Schwert in der Hand dargestellt worden, dem Sinnbild seines Todes. Die kirchliche Tradition hat an dieser Stelle vermutlich Recht. Aber was können wir noch über seine Hinrichtung herausfinden?

Die Paulusakten

Nachdem Lukas den Lesern seiner Apostelgeschichte nicht verraten hat, wie Paulus' Geschichte endete, beschlossen die ersten Christen, die Lücke zu schließen. Deshalb entwickelte sich das oben erwähnte Werk mit dem Titel *Paulusakten* – und nicht nur dieses, sondern das gesamte Genre der „apokryphen Apostelakten" – so rasch und erfreute sich solch großer Beliebtheit in der frühen Kirche. Die *Paulusakten* sollten eher nicht als einheitliches Dokument betrachtet werden, sondern als Reihe von ineinander verwobenen Geschichten, die über mehrere Jahrhunderte in verschiedenen Sprachen verfasst oder übersetzt wurden. Die älteste Version geht auf das zweite Jahrhundert zurück und aus diesem Grund ist dieser Bericht der verlässlichste von allen. Obwohl er voller fantastischer Legenden und heldenhafter Episoden über Paulus' Leben steckt, enthält die Erzählung über seinen Märtyrertod vermutlich einen historischen Kern von einem Verfahren vor Nero als Richter. Wie wir gesehen haben, erzählt der Text, wie Paulus Nero mit kühnen Vorhersagen über das bevorstehende Gericht konfrontierte, was den eitlen Kaiser zur Weißglut trieb. In Hinblick auf das, was man über das Wesen dieser beiden Männer weiß, hätte sich eine solche Begegnung in einem spannungsgeladenen Gerichtssaal durchaus zutragen können. Als nächstes beschreiben die *Paulusakten*, wie Nero durch Rom spazierte und Christen ohne Verfahren hinrichten ließ, bis das Volk schließlich forderte, das Blutvergießen zu beenden. Diese Erinnerung kann ebenfalls als verlässlich betrachtet werden, weil sie mit dem Bericht des heidnischen Historikers Tacitus einhergeht, der bemerkte, dass, obwohl sich in Rom alle einig waren, dass die Christen Strafe verdient hatten, „sich doch Mitleid [regte], weil sie nicht dem Nutzen der Allgemeinheit, sondern der Grausamkeit eines einzigen geopfert würden".[56]

Die *Paulusakten* beschreiben weiterhin die Vorhersage des Apostels, dass er Nero nach seiner Hinrichtung lebend erscheinen werde. Dann evangelisiert Paulus zwei römische Amtsträger, denen er verspricht, ihnen Titus und Lukas zu schicken, damit sie sich von ihnen taufen lassen können. Schließlich wird Paulus zum Schauplatz seiner Hinrichtung geführt:

> Dann stand Paulus mit dem Gesicht gen Osten und hob die Hände gen Himmel und betete lange Zeit,

56 *Annalen* 15.44, http://www.gottwein.de/Lat/tac/ann1544.php

> und beim Beten redete er in hebräischer Sprache mit den Vätern, und streckte dann seinen Nacken, ohne zu reden. Und als der Henker (Speculator) ihm den Kopf abhieb, spritzte Milch auf den Mantel des Soldaten. Und der Soldat und alle, die zugegen waren, als sie es sahen, staunten und priesen Gott, [der] Paulus solche Ehre gegeben hatte: und sie gingen und berichteten Caesar, was geschehen war.[57]

Natürlich löst Paulus nach seinem Tod sein Versprechen ein und erscheint Nero, was den Kaiser so sehr erschreckt, dass er alle Christen aus dem Gefängnis entlässt und die Verfolgung gegen die Gemeinde einstellt. Dann taufen[58] Titus und Lukas tatsächlich die beiden römischen Amtsträger und die Geschichte endet mit einem Segensspruch. Die *Paulusakten* haben einen eindeutig legendenhaften Beigeschmack. Gibt es wohl irgendwelche Texte, die Einzelheiten bestätigen können?

Andere Berichte

Andere Schriftsteller der frühen Kirche, wenn sie sich auch nicht so sehr in erzählerische Details vertiefen wie die *Paulusakten*, liefern dennoch weitere Hinweise auf Paulus' Märtyrertod in Rom. Wir haben bereits gesehen, dass der römische Bischof Clemens dies im späten ersten Jahrhundert behauptet.

---

57 Earlychristianwritings.com/actspaul.html, M.R. James, *Martyrdom* 5.

58 Im Text wird hier die Wendung „mit dem Siegel im Herrn versehen" verwendet, was im paulinischen Denken mit der Gabe des Heiligen Geistes assoziiert wird (2Kor 1,22; Eph 1,13; 4,30), einer Gabe, die durch die Taufe zuteil wird (1Kor 12,13; siehe auch Apg 2,38). Der Ausdruck „Siegel in Christus" taucht weiter vorne in den *Paulusakten* im Sinne von christlicher Taufe auf. Demnach ist diese vermutlich an dieser Stelle gemeint, an der Titus und Lukas sie den beiden neubekehrten römischen Staatsdienern anbieten.

Ähnlich schrieb Ignatius von Antiochien (frühes zweites Jahrhundert) auf dem Weg zu seinem eigenen Martyrium, dass er bald in Paulus' Fußstapfen treten würde (*An die Epheser* 12, www.unifr.ch/bkv/kapitel6-12.htm). Auch Bischof Polykarp (Anfang bis Mitte des zweiten Jahrhunderts) erwähnt Paulus unter denen, die für Christus gelitten haben (ANF, Bd. 1, *To the Phillippians* 9).

Um das Jahr 200 herum verkündete Tertullian, Rom sei der Ort, „wo Petrus in der Weise des Leidens dem Herrn gleich gemacht, wo Paulus mit der Todesart des Johannes gekrönt" wurde (*Die Prozesseinreden gegen die Häretiker* 36, www.unifr.ch/bkv/kapitel96-35.htm). Hier ist eindeutig die Rede von Petrus' Kreuzigung (wie Jesus) und Paulus' Enthauptung (wie Johannes der Täufer). Von dieser Zeit an galt es als Tatsache, dass Paulus in Rom als Märtyrer starb. Dies wird bei Lactantius, Eusebius, Johannes Chrysostomus, Hieronymus und Augustinus erwähnt. Ein Sarg aus dem späten vierten Jahrhundert stellt die Szene sogar bildlich dar: Ein streng dreinschauender Soldat nähert sich mit gezogenem Schwert dem gefesselten Apostel, der im schilfbewachsenen Sumpfland neben dem Tiber steht. Danach wurde diese Szene noch auf vielen weiteren Särgen dargestellt. Schon sehr früh ging man in der christlichen Kirche davon aus, dass Paulus als Märtyrer unter Nero starb. Es ist nie eine Überlieferung aufgetaucht, die dieser widerspricht.

Die Straße nach Ostia

Wo genau fand die Hinrichtung statt? Die frühesten Berichte stimmen darin überein, dass Paulus an der Straße enthauptet wurde, die von Rom aus in südwestlicher Richtung auf den Hafen der Stadt zulief – also an der Straße nach Ostia, die auf 30 Kilometern von der Stadt bis an die Mündung des Tiber an der Küste verlief. Die wichtigste Erwähnung dieses Ortes ist uns in einem Text von Eusebius aus dem vierten Jahrhundert erhalten, aber er zitiert ein Zeugnis von einem Gemeindeleiter namens Caius aus viel früherer Zeit.

In unserem Kapitel über Petrus haben wir festgestellt, dass Caius (manchmal auch Gaius genannt) über seine Stadt geprahlt hatte: „Ich kann die Siegeszeichen der Apostel zeigen. Du magst auf den Vatikan gehen oder auf die Straße nach Ostia, du findest die Siegeszeichen der Apostel, welche diese Kirche gegründet haben“ (ANF, Bd. 5, *Kirchengeschichte* 2.25.6*)*. Dieser Text, nicht später als 200 n. Chr. verfasst, berichtet, dass an der Straße nach Ostia ein „Tropaion“ oder Siegeszeichen stand, das an Paulus‘ Tod erinnerte. Die meisten Wissenschaftler nehmen an, dass es sich bei diesem Gebäude um ein Grabmal in der Nähe der Stelle handelt, an der Paulus hingerichtet wurde, denn Eusebius erklärt, dass diese Siegeszeichen die Orte waren, „wo die heiligen Leiber der genannten Apostel ruhen“ (*Kirchengeschichte* 2.25.6, www.unifr.ch/bkv/kapitel48-25.htm). Ein Kalender aus dem vierten Jahrhundert mit dem Titel *Die Bestattung der Märtyrer* nennt ebenfalls die Straße nach Ostia als Schauplatz für Paulus‘ Märtyrertod. Aber kennen wir die genaue Stelle?

Eine Kirche über dem Siegeszeichen

Als Kaiser Konstantin zu Beginn des vierten Jahrhunderts an die Macht kam, begann er ein Kirchenbauprogramm zu subventionieren. Er spendete eine Kathedrale in Rom für den Bischof (heute bekannt als Erzbasilika St. Johann im Lateran) und er unterstützte auch den Bau von Alt St. Peter finanziell. Außerdem errichteten die Baumeister der konstantinischen Ära eine kleine Kapelle an der Straße nach Ostia an der Stelle, von der sie annahmen, dass sich dort das Tropaion befand, das auf Paulus‘ Grab hinwies. Die Archäolgie hat bestätigt, dass die Stelle sich zur Todeszeit des Apostels innerhalb eines römischen Friedhofs unweit der Stadtgrenze befand.

Allerdings dauerte es nur wenige Jahrzehnte, bis man erkannte, dass diese kleine Kapelle die vielen Pilger nicht fassen konnte, die herbeiströmten, um an Paulus' Grab zu beten. Im Jahr 348 schrieb der Kaiser Theodosius zusammen mit seinen beiden Mitkaisern an den Bürgermeister von Rom und teilte ihm seine Absicht mit, an dieser Stelle eine neue Kirche zu bauen. Dieses Gebäude sollte viel prachtvoller werden, mit aufwändigen Verzierungen und reichlich Platz für Besucher. Als sie fertig war, erwies sie sich sogar als größer als die Peterskirche. Eine breite Straße wurde angelegt, sodass man bei der Ankunft einen unverstellten Blick auf das ganze beeindruckende Gebäude hatte. So wurde sie zu einem bedeutenden vorstädtischen Meilenstein an der Straße nach Ostia. Bald kam ein Triumphbogen genau über dem Grabmal hinzu. Zur Erinnerung an die frommen Spenden zweier Kaiser verkündete die Mosaikinschrift auf dem Bogen: „Theodosius begann und Honorius vollendete den Bau an diesem Saal, der durch die Gebeine des Paulus geheiligt ist, des Lehrers der Welt." Endlich hatte der Apostel Paulus eine Kultstätte, die seinem Format in der Kirchengeschichte entsprach.

Über die nächsten 14 Jahrhunderte blieb die über dem paulinischen Siegeszeichen errichtete Kirche im Wesentlichen unversehrt, während andere römische Kirchen verfielen und niedergerissen oder späteren architektonischen Stilrichtungen entsprechend umgebaut wurden. Aber im Jahr 1823 kam es zur Katastrophe: Ein Arbeiter verursachte bei Reparaturarbeiten am Dach ein Feuer, das den Großteil des Gebäudes bis auf die Grundmauern niederbrannte. Doch als man die prachtvolle Kirche wieder aufbaute, kam ein interessantes Artefakt zum Vorschein.

Man entdeckte, dass in der Antike Paulus' ursprüngliches Tropaion in ein Denkmal eingebaut worden war, in dessen marmorne Platten folgende Ehreninschrift eingraviert war: „Für Paulus, Apostel und Märtyrer". Später wurden diese Platten oben auf dem Denkmal angebracht und durchbohrt, sodass man Trankopfer in das Grab gießen oder Tücher hineinführen konnte, die dann neben den heiligen Gebeinen lagen, bis sie Heilkräfte angenommen hatten.[59] Im Jahr 2002 brachten Ausgrabungen im Auftrag des Vatikans unter dem Altar einen Steinsarkophag zum Vorschein. Er stammte aus der Zeit, in der die zweite Basilika durch Theodosius und seinen Sohn Honorius errichtet worden war. Dieser Sarg war zwar umgeben von mehreren späteren Konstruktionsschichten, aber seine ursprüngliche Position hatte seit dem späten vierten Jahrhundert niemand verändert und er war auch nicht beschädigt worden. Die Archäologen schlossen daraus, dass der Inhalt des ersten Sarges in diesen Sarkophag umgebettet worden war, als die theodosianische Kirche gebaut wurde. Diese Annahme wurde 2009 durch eine Verlautbarung von Papst Benedikt XVI. bestätigt, der zufolge wissenschaftliche Untersuchungen im Inneren des Sarges menschliche Knochenteile zum Vorschein gebracht hatten, die ins erste oder zweite Jahrhundert datierten. „Dies scheint die einmütige und unbestrittene Tradition zu bestätigen, dass es sich um die Gebeine des Apostels Paulus handelt", verkündete der Papst.

59 Dieser Brauch mag zwar manchen Lesern merkwürdig erscheinen, beruht aber auf einem biblischen Vorbild: „Und Gott wirkte nicht geringe Taten durch die Hände des Paulus. So hielten sie auch die Schweißtücher und andere Tücher, die er auf seiner Haut getragen hatte, über die Kranken, und die Krankheiten wichen von ihnen und die bösen Geister fuhren aus" (Apg 19,11-12).

Und da diese Stelle seit der ganz frühen Zeit der Kirche als Paulus' Grab verehrt worden ist, könnte das durchaus stimmen. Wer ‚Sankt Paul vor den Mauern' heute besucht, geht mit gutem Grund davon aus, dass der Leib des Apostels tatsächlich in dem Sarkophag ruht, der durch ein Gitter unterhalb des Altars betrachtet werden kann.

Andere Traditionen

Natürlich sind über die Jahre hinweg konkurrierende Überlieferungen aufgetreten. Eine Geschichte berichtet, dass der Ort, an dem Paulus' Martyrium tatsächlich stattfand, von seiner Grabstätte aus ein wenig weiter die Straße hinunter lag. Als Paulus' abgetrennter Kopf zu Boden fiel, hüpfte er dreimal auf und ab und sprach dabei die Worte: „Jesus, Jesus, Jesus", was drei Wasserquellen entspringen ließ. Heute kennzeichnet die Kirche San Paolo alle Tre Fontane („Hl. Paulus bei den drei Quellen") genau diese Stelle – aber das ist eindeutig das Ergebnis späterer Legendenbildung ohne jede historische Gültigkeit.[60]

Ein authentischerer Ort der paulinischen Verehrung war im Gegensatz dazu das ursprüngliche Gräberfeld, dem wir das Wort „Katabombe" verdanken. Der griechische Ausdruck *kata kymbas* bedeutet „unten in den Becken", eine umgangssprachliche Wendung der frühen Christen für eine Tuffsteingrube an der Via Appia, wo sie seit dem dritten Jahrhundert ihre Toten bestatteten. In einigen Kirchendokumenten ist bezeugt, dass die Gebeine von Petrus und Paulus während einer schweren

60 Der alternativ für das Martyrium angenommene Ort auf einem Anwesen namens Aquae Silvas wird in einem griechischen Text mit dem Titel *Die Taten des Petrus und Paulus* (newadvent.org/fathers/0815.htm) erwähnt. Die Geschichte vom hüpfenden Kopf, die dem Ort seinen heutigen Namen „Drei Quellen" gab, stammt aus einem spätmittelalterlichen Reiseführer mit dem Titel *Die Wunder der Stadt Rom* (Mirabiliana 1.5). Diese Texte sind zu weit entfernt von den Ereignissen selbst, um ihnen hohen historischen Wert beizumessen.

Verfolgung vorübergehend hierher gebracht wurden. Festessen zur Erinnerung an diese ruhmreichen Märtyrer wurden von frommen Christen in einem Speisesaal unter freiem Himmel auf dem Friedhof abgehalten, und noch heute sind die Gebete der Feiernden an die Apostel in der Sebastians-Katakombe zu sehen, als Graffiti in die Wand eingeritzt. Viele Wissenschaftler bezweifeln allerdings, dass die heiligen Reliquien tatsächlich eine Zeit lang hier lagen – und selbst wenn es so war, kann keine Verbindung zwischen Petrus und Paulus und diesem Ort vor dem dritten Jahrhundert nachgewiesen werden. Ganz gewiss lag keiner dieser beiden Apostel ursprünglich hier begraben.

Die glaubwürdigsten Überlieferungen behaupten demnach, dass Paulus am Ort seiner Hinrichtung begraben wurde: an der Straße nach Ostia, an der Stelle, wo die Basilika St. Paul vor den Mauern heute steht. Unter den vielen Verzierungen in dieser Kirche ist eine wunderschöne, vom italienischen Bildhauer Guido Veroni im Jahr 2008 gestaltete Holztür mit eingelegten Bronzetafeln. Die Tafeln stellen mehrere wichtige Szenen aus Paulus' Leben dar, einschließlich seiner Bekehrung und seines Martyriums. Aber vielleicht ist das ergreifendste Bild von allen der Bibelvers, der auf der Tür sowohl auf Griechisch als auch auf Latein zu lesen ist: „Nicht mehr lebe ich, sondern Christus lebt in mir" (Gal 2,20). Diese eindringlichen Worte, mehr als jedes greifbare Kirchengebäude oder Denkmal, spiegeln die tiefe Sehnsucht des Apostels Paulus wider: Dass er von der Gegenwart seines Herrn und Heilands erfüllt sein würde, war das Ende, das er sich für seine eigene Geschichte wünschte.

Checkliste zu Paulus

Er wurde aus seiner ersten römischen Haft entlassen.	√
Er ging auf Missionsreise nach Spanien.	√
Er diente nach seiner Entlassung in der Region an der Ägäis.	√
Er war im mamertinischen Kerker inhaftiert.	(x)
Sein Fall wurde vor Nero selbst verhandelt.	√
Er wurde des Hochverrats für schuldig befunden und an der Straße nach Ostia hingerichtet.	√
Er wurde bei den „Drei Quellen“ enthauptet .	(x)
Er liegt immer noch in ‚St. Paul vor den Mauern‘ begraben.	√
√ = ganz oder ziemlich sicher (√) = einigermaßen sicher (x) = einigermaßen sicher nicht x = ganz oder ziemlich sicher nicht	

NACHWORT

Die Frage, die im Mittelpunkt dieses Buches steht – „Was geschah mit den Aposteln nach dem Ende der Apostelgeschichte?" – fasziniert jeden Christen, dem die von den Seiten der Bibel vertrauten Figuren am Herzen liegen. Wir begegnen ihnen und lernen sie kennen, können aber nur wenige ihrer Geschichten bis zum Ende verfolgen, aber natürlich wüssten wir gern, wie es ihnen weiter erging. Wir möchten mehr über unsere biblischen Helden wissen. Dieses Buch ist ein Versuch, die Lücken aus dem Blickwinkel eines Historikers zu füllen. Dabei haben wir so viel wie eben möglich über die Menschen gelernt, die in neutestamentlicher Zeit die Gemeinde Jesu auf den Weg brachten und leiteten.

Bedeutet das nun, dass die Geschichte jetzt vollständig ist? Um mit den Worten des Apostels Paulus zu sprechen: „Das sei ferne!" (LUT). Die Geschichte der Kirche endet keineswegs mit dem letzten Vers der Apostelgeschichte von Lukas. Sie hat sich bis zum heutigen Tag fortgesetzt.

Allzu oft stellen wir uns vor, dass Gottes Geschichte am Ende der apostolischen Zeit eine Vollbremsung einlegte oder dass sie vielleicht in der zweiten Generation im Sande verlief. Jedenfalls besteht Einvernehmen darüber, dass zur Regierungszeit des Kaisers Konstantin eine große Katastrophe über die Gemeinde hereinbrach. Diese verbreitete Ansicht hat viele Christen dazu veranlasst, sich an diesem Punkt der Kirchengeschichte eine Art „großen Graben" vorzustellen, in dem Sinne, dass der Raum zwischen der makellosen Epoche der Apostel und der protestantischen Reformation so etwas wie ein riesiges Ödland sei. Aber trifft das zu? Nein. Gott hat seine Gemeinde weder im zweiten Jahrhundert sich selbst überlassen noch im vierten und noch nicht einmal im fünfzehnten. Die gesamte Kirchengeschichte gehört heute dem Gläubigen – die guten Anteile, die schlechten und die hässlichen.

Mit diesem Buch über die Apostel habe ich nicht die Absicht verfolgt, die erste Generation von Gläubigen auf Kosten aller nachfolgenden zu verherrlichen. Ganz im Gegenteil: Ich habe versucht, die Apostel in den Kontext der späteren Kirchenväter zu setzen, die die Gründerfiguren des christlichen Glaubens aufnahmen, bewunderten, in Erinnerung behielten – und manchmal auch entstellten! Hoffentlich dient mein Buch als Einstieg in die weitere Beschäftigung mit der Welt der frühen Kirche.

Falls Sie mehr über diese Zeit lesen möchten: Ich habe ein Buch geschrieben, das als Einführung für wissbegierige Christen gedacht war: *Getting to Know the Church Fathers. An Evangelical Introduction.* [„Lernen Sie die Kirchenväter Kennen. Ein evangelikaler Leitfaden"] (Brazos, 2007, zweite Ausgabe demnächst bei Baker Academic). Außerdem habe ich ein Buch über die treuen Bekenner geschrieben, die im Namen Jesu den höchsten Preis bezahlt haben: *Early Christian Martyr Stories: An Evangelical Introduction with New Translations.* [„Frühchristliche Märtyrergeschichten. Ein evangelikaler Leitfaden mit modernen Übersetzungen"] (Baker Academic, 2014). Diese Bücher lege ich Ihnen nicht nahe, um mein eigenes Ego zu stärken, sondern weil ich wirklich glaube, dass sie ein Gewinn für den Leib Christi sind. Ob Sie nun diese Bücher lesen oder eine der vielen hervorragenden Einführungen, die der Büchermarkt sonst noch zu bieten hat, ich bete, dass Sie in irgendeiner Weise die antiken Konturen Ihres Glaubens erkunden werden.

Wie erging es nun also den Aposteln nach der Apostelgeschichte? Die Antwort ist einfach. Sie starben und gingen fort, um ihren Lohn zu empfangen – aber sie ließen auch ihre Nachfolger zurück, die Männer und Frauen, die die Fackel des christlichen Glaubens entgegennahmen und an die nächste Generation weiterreichten.

Dieser Prozess setzte sich durch die Jahrhunderte fort. Nun ist die Fackel bei uns angekommen. Was werden wir damit anfangen? Einem weisen Rat zufolge sollten wir von unseren Ahnen lernen, wie die heilige Flamme hochzuhalten ist. Sie wurde gut bewahrt von jenen, die den Lauf vollendet haben und nun uns beim Wettlauf zuschauen. Mögen auch wir Mut und Ausdauer beweisen auf der Laufbahn, die vor uns liegt … schließlich ist Er, der an ihrem Ende auf uns wartet, ganz und gar die Mühe wert.

DANKSAGUNG

Ich möchte mich von Herzen bei zwei Gelehrten bedanken, deren Wissen meines bei Weitem übersteigt:

Michael Graves und Paul Hartog.

Ihre kritischen Blicke auf das Manuskript waren mir eine große Hilfe, und ihre Freundschaft ist mir ein sogar noch größerer Segen.

Außerdem bedanke ich mich für das ausgezeichnete Lektorat von Pam Pugh, deren Arbeit dazu beigetragen hat, dass dieses Buch es nun wert ist, den Namen des großartigen Instituts zu tragen, an dem ich diene.

Axel Schwaiger
Geschichte
und Gott
Eine Deutung
aus christlicher Sicht

Michael Kotsch

HELDEN DES GLAUBENS

33 Kurzbiografien aus der Kirchengeschichte – Band 1

Das Christentum ist durch viele hingebungsvolle Menschen geprägt und vorangetrieben worden. Unter ihnen Theologen, Missionare, Bibelübersetzer, Entdecker, Wissenschaftler, Musiker und ganz normale Menschen. 33 Kurzbiografien laden dazu ein, sich durch das Handeln Gottes in ihrem Leben ermutigen zu lassen, die eigene Gegenwart besser zu verstehen und sich gestärkt im Glauben innerhalb der eigenen Lebensgeschichte einzubringen.

Gebunden, 13,5 x 20,5 cm, ca. 400 Seiten
Bestell-Nr. 271.078
ISBN: 978-3-86353-078-5

E. H. Broadbent

2000 JAHRE GEMEINDE JESU

Eine spannende Kirchengeschichte besonderer Art

Das spannende Buch versetzt den Leser bis in die Anfangszeit der neutestamentlichen Gemeinde zurück und verfolgt ihren Weg durch die Jahrhunderte. Namen wie Polykarp, Waldenser, Hugenotten, Albigenser, Luther, Spurgeon usw. werden lebendig und zeigen, dass die echte Gemeinde Jesu, meist außerhalb der etablierten Kirchen, immer existiert hat.

Gebunden, 13,5 x 20,5 cm, 412 Seiten
Best.-Nr. 273.959
ISBN: 978-3-89436-959-0